Kirchenhistoriker als Herausgeber der »Theologischen Literaturzeitung«

Forum Theologische Literaturzeitung

ThLZ.F 38 (2021)

Christoph Markschies

Kirchenhistoriker als Herausgeber der »Theologischen Literaturzeitung«

Überlegungen zu Geschichte, Gegenwart und Zukunft einer Rezensionszeitschrift

EVANGELISCHE VERLAGSANSTALT
Leipzig

Christoph Markschies, Dr. theol. Dr. h. c. mult., Jahrgang 1962, studierte Evangelische Theologie, Klassische Philologie und Philosophie in Marburg, Jerusalem, München und Tübingen. Er ist Ordinarius für Antikes Christentum an der Theologischen Fakultät der Humboldt-Universität zu Berlin und Präsident der Berlin-Brandenburgischen Akademie der Wissenschaften. Er ist Ehrendoktor mehrerer Theologischer Fakultäten, Leibniz-Preisträger und erhielt 2017 das Bundesverdienstkreuz 1. Klasse.

Bibliographische Information der Deutschen Nationalbibliothek
Die Deutsche Nationalbibliothek verzeichnet diese Publikation in der Deutschen Nationalbibliographie; detaillierte bibliographische Daten sind im Internet über http://dnb.dnb.de abrufbar.

Das Buch wurde auf alterungsbeständigem Papier gedruckt.

Umschlag und Entwurf Innenlayout: Kai-Michael Gustmann, Leipzig
Satz: ARW-Satz, Leipzig
Druck und Binden: Hubert & Co., Göttingen

ISBN 978-3-374-06799-2 // eISBN (PDF) 978-3-374-06800-5
www.eva-leipzig.de

Vorwort

Anlässlich des Abschieds von Ingolf U. Dalferth als Herausgeber der »Theologischen Literaturzeitung« war für den Juni 2020 ein Festakt in der alten Leipziger Handelsbörse geplant, in dessen Rahmen der scheidende Herausgeber und sein Nachfolger jeweils einen Vortrag halten sollten. Angesichts der allgemeinen Regeln für Veranstaltungen in der Corona-Pandemie konnte dieser Festakt nicht im geplanten Rahmen in der Öffentlichkeit durchgeführt werden. Der für den Anlass geschriebene Beitrag von Ingolf Dalferth ist inzwischen in der »Theologischen Literaturzeitung« publiziert.[1] Der zweite geplante Beitrag für den Festakt unter dem Titel »Kirchenhistoriker als Herausgeber der ›Theologischen Literaturzeitung‹« war nach seiner Fertigstellung zu umfangreich für einen Abdruck in einem Heft der Zeitschrift (oder in mehreren Heften). Er wird hier als Monographie vorgelegt, obwohl man über das Thema natürlich nicht nur einen Festvortrag oder ein kleines Bändchen, sondern auch gleich eine umfangreichere Veröffentlichung schreiben könnte. Für die Abfassung einer solchen umfangreicheren Darstellung

---

1 Ingolf U. Dalferth, Sind wir noch urteilsfähig? Gegenwärtige Herausforderungen der Theologischen Literaturzeitung, ThLZ 145 (2020), 605–618. – Bei einem pandemiebedingt bescheidenen Abend anlässlich der Verabschiedung von Ingolf Dalferth am 18.6.2020 habe ich Teile des damals in einer ersten Fassung fertiggestellten Manuskripts meinen Kolleginnen und Kollegen im Herausgeberkreis vorgetragen und bedanke mich herzlich für eine lebendige Diskussion und diverse Anregungen.

gibt es aber Berufenere als einen Kirchenhistoriker, der sich hauptsächlich mit dem Antiken Christentum beschäftigt und an seinen Vorgängern als Herausgebern nicht zuletzt deswegen interessiert ist, weil er sich über seine eigene Aufgabe klarer werden will.

Unter den Bedingungen der Corana-Pandemie war es gar nicht möglich, alle einschlägigen Archive und Nachlässe zu konsultieren. Paradoxerweise fand sich gerade wegen des weitgehenden Stillstandes des öffentlichen Lebens aber Zeit, wenigstens einige wichtige Akten zu sichten: Ich bin dem Staatsarchiv Leipzig, Teil des Sächsischen Staatsarchivs, sehr dankbar, dass ich gleich nach der Wiedereröffnung im Mai, als die strengen Auflagen des lock down gelockert wurden, dort mehrmals die erhaltenen Bestände des Verlagsarchivs J. C. Hinrichs ansehen durfte. Eine große Überraschung war, dass sich auch in der Evangelischen Verlagsanstalt in Leipzig noch Restbestände der Akten des Hinrichs-Verlags befinden, die mir Annette Weidhas freundlicherweise zugänglich machte. Diese bislang nicht ausgewerteten Materialien, die hier erstmals herangezogen sind, sollen demnächst dem Staatsarchiv übergeben werden und der dortigen Überlieferung von Hinrichs (wieder) zugefügt werden. Auch an dieser Stelle hat die »Evangelische Verlagsanstalt« sozusagen als Treuhänderin der Tradition des Hinrichs-Verlags agiert. Diese treuhänderische Funktion im Detail zu beschreiben, ist ganz gewiss nicht alles, was zum anstehenden Jubiläum des 1946 gegründeten Verlags und Medienunternehmens gesagt werden kann, damit ist aber ein wichtiges Element einer fünfundsiebzigjährigen Geschichte konfessioneller Publizistik am Beispiel der »Theologischen Literaturzeitung« in den Blick genommen. Insofern wird hier auch ein Beitrag anlässlich des Jubiläums desjenigen Verlages vorgelegt, der diese Veröffentlichung ermöglicht hat. Annette Weidhas sei dafür sehr herzlich gedankt!

Sehr herzlich möchte ich auch Barbara Aland, Friedrich Wilhelm Graf, Martin Keßler, Rudolf Smend und Johannes Zachhuber danken, mit denen ich sowohl über die methodischen Probleme einer (Teil-)Geschichte einer Rezensionszeitschrift als auch über die hier berührten theologiegeschichtlichen Zusammenhänge ausführlich sprechen konnte. Barbara Aland und Rudolf Smend konnten mir eigene Erinnerungen an Personen weitergeben, die hier aus der Perspektive eines Nachgeborenen behandelt sind; ihnen bin ich daher besonders dankbar für ihre Informationen und Sichtweisen.

Dazu habe ich auch auf eigene Erinnerungen zurückgegriffen: Vom schwierigen Leben in Leipzig in den vierziger Jahren des letzten Jahrhunderts haben mir meine Eltern erzählt, die in dieser Stadt aufgewachsen sind. Im Jahr 1980, in dem mir meine Leipziger Patentante Thea Richter zum Abitur ein Abonnement der »Theologischen Literaturzeitung« schenkte, gab es noch die alte DDR; als mir Martin Petzoldt, mein damaliger Kollege im Leipziger Herausgeberkollegium, im Jahre 2010 das wiederhergestellte einstige Verlagsgebäude des Hinrichs-Verlages und die Verlegervilla Rost in der Leipziger Scherlstraße im graphischen Viertel zeigte, lag die Wiedervereinigung schon zwanzig Jahre zurück.

Mir ist durchaus bewusst, dass insbesondere die Verbindungen zwischen den hier analysierten theologiegeschichtlichen Zusammenhängen und der allgemeinen politischen Geschichte wie die mediengeschichtliche Kontextualisierung hätten ausführlicher dargestellt werden können, als es hier geschehen ist. Außerdem könnten selbstverständlich noch weitere Archive und Nachlässe für unser Thema ausgewertet werden (ich denke insbesondere an die Zensurgutachten der

Zeit vor 1945 und nach 1949, den Nachlass Kurt Aland im Universitätsarchiv Münster und die Akten der Deutschen Forschungsgemeinschaft), auch ein Vergleich mit anderen Rezensionszeitschriften wie beispielsweise der Schwesterzeitschrift, der »Theologischen Revue«, oder der gleichfalls bei Hinrichs begründeten »Orientalischen Literaturzeitung« wäre lohnend. Da die Akten des Verlages für die Herausgeber Harnack und Hirsch verloren sind, aber für Lietzmann, Opitz und Aland überraschend umfänglich auf uns gekommen sind, werden die Jahre ab 1939 wesentlich ausführlicher behandelt als die Zeit vorher und auch als die Gründungsphase der Zeitschrift. Schon deswegen verstehe ich das, was hier publiziert wird, als einen Hinweis auf Quellen und Zusammenhänge, die noch einmal ausführlicher von anderen aufgegriffen werden sollten.[2] Friedrich Wilhelm Graf hat mich mit Recht darauf hingewiesen, dass die Selbstbilder der Herausgeber von den leitenden Annahmen ihrer herausgeberischen Praxis (und damit auch die Selbststilisierungen) hier wesentlich ausführlicher behandelt werden als ihre gelungene (oder eben misslungene) Umsetzung in die Praxis. Eine gleichwertige Behandlung beider Aspekte meines Themas hätte allerdings aus einem ohnehin schon viel zu lang geratenen Festvortrag endgültig ein mehrjähriges Projekt der Lektüre der vielen Bände der »Theologischen Literaturzeitung« werden lassen. Ich habe mich daher auf wenige aussagekräftige Beispiele herausgeberischer Praxis beschränkt. Schließlich habe ich auch darauf

2 Weitere Beiträge zu den zeitweilig in Berlin lehrenden Kirchenhistorikern Harnack und Lietzmann habe ich mit anderen wissenschaftsgeschichtlichen Aufsätzen und einigen Editionen in einem Band gesammelt: Ch. Markschies, Berolinensia. Beiträge zur Geschichte der Berliner Universität und ihrer Theologischen Fakultät (AKG 148), Berlin/Boston 2021.

verzichtet, eine größere Zahl von in diesem Büchlein erwähnten Personen abzubilden; nur die titelgebenden kirchenhistorischen Herausgeber der »Theologischen Literaturzeitung« und ihre jeweiligen Netzwerke sind in Form von ausgewählten Illustrationen präsent.

Die historischen Erkundungsgänge in diesem Büchlein wurden durchaus auch in systematischer Absicht unternommen: Wie, so habe ich mich gefragt, verhält sich die Programmatik einer Zeitschrift zu der herausgeberischen Praxis derer, die diese Programmatik formulieren? Wie stark bestimmen theologische Positionen und wissenschaftliche Netzwerke den Alltag einer Rezensionszeitschrift? Um diese Fragen erschöpfend zu beantworten, müsste man, wie gesagt, die Praxis der Rezensionsvergabe durch die Herausgeber, die Orientierung von Autorinnen und Autoren an den Leitprinzipien und das Verhalten der Leserschaft viel ausführlicher analysieren, als dies hier geschieht. Aber ich hoffe, dass die ausgewählten Beispiele von Rezensionen, die aufgrund des Quellenbestandes ungleich tiefe Einblicke in die herausgeberische und redaktionelle Praxis sowie die paradigmatische Analyse der Tendenzen von Beiträgen gewähren, für die entsprechenden Kirchenhistoriker charakteristisch sind.

Am Beginn meiner Arbeit am Thema stand die Idee, anlässlich der Verabschiedung von Ingolf Dalferth im Juni 2020 einen Vortrag zu halten und dabei für eine maßgebliche Epoche der von ihm lange herausgegebenen Rezensionszeitschrift Theorie und Praxis des kritischen Urteilens zu analysieren, weil eben dieses kritische Urteil ja die Grundvoraussetzung jeder Rezension sein sollte. Vielleicht können diese Überlegungen aber auch indirekt dabei helfen, das zu tun, was eine Rezensionszeitschrift zu allen Zeiten leisten sollte: Rezensierende wie Lesende zum kritischen Urteil anhalten.

Zu sehen, wo dies in der Vergangenheit gelungen, wo es aber auch nicht gelungen ist, hilft hoffentlich dabei, diese Aufgabe auch in Zukunft entschlossen und verantwortungsvoll wahrzunehmen.

Berlin, im Advent 2020 Christoph Markschies

Inhalt

Einleitung

Mit den folgenden Überlegungen soll nicht versucht werden, neben die bereits vorliegenden Beiträge zur Geschichte der »Theologischen Literaturzeitung«[3] eine weitere Darstellung bestimmter Phasen ihres Bestehens zu setzen. Schon gar nicht kann hier eine (im Prinzip sehr lohnenswerte) neue Gesamtdarstellung der Geschichte dieses Rezensionsorgans vorgelegt werden. Dazu fehlen noch viele Voraussetzungen und bedingt durch Krieg wie politische Umbrüche hierzulande

---

3 Zur Geschichte der ThLZ: G. Karpp, Die Theologische Literaturzeitung: Entstehung und Geschichte einer Rezensionszeitschrift (1876–1975) (Arbeiten aus dem Bibliothekar-Lehrinstitut des Landes Nordrhein-Westfalen 47), Köln 1978; L. Geist, »Ein Geschäft recht geistiger Natur«. Zum 200. Jahrestag der Gründung des J. C. Hinrichs Verlags Leipzig, mit einem Nachwort von E. u. M. Taube, Leipzig 1991, 25–29; E.-H. Amberg, Zur Geschichte der Theologischen Literaturzeitung – Monatsschrift für das gesamte Gebiet der Theologie und Religionswissenschaft, ThLZ 125 (2000), 1223–1232; Ch. J. Hwang, Katholisch-theologisches Schrifttum im Spiegel der Kritik der »Theologischen Literaturzeitung« in der Zeit der Redaktion Adolf Harnacks (1881–1910) (EHS 23 Theologie 753), Frankfurt am Main u. a. 2002; M. Petzoldt, Gründung und Entwicklung der »Theologischen Literaturzeitung« und die Mitarbeit von Leipziger Universitätstheologen, in: Die Theologische Fakultät der Universität Leipzig. Personen, Profile und Perspektiven aus sechs Jahrhunderten Fakultätsgeschichte, hg. v. A. Gößner unter Mitarbeit von A. Wieckowski (Beiträge zur Leipziger Universitäts- und Wissenschaftsgeschichte A 2), Leipzig 2005, 351–369, sowie S. Bräuer, »... dass die Zeitschrift eine progressivere Tendenz erhält«. Der Herausgeberwechsel bei der Theologischen Literaturzeitung 1958–1960, ThLZ 119 (1994), 577–600.

leider auch ein beträchtlicher Teil der einschlägigen Quellenüberlieferung.[4] In diesem Beitrag geht es vielmehr darum, anlässlich eines Herausgeberwechsels zu fragen, ob sich an den Kirchenhistorikern, die die Rezensionszeitschrift geschäftsführend herausgaben,[5] auch Grundsätzliches für Geschichte, Gegenwart und Zukunft des theologischen Rezensionswesens beobachten lässt. Hier wird auch nicht der Versuch unternom-

---

4 Die »Theologische Literaturzeitung« erschien bis 1944 im J. C. Hinrichs Verlag in Leipzig, ab 1947 in der im Jahr zuvor neu gegründeten Evangelischen Verlagsanstalt in Berlin, weil es dem Hinrichs-Verlag trotz vieler Bemühungen nicht gelang, selbst wieder eine Lizenz für Buchpublikationen zu erhalten (s. u. S. 204–206). Das eigentliche Archiv des Verlages J. C. Hinrichs, das für die meisten der kirchenhistorischen Herausgeber vor 1945 einschlägig wäre, wurde bei der Zerstörung des Verlagsgebäudes durch einen Bombenangriff am 3./4.12.1943 vernichtet. Restbestände, die erkennbar auf den Verleger *Leopold Klotz* (1878–1956) und vermutlich auf sein im Krieg nicht zerstörtes Büro in Gotha zurückgehen, werden gegenwärtig an zwei Orten in Leipzig aufbewahrt:
- Bestände, die mit verschiedenen Hinrichs-Publikationen nach der endgültigen Liquidation des Verlags 1977 an den Akademie-Verlag in Berlin gingen, befinden sich heute wieder in Leipzig im dortigen Staatsarchiv, sind mikroverfilmt und durch ein Findbuch erschlossen: Sächsisches Staatsarchiv. Staatsarchiv Leipzig. 22208 J. C. Hinrichs Verlag, Leipzig 1888–1975, Findbuch, bearbeitet von A. Weber, Leipzig 2010 (als Manuskript gedruckt).
- Bestände, die an die Evangelische Verlagsanstalt in Berlin bzw. ihr Leipziger Büro gingen, befinden sich derzeit noch in der EVA in Leipzig und wurden mir dankenswerterweise durch Annette Weidhas zugänglich gemacht. Sie sollen ebenfalls dem Staatsarchiv übergeben werden. Zu diesen Beständen zählen neben Teilen der ThLZ-Korrespondenz auch verstreute Reste der allgemeinen Verlagskorrespondenz Hinrichs unter Klotz nach 1945. Im »Aktenordner Hinrichs Autoren – Mitarbeiter O–Z« beschrifteten Deckel befinden sich allerdings nur noch die Korrespondenzen von R (Leonhard Rost) bis W (Lore Wreszinski-Loeper) aus den Jahren 1945 bis 1954.

5 Noch einmal eine andere Dimension bekämen diese Zeilen, wenn in ihnen auch von den Kirchenhistorikern die Rede wäre, die als *potentielle* Haupt-

men, Individuen als Rezensenten zu porträtieren,[6] es werden vielmehr anhand von programmatischen Äußerungen der geschäftsführenden Herausgeber, die Kirchenhistoriker waren, systemische Probleme einer theologischen Rezensionszeitschrift behandelt. Außerdem werden einige wenige paradigmatische Konflikte um ausgewählte Rezensionen analysiert, um zu prüfen, wie weit die programmatischen Äußerungen das herausgeberische Alltagshandeln bestimmt haben. Mit diesen Untersuchungen, die aufgrund der schwierigen Überlieferungslage auf unterschiedlich breiter Quellenbasis beruhen, sollen zwei Thesen begründet werden.

---

herausgeber der Theologischen Literaturzeitung im Gespräch waren oder sich ins Gespräch brachten; in solchen Zusammenhängen wäre beispielsweise von *Kurt Nowak* (1942–2001) zu reden. Selbstverständlich wären auch die vielen kirchenhistorischen Mitherausgeber in den Blick zu nehmen, wäre hier Vollständigkeit intendiert. Ich erinnere nur voller Dankbarkeit an meine beiden Vorgänger, die für das antike Christentum zuständig waren, an *Gert Haendler* (1924–2019; im Redaktionsausschuss bzw. Herausgeberkreis der ThLZ 1979–1995) und *Reinhart Staats* (*1937, im Herausgeberkreis der ThLZ 1995–2005). Gern denke ich auch an meinen zeitweiligen Kollegen *Günther Wartenberg* (1943–2007; vgl. R. Lux, Zum Gedenken Günther Wartenberg, ThLZ 132 [2007], 1162 f.) und den langjährigen Direktor der Evangelischen Verlagsanstalt in den Jahren 1980 bis 1991, *Siegfried Bräuer* (1930–2018). Ein knapper Blick auf die Zeitschrift in DDR-Zeiten bei G. Haendler, Erlebte Kirchengeschichte. Erinnerungen an Kirchen und Universitäten zwischen Sachsen und den Ostseeländern, hg. v. H. M. Niemann u. H. Holze (Rostocker Studien zur Universitätsgeschichte 17), Rostock 2011, 173–175 (zugänglich unter http://rosdok.uni-rostock.de/file/rosdok_document_0000000216/rosdok_derivate_0000004719/Studien17.pdf.; letzter Zugriff am 20.12.2020).

6 Wie dies beispielsweise für *Rudolf Bultmann* und *Ernst Troeltsch* unternommen wurde: R. Bultmann, Theologie als Kritik. Ausgewählte Rezensionen und Forschungsberichte, hg. v. M. Dreher u. K. W. Müller, Tübingen 2002, bzw. E. Troeltsch, Rezensionen und Kritiken (1894–1900), hg. v. F. W. Graf in Zusammenarbeit mit D. Brandt (Kritische Gesamtausgabe 2),

– Die *erste These* lautet: Der Blick auf bestimmte Probleme, die bei einer Rezensionszeitschrift wie der »Theologischen Literaturzeitung« auftreten, hilft bei einer Präzisierung der Methodik von Theologiegeschichtsschreibung. Will man diese Probleme nämlich nicht im Rahmen einer eher anekdotischen Behandlung der Theologiegeschichte thematisieren oder lediglich vor dem Hintergrund eigener Erfahrungen im gegenwärtigen Rezensionswesen darstellen, müssen sie im Rahmen eines wissensgeschichtlichen Paradigmas und nach den Standards gegenwärtiger Ideengeschichtsschreibung analysiert werden.

– Die *zweite These* lautet: Aus den programmatischen Äußerungen insbesondere der Gründungsherausgeber der »Theologischen Literaturzeitung« lässt sich auch für die Gegenwart und Zukunft dieser Zeitschrift noch Orientierung gewinnen. Das ist aber nur möglich, wenn man zugleich auch gründlich die Probleme studiert, die sich die Herausgeber mit ihrer spezifischen Programmatik eingehandelt haben.

Bevor aber Beobachtungen zu den programmatischen Äußerungen und ihrer Umsetzung im herausgeberischen Alltag an charakteristischen Beispielen zusammengetragen und im entsprechenden Rahmen gedeutet werden können,

---

Berlin/New York 2007 (insbesondere die Einleitung des Herausgebers, a. a. O. 1–28); ders., Rezensionen und Kritiken (1901–1914), hg. v. F. W. Graf in Zusammenarbeit mit G. von Bassermann-Jordan (Kritische Gesamtausgabe 4), Berlin/New York 2004 (mit Einleitung des Herausgebers, a. a. O. 1–70), sowie ders., Rezensionen und Kritiken (1915–1923), hg. v. F. W. Graf in Zusammenarbeit mit D. Feßl, H. Haury u. A. Seelos (Kritische Gesamtausgabe 13), Berlin/New York 2007. – Ernst-Heinz Amberg hat im Jahr 2000 die Geschichte der ThLZ anhand ausgewählter Rezensionen dargestellt: ders., Zur Geschichte der Theologischen Literaturzeitung (wie Anm. 3), 1223–1232.

sind in einem ersten Abschnitt zunächst historische Informationen über Kirchenhistoriker als Herausgeber der »Theologischen Literaturzeitung« zusammenzustellen (S. 27–127). Dabei soll der bisherige Wissensstand präzisiert bzw. vertieft werden.[7] Im zweiten, kürzeren Abschnitt folgt dann die Analyse der programmatischen Äußerungen der geschäftsführenden Herausgeber, die Kirchenhistoriker waren, und einiger ausgewählter Konflikte um Rezensionen (S. 128–170). In einem Schlussabschnitt wird schließlich gefragt, welche Bedeutung die Programmatik dieser Herausgeber für die Gegenwart und Zukunft der »Theologischen Literaturzeitung« haben kann (S. 171–179).

Wichtig ist allerdings, einleitend noch klarzustellen, dass sich die heutige Praxis der Herausgabe der »Theologischen Literaturzeitung« stark von den Zeiten unterscheidet, die in diesem Büchlein vor allem behandelt werden, die Jahre 1876 bis 1958. *Heute* verantwortet dieses Rezensionsorgan ein Herausgeberkollegium, das ein auf Zeit bestellter »Hauptherausgeber« als *primus inter pares* leitet. Für einzelne Fachgebiete (gegenwärtig für die Fachgebiete Altes Testament, Neues Testament, Kirchengeschichte Antike und Mittelalter bzw. Reformation und Neuzeit, Systematische Theologie Dogmatik bzw. Ethik, Praktische Theologie und Religionswissenschaft sowie Judaica und Philosophie) sind Fachherausgeberinnen und Fachherausgeber bestellt, die ihre Fachgebiete in Verbindung mit dem gesamten Kollegium inhaltlich selbständig verantworten. Die Nachbesetzung frei werdender Positionen nimmt der Kreis (nach Anhörung der Ausschei-

7 Es entspricht der Anlage dieser Untersuchung, dass angesichts der vielen Personen, die hier erwähnt werden, Vollständigkeit bei den Literaturnachweisen nicht angestrebt wurde.

denden) selbst vor, auf eine ausführliche Diskussion folgt eine geheime Abstimmung. Dem Hauptherausgeber obliegt, wie es in seinem Verlagsvertrag heißt, »die Verantwortung für den Erhalt und die Förderung des theologischen und wissenschaftlichen Profils der ThLZ. Er ist für die Gewinnung qualifizierter Autoren, insbesondere für größere Sammelbesprechungen und Themenaufsätze, zuständig. Ihm obliegt die Leitung der Herausgeberschaft und er erteilt das Gesamtimprimatur für die Monatshefte«[8]. Dem Herausgeberkollegium steht eine Redaktion zur Seite, die im Vorfeld der gemeinsamen Sitzungen (gegenwärtig dreimal im Jahr in Leipzig-Gohlis im Gebäude der »Evangelischen Verlagsanstalt«) zunächst die zur Rezension durch Verlage und Individuen vorgeschlagenen Titel in Listen zusammenstellt und den Herausgebern bzw. Herausgeberinnen zuleitet. Auf den Sitzungen werden diese Vorschläge sowie Ergänzungen aus dem Herausgeberkreis und die Planung der Aufsätze sowie der Literaturberichte bzw. Sammelbesprechungen gemeinsam diskutiert und verabschiedet. Die Redaktion fragt am Ende dieses Prozesses die vorgeschlagenen Personen an, mahnt gegebenenfalls die Abgabe und bereitet die elektronischen Manuskripte für den Satz vor. Alle Herausgeber lesen die satzfertigen Hefte Korrektur, mindestens aber ihre eigenen Rubriken, und verständigen sich bei Bedarf über notwendige Änderungen.

Dieses bis heute gebräuchliche System ist in drei Schritten 1958 bzw. 1960, 1983 und 1995 eingeführt worden: Weil der emeritierte Leipziger Systematiker Ernst Sommerlath 1958 gleichsam über Nacht die Herausgeberschaft der »Theologischen Literaturzeitung« allein übernehmen musste, damals

---

8 Zitat aus dem Herausgebervertrag des gegenwärtigen Hauptherausgebers Christoph Markschies, der zum 1.7.2020 geschlossen wurde.

aber schon fast siebzig Jahre alt war,[9] lag es scheinbar nahe, einen Kreis jüngerer und politisch wie theologisch teilweise deutlich anders orientierter Wissenschaftler zu seiner Unterstützung zu sammeln. Dieser Kreis wurde als »Redaktionsausschuss« bezeichnet und seit 1960 im Imprimatur am Ende der Hefte namentlich aufgeführt,[10] aber nicht im Titel. Hier

---

9 Dazu unten S. 127. – Über Hertzsch, den die Hauptverwaltung Verlagswesen 1958 eigentlich als neuen Hauptherausgeber an der Stelle von Sommerlath implementieren wollte, und Fascher, der die »Evangelische Verlagsanstalt« beriet, sowie die anderen Mitglieder des »Redaktionsausschusses« vgl. Bräuer, »... dass die Zeitschrift eine progressivere Tendenz erhält«. Der Herausgeberwechsel bei der Theologischen Literaturzeitung 1958–1960 (wie Anm. 3), 590–597.

10 Der »Redaktionsausschuss« erscheint erstmals im Impressum des Hefts Nr. 3 von ThLZ 85 (1960), 239, und bestand damals aus Erich Fascher, Gerhard Gloege, Erich Hertzsch und Erhard Peschke. In dieser Besetzung arbeitete er bis 1969 und das, obwohl der an der Friedrich-Schiller-Universität tätige Systematiker Gerhard Gloege im April 1961 einen Ruf an die Bonner Evangelisch-Theologische Fakultät angenommen hatte und aufgrund des Mauerbaus am 13.8.1961 erst nach mühsamen Verhandlungen von Jena nach West-Deutschland übersiedeln durfte (die näheren Umstände seiner Ausreise sind in den Handakten der Theologischen Fakultät der Jenaer Universität nachzulesen und können hier nicht dargestellt werden). Seit Heft Nr. 5 von ThLZ 94 (1969), 400, zählt das Impressum als Mitglieder des »Redaktionsausschusses« Vertreter *aller* klassischen theologischen Disziplinen auf: Ernst-Heinz Amberg, Karl-Heinz Bernhardt (im Heft Nr. 5 verschrieben: »Karl-Ernst«), Erich Fascher, Gerhard Gloege, Erich Hertzsch und Erhard Peschke. Die Position des westdeutschen Kollegen Gloege wird nach dessen Tod am 15.4.1970 nicht wieder besetzt. Erst als mit dem Heft Nr. 10 von ThLZ 96 (1971) Ernst-Heinz Amberg gemeinsam mit Sommerlath die Herausgeberschaft übernimmt und im Impressum als »verantwortlich für die Redaktion« bezeichnet wird, wird der Redaktionsausschuss neu zusammengesetzt (Sp. 799): Karl-Heinz Bernhardt, Erich Fascher, Erich Hertzsch, Traugott Holtz, Ulrich Kühn, Erhard Peschke, Ernst Sommerlath und Eberhard Winkler. In dieser Zusammensetzung

stand Sommerlath seit 1958 als allein verantwortlicher Herausgeber der Zeitschrift. In Wahrheit handelte es sich bei den Mitgliedern des »Redaktionsausschusses« allerdings um die Personen, die der Verlag in mühseligen Verhandlungen mit der zuständigen Hauptverwaltung Verlagswesen des Ministeriums für Kultur der DDR seit 1958 als »Mitherausgeber« von Sommerlath hatte akzeptieren müssen, um das Weitererscheinen der »Theologischen Literaturzeitung« möglich zu machen. Entgegen der Verabredungen mit der staatlichen Stelle führte die »Evangelische Verlagsanstalt« die Personen aber nicht im Titel auf, bezeichnete sie niemals als »Mitherausgeber« und erwähnte die Existenz des im Rang deutlich herabgestuften »Redaktionsausschusses« auch erst 1960. Man verwendete aber auch nicht den eingeführten Titel »Beirat«: So war die Gruppe der Kollegen genannt worden, die während der Jahre, in denen Emanuel Hirsch die »Theologische Literaturzeitung« herausgab (s. u. S. 41–59), auf dem Titel als Mitwirkende genannt waren und dem Herausgeber mit Rat zur Verfügung standen.[11] Erst mit dem Juni-Heft des 108. Jahr-

existierte das Gremium nahezu unverändert bis 1983; Erich Fascher gehörte bis zum seinem Tod am 23.7.1978 dem Gremium an, seine Position wurde zunächst nicht wieder besetzt (so Heft Nr. 7 von THLZ 103 [1978], 543). Im Jahr darauf trat Haendler in den Kreis ein (s. die folgende Fußnote).

11 Seit Heft Nrr. 19/20 von ThLZ 46 (1921), 217 f., sind das, wie im Heft zuvor angekündigt (Sp. 193 f.), Wilhelm Heitmüller, Gustav Hölscher, Arthur Titius und Georg Wobbermin, an die Stelle von Heitmüller tritt nach Heitmüllers Tod am 29.1.1926 ab Heft Nr. 5 von ThLZ 51 (1926), 97 f., Hans Lietzmann. Mit Hirsch tritt 1930 auch »sein« Beirat zurück und wird durch Walter Bauer als Herausgeber ersetzt, der unter Mitwirkung von Hermann Dörries und Georg Wobbermin herausgibt – so seit Heft Nr. 14 von ThLZ 55 (1930), 313 f. Als Aufgabe des Beirates wird in der Bekanntmachung von 1921 formuliert: »Dem neuen Herausgeber wird der Rat folgender Herren

gangs 1983 wurde, nachdem der langjährige Herausgeber Ernst Sommerlath in biblischem Alter am 4. März 1983 gestorben war, ein »Herausgeberkreis« etabliert, offenbar ohne politischen Druck und aus freiem Entschluss. Sommerlath hatte seit 1971 »in Verbindung mit« einem seiner Schüler, dem Leipziger Systematiker *Ernst-Heinz Amberg* (1927–2020[12]), die Herausgeberschaft wahrgenommen; die beiden Systematiker wurden dabei wie zuvor von einem »Redaktionsausschuss« unterstützt. Die Mitglieder dieses einstmals aus po-litischen Gründen eingeführten »Redaktionsausschusses« wurden im Zuge der Veränderungen 1983 zu Mitherausgebern in einem »Herausgeberkreis« aufgewertet (»Herausgeber: Ernst-Heinz Amberg in Verbindung mit Karl-Heinz Bernhardt, Gert Haendler,[13] Erich Hertzsch, Traugott Holtz, Ulrich Kühn, Erhard Peschke, Eberhard Winkler«). Allerdings lag die Redaktion immer noch in den Händen des Hauptherausgebers, der

---

regelmäßig zur Verfügung stehen: [...]. Die Grundsätze, nach denen das Blatt geleitet werden wird, bleiben die alten« (a. a. O. 217 f.).

12 U. Kühn, Zur Verabschiedung von E.-H. Amberg als Herausgeber der ThLZ am 7. Juni 1995, ThLZ 120 (1995), 755 f. – Die Geschichte der Zeitschrift unter den Bedingungen der alten DDR und der Umstände der (Haupt-)Herausgeberwechsel der Jahre 1983 und 1995 sollte einmal ausführlicher beschrieben werden. In den Themenbereich dieser Veröffentlichung fallen sie nicht. Ich füge aber an, dass mir Gert Haendler bei einem Gespräch in Rostock im Juni 1994 erzählte, wie wichtig es war, dass Studierenden wie Dozierenden vor 1990 die Bände der zweisprachigen französischen Editionsreihe »Fontes Christiani« zur Verfügung standen, die Haendler regelmäßig in Sammelbesprechungen anzeigte und dadurch in seinen Besitz brachte, vgl. z. B.: G. Haendler, Zwischen Irenäus und Abaelard – Neun neue Bände der Reihe »Fontes Christiani« 1999/2001, ThLZ 127 (2002), 112– 122.

13 Der Rostocker Kirchenhistoriker Haendler gehörte seit 1979 dem »Redaktionsausschuss« an, sein Name erscheint erstmals in Heft Nr. 4 von ThLZ 104 (1979), 320.

14 Letztmalig in Heft Nr. 6 von 120 (1995), 592. Annette Weidhas (seit Septem-

dabei von einer Redakteurin und seinen Assistenten unterstützt wurde. Dies änderte sich erst beim Wechsel der Hauptherausgeberschaft 1995 von Amberg auf den in Zürich lehrenden Neutestamentler Hans Weder, weil der neue Hauptherausgeber die traditionellen Aufgaben der Redaktion angesichts der geographischen Entfernung zwischen Zürich und Leipzig, dem Ort von Redaktion und Druckerei, nicht übernehmen wollte. Bis dahin war Amberg (ab 1993 zusammen mit Annette Weidhas) als »Redaktion« im gedruckten Impressum genannt.[14] Seit 1995 fungiert der Hauptherausgeber nicht mehr zugleich auch als Redaktion der Zeitschrift, vielmehr verantwortet Annette Weidhas (inzwischen zusammen mit Elisabeth Neijenhuis) die Redaktion.

Solange sich diese beiden Funktionen in einer Hand befanden, kam der Hauptherausgeber seit 1945 wöchentlich in die Leipziger Redaktion, sichtete die eingegangenen Bücher bzw. Verlagskataloge, führte die Korrespondenz und besprach Probleme bei Rezensionsmanuskripten. Auch die Zusammenstellung der Hefte und Umbruchkorrekturen wurden diskutiert. Ein Teil der redaktionellen Aufgaben des Hauptherausgebers wurde angesichts des vorgerückten Alters von Sommerlath wohl schon in den späteren sechziger Jahren des letzten Jahrhunderts von der ursprünglich als »Redaktionsleiterin« des Gesamtverlages eingestellten Hinrichs-Mitarbeiterin *Lucie Geist* (1902–2008; siehe Abb. 9 S. 180) übernommen, die damit zur »Redakteurin« der »Theologi-

---

ber 1990 Redakteurin [Vorgänger Ralf Marschner]) erscheint erstmals namentlich im Impressum des Heftes Nr. 1 von ThLZ 118 (1993), 94. Ich danke Frau Weidhas sehr herzlich für ein ausführliches Gespräch zu den Umständen der Veränderungen 1983 und 1995, das wir am 16.6.2020 geführt haben.

15 E. u. M. Taube, Nachwort, in: Geist, »Ein Geschäft recht geistiger Natur«.

schen Literaturzeitung« aufstieg. Diese unverheiratete, sehr energische Frau trat 1925 in den Hinrichs-Verlag ein, übernahm 1938 die Herstellungsleitung (in der Nachfolge der Kunsthistorikerin Dr. Hildegard Lange, die den Alttestamentler Albrecht Alt geheiratet hatte), stieg 1956 zur Prokuristin auf und beendete ihre gleichzeitig ausgeübte Tätigkeit als Redakteurin erst 1987, zehn Jahre nach der Liquidation des Hinrichs-Verlags, als dessen letzte Mitarbeiterin sie zwei Jahrzehnte arbeitete.[15] Trotz der Aufwertung der ursprünglichen Redaktionsassistenz zur Redaktion nach 1971 blieb der Herausgeber – quasi als »Chefredakteur« – letztverantwortlich.[16] Der genannte »Redaktionsausschuss« und später der »Herausgeberkreis« kamen, soweit allen eine Teilnahme möglich war, während der DDR-Zeit monatlich zusammen. Der auch redaktionell tätige (Haupt-)Herausgeber konnte sich dabei auf ein über hundert Jahre bewährtes Redaktionssystem verlassen, dessen Basis Karteikarten waren. Diese »Titelzettel« wurden eigens für die Zeitschrift gedruckt, wie die in der DDR erforderliche Drucknummer[17] an der unteren linken Ecke eines beliebigen, eher zufällig erhaltenen Beispiels zeigt:

Zum 200. Jahrestag der Gründung des J. C. Hinrichs Verlags Leipzig (wie Anm. 3), 79–81. – Der Einsatz von Lucie Geist für die ThLZ, aber auch für die OLZ und andere Zeitschriften, Reihen und sonstige Veröffentlichungen des Hinrichs-Verlages müsste einmal ausführlicher gewürdigt werden als nur auf den drei Seiten des Nachworts ihrer kurzen Verlagsgeschichte, in der die turbulenten Herausgeberwechsel der ThLZ, wie es dem Stil ihrer Generation entsprach, sehr dezent referiert werden: a. a. O. 25–29.

16 Brieflicher Hinweis von A. Weidhas, 20.12.2020.

17 Die Ziffernfolge besteht aus der Druckereinummer und der Lizenznummer, die Ziffern »82« besagen, dass die Lizenz 1982 erteilt wurde (nicht dass der Druck der Karteikarte in diesem Jahr erfolgte). Die Bezeichnung der Druckerei (III-18-453) verweist auf die Buchdruckerei Jürgen Risse. In der

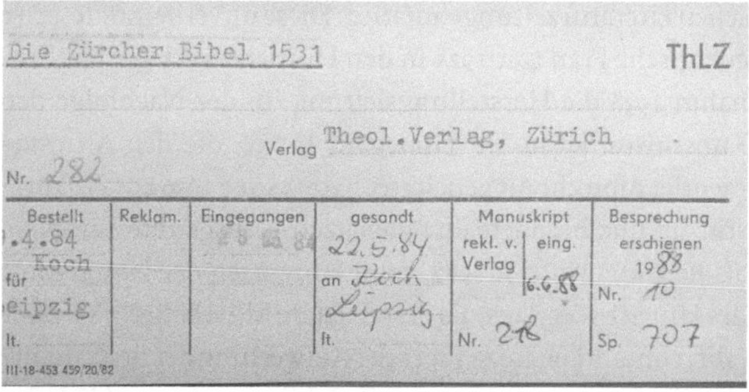

Abb. 1: »Titelzettel« der Theologischen Literaturzeitung von 1984 (14,5 x 7 cm; EVA Leipzig)

Aus der hier abgebildeten Karteikarte geht hervor, dass im April 1984 der Leipziger Reformationshistoriker Ernst Koch für einen Sammelbericht zum Zwingli-Jahr 1984 eine Faksimile-Ausgabe der Zürcher Bibel von 1531[18] bestellt hatte, die bald darauf in der Redaktion in der Scherlstraße eingegangen war und dann an Koch weitergeschickt wurde. Rund vier Jahre später gab der Autor das Manuskript seines Sammelberichtes ab, das eine Manuskriptnummer erhielt und vier Monate später im Druck erschien.[19] Anlässlich der Bestellung wurde eine Karteikarte angelegt, dem bestellten Buch eine

»Evangelischen Verlagsanstalt« sind leider nur noch Restbestände solcher Kartensätze aus den achtziger und frühen neunziger Jahren des letzten Jahrhunderts erhalten. Karpp, Die Theologische Literaturzeitung (wie Anm. 3) hat zwar zu jeder Herausgeberschaft, die er behandelt, einen Abschnitt zur Redaktionstätigkeit (a. a. O. 41–44.52 f.65 f.80 f.98), bespricht dort aber nicht die Details der alltäglichen Arbeit und der Aufgabenteilung zwischen Herausgebern und Verlag.

18 Die gantze Bibel. Die Zürcher Bibel von 1531, [verkleinerte] Faksimile-Ausgabe, Zürich 1983.

19 E. Koch, Zwingli im Jubiläumsjahr 1984. Ein Literaturbericht, ThLZ 113 (1988), 707–722, zum Bibel-Faksimile a. a. O. 709.

Ordnungsnummer gegeben und der Weg der Rezension vom Manuskripteingang bis zur Drucklegung im zehnten Heft des Jahrgangs 1988 festgehalten. Für die Erstellung dieses »Laufzettels« war die Redakteurin (bzw. ihre Assistentin) verantwortlich, die in der Redaktion der Zeitschrift (bis Oktober 1991 im alten Gebäude des Hinrichs-Verlags in der Scherlstraße im ehemaligen graphischen Viertel) saß und dem Hauptherausgeber zuarbeitete. Ihm oblag es bis zur Einführung einer eigenständigen und vom Hauptherausgeber unterschiedenen Redaktion 1995, die eingegangenen und im Stehsatz befindlichen Rezensionen pünktlich auf die Hefte zu verteilen und entsprechend präzise die Zeilen und Spalten auszuzählen. Daher wurden auch die Begriffe »Herausgeberschaft« und »Redaktion« bis dahin verlagsseitig wenig trennscharf verwendet und waren oft gegeneinander austauschbar.[20] Vor der Einführung des »Redaktionsausschusses« 1958 bzw. 1960 war der Hauptherausgeber auch weitestgehend allein für die Vergabe der Rezensionen zuständig; die Herausgeber Kurt Aland, Ernst Sommerlath und Ernst-Heinz Amberg erledigten diese Aufgabe, indem sie regelmäßig die eingegangenen Bücher selbst in der Scherlstraße in Augenschein nahmen.[21]

Die Kirchenhistoriker, die im hier vorgelegten Büchlein behandelt werden, waren noch Hauptherausgeber im klassi-

---

20 Vgl. dafür unten beispielsweise S. 50 mit Anm. 69 (der Wechsel der Herausgeberschaft im Jahr 1930 wird als »ThLZ-Redaktionsfrage« bezeichnet).

21 Dazu vgl. unten S. 118–120. – Als ich selbst im Jahre 2005 in den Herausgeberkreis eintrat, standen die eingegangenen Bücher noch zur Ansicht vor den Sitzungen bereit, inzwischen werden sie erst angefordert, wenn eine Rezensentin oder ein Rezensent gewonnen werden konnte, und zum Teil von den Verlagen nur noch in Form von e-books oder preiswerteren Druckformen angeboten.

schen Sinne, sie agierten ohne Redaktionsbeirat oder Herausgeberkreis, konnten sich aber auf die technische Unterstützung von Redaktionskräften in Leipzig und auf die Beratung von Kollegen verlassen. Sie wählten (teilweise in Absprache mit einem Kollegen, mit dem sie sich die Herausgeber-Verantwortung teilten) die zur Rezension vorgesehenen Veröffentlichungen aus, legten Rezensenten fest und nahmen ihre Manuskripte zum Druck an oder lehnten sie ab. An sie musste man sich wenden, wollte man aus welchen Gründen auch immer ein Buch besprechen und am Ende das Rezensionsexemplar der eigenen Bibliothek einverleiben. Insofern prägten die kirchenhistorischen Herausgeber in sehr viel deutlicherer Weise das Profil und die Ausrichtung der »Theologischen Literaturzeitung«, als dies nach 1983 und 1995 einer einzelnen Person noch möglich ist.[22] Angesichts der immer weiter zunehmenden Pluralisierung der universitären Theologie im deutschen Sprachraum und der beständigen Zunahme von Veröffentlichungen war die Einführung eines Herausgeberkreises 1983 und die Professionalisierung der Redaktion 1995 sicher eine kluge Entscheidung, die nun aber eine größere Gruppe vor die gemeinsame Aufgabe stellt, in der Vielfalt von Positionen die Einheit der evangelischen Theologie nicht zu verlieren.

---

22 Diese gesteigerte Pluralität reflektiert auf seine Weise der neue Hauptherausgeber Hans Weder in einer Ansprache anlässlich der Übernahme der Verantwortung: H. Weder, Zur Kultur des theologischen Urteilens. Eine Überlegung an der Schwelle zur Herausgeberschaft der ThLZ, ThLZ 120 (1995), 758 f. Sein Nachfolger Dalferth fragt anlässlich seines Abschieds ein Vierteljahrhundert später schon, wie die Urteilsfähigkeit in einer späten Moderne überhaupt noch bewahrt werden kann: Dalferth, Sind wir noch urteilsfähig? Gegenwärtige Herausforderungen der Theologischen Literaturzeitung (wie Anm. 1), 605–618.

1 Historische Informationen

Seit 1876 erscheint die »Theologische Literaturzeitung«, in der Regel monatlich. In den 144 Jahren seither haben insgesamt siebenundfünfzig Jahre lang Kirchenhistoriker das Rezensionsorgan geschäftsführend herausgegeben[23]: neunundzwanzig Jahre *Adolf Harnack* (1881–1910),[24] neun Jahre *Emanuel Hirsch*, der seinerzeit ein Ordinariat für Kirchengeschichte in Göttingen bekleidete (1921–1930), lediglich ein knappes Jahr verantwortlich *Hans-Georg Opitz* (1939/1940) und dann nach einem schwierigen Interregnum während seines Militärdienstes *Kurt Aland* weitere siebzehn Jahre (1941–1958).

---

23 Die Bezeichnungen für die geschäftsführende bzw. verantwortliche Herausgeberschaft und die Mitherausgeber wechseln im Laufe der Jahre. Eine hilfreiche Übersicht über die unterschiedlichen Herausgeberkollegien und Bezeichnungen von 1876 bis 2004 bei Petzoldt, Gründung und Entwicklung der »Theologischen Literaturzeitung« und die Mitarbeit von Leipziger Universitätstheologen (wie Anm. 3), 356–359. Petzoldt druckt auch die programmatischen Mitteilungen anlässlich von Herausgeberwechseln und Nachrufe im Anhang ab: a. a. O. 363–369.

24 Harnack selbst hat betont, dass die Idee zur Zeitschrift auf Emil Schürer zurückging (s. u. S. 36). In der Biographie seiner Tochter wird zudem der Eindruck vermittelt, dass er fast dreißig Jahre lang die Redaktion gemeinsam mit Schürer geführt habe (A. von Zahn-Harnack, Adolf von Harnack, Berlin 1936, 124). Der Briefwechsel mit Albrecht Ritschl zeigt allerdings, dass Harnack die Redaktion zumindest 1881 zunächst für ein Jahr allein übernommen hat (Postkarte Harnack an Ritschl vom 12.1.1881, ediert bei: Albrecht Ritschls Briefwechsel mit Adolf Harnack 1875–1889, hg. v. J. Weinhardt, Tübingen 2010, 260 – vgl. auch unten S. 137 mit Anm. 230) und dann

Opitz wurde vor seinem Tod 1941, der in der Zeitschrift als tödliche Verwundung »für Deutschlands Zukunft ... im Kampf gegen den Bolschewismus«[25] dargestellt wurde, in der Schriftleitung zunächst durch seinen akademischen Lehrer

---

auch weiterführte. Am 3.1.1882 schreibt er an Ritschl: »Die Literaturzeitung führe ich dieses Jahr noch weiter. Schürer wird sie schwerlich je mehr übernehmen. Unter den jüngeren Collegen ist Niemand bereit«. Der Briefwechsel zwischen Schürer und Harnack ist erst ab dem Jahr 1888 und bis 1890 in Harnacks umfangreichem Nachlass erhalten (Staatsbibliothek zu Berlin Preußischer Kulturbesitz, Nachlass Harnack, Kasten 42). Daraus wird erkennbar, dass im Jahr 1888, in dem Harnack nach bekannten Auseinandersetzungen zum 1. Oktober nach Berlin wechselte, Schürer die Redaktion offenbar wieder allein führte, und das mindestens bis 1890. Da auch die in Leipzig aufbewahrten Restbestände des Verlagsarchivs Hinrichs keine einschlägige Korrespondenz mehr enthalten, wird die exakte Aufgabenverteilung zwischen Harnack und Schürer vermutlich nicht mehr oder nur mit erheblichem Aufwand zu rekonstruieren sein.

25 Traueranzeige von Schriftleitung und Verlag: ThLZ 66 (1941), 241 f. Die Traueranzeige der Familie in der »Deutschen Allgemeinen Zeitung« (80. Jahrgang, 20.7.1941) findet sich mehrfach im Verlagsarchiv: StA-L, 22208 J. C. Hinrichs Verlag, Leipzig, Nr. 263, Bl. 67. – Die Überlieferung von einer tödlichen Verwundung im Rahmen des Russlandfeldzuges findet sich bis heute, z. B. bei N. Slenczka, Die Theologische Fakultät 1880–1945, in: Geschichte der Universität Unter den Linden 1810–2010, Bd. 5 Transformation der Wissensordnung, hg. v. H.-E. Tenorth in Zusammenarbeit mit V. Hess u. D. Hoffmann, Berlin 2010, (53–106) 94: »Hans Martin Opitz [sic!] ... fiel 1941 in Russland«. Allerdings geht auf Kurt Aland die (mir von Jürgen Dummer weitergereichte) Überlieferung zurück, dass Opitz, seit 1939/1940 Ordinarius in Wien, sich nach dem Ende der Schlacht bei Brody/Ukraine die tödliche Verletzung selbst zufügte, indem er sich beim Anstecken einer Zigarette an Benzinresten auf seinen Handschuhen selbst entzündete. Sicher ist, dass Opitz am 8. Juli 1941 im Lazarett starb und auf dem deutschen Soldatenfriedhof von Brody (Broniki bzw. Bronnyky) begraben wurde. Die Traueranzeige der Familie spricht davon, dass er »in freudiger Pflichterfüllung im Kampf um die Größe und Freiheit unseres deutschen Volkes« starb.

Hans Lietzmann vertreten (1940),[26] dann faktisch durch den aus Brasilien stammenden Vikar *Hans Wendt* (1940)[27] und darauf zunächst geschäftsführend durch Lietzmanns Schüler *Kurt Aland* für ein Jahr (1940/1941).[28] Anschließend prägte, wie gesagt, bis 1958 Aland die »Theologische Literaturzeitung« in politisch äußerst aufregenden Zeiten.

Natürlich wurde die Zeitschrift nicht nur durch Kirchenhistoriker geschäftsführend herausgegeben: *Arthur Titius* (1911–1921[29]), *Ernst Sommerlath* (1958–1983[30]), *Ernst-Heinz*

26 Lietzmann trägt erstmals laut Impressum für die Hefte Nrr. 3/4 Verantwortung (ThLZ 65 [1940], 108). Die Nrr. 9/10, für die er im Impressum letztmalig Verantwortung übernimmt (a. a. O. 287), eröffnet er mit einem Leitartikel »Die neue römische Vulgata« (ThLZ 65 [1940], 225–230).

27 Bereits im folgenden Heft Nr. 11 folgt Lietzmann nach dem Impressum »i. V.« Hans Wendt (a. a. O. 334), der sich a. a. O. 334, für »einige den Sinn störende Druckfehler« entschuldigt, die im Beitrag von Lietzmann stehenblieben, weil vermutlich aufgrund einer schweren Erkrankung »keine Autorkorrektur gelesen werden« konnte. Möglicherweise lag hier der Grund für den plötzlichen Wechsel von einem Ordinarius als verantwortlichem Schriftleiter auf einen Nachwuchswissenschaftler. Eine andere Erklärung, die sich bei seinem Schüler Aland findet, wird weiter unten diskutiert: S. 146 mit Anm. 245. In einem Brief von Klotz an Wendt (Aktenordner ThLZ Redaktion 1938–1945 in der EVA Leipzig) wird am 29.11.1940 von der fehlenden »endgültigen Klärung des Falles Lietzmann« gesprochen, »die es Herrn Prof. L. ermöglicht, wieder seinen Namen an die Stelle des verantwortlichen Herausgebers zu setzen«. Am 8.12.1940 teilte Wendt dem Verlag aus Brandenburg/Havel handschriftlich mit, dass er nun doch eingezogen worden sei (ebd.).

28 Erstmals in Heft Nr. 12 (a. a. O. 382).

29 Ab Heft Nr. 11 des Jahrgangs 35 (1910), das am 28. Mai 1910 erschien, zeichneten Hermann Schuster (1874–1965) und Arthur Titius gemeinsam verantwortlich, »dem Wunsche des verewigten Prof. D. Schürer folgend«, wie es in der Mitteilung zu Beginn des Heftes in Sp. 321 f. heißt. – Schuster, der in der Mitteilung als Schwiegersohn Schürers vorgestellt wird (!), war seinerzeit Oberlehrer mit den Fächern Geschichte, Erdkunde und Religion an

Amberg (1983–1995) und *Ingolf U. Dalferth* (2000–2020) zählen als systematische Theologen, der Gründungsherausgeber *Emil Schürer* (1876–1910), *Walter Bauer* (1930–1939) und *Hans Weder* (1995–2000) als Neutestamentler. Stellt man also neben die 57 Jahre der Kirchenhistoriker die 66 Jahre von Heraus-

---

Gymnasien in Hannover: B. Schröder unter Mitarbeit von F. Dinger u. a., Göttinger Religionspädagogik: Eine Studie zur institutionellen Genese und programmatischen Entfaltung von Katechetik und Religionspädagogik am Beispiel Göttingen (Praktische Theologie in Geschichte und Gegenwart 25), Göttingen 2018, 189 Anm. 24. Weiter heißt es in der Mitteilung: »D. Harnack ist leider, wie schon seither, wegen Überbürdung außerstande, sich an den Redaktionsgeschäften zu beteiligen, hat sich aber, um die innere Kontinuität des Blattes auch seinerseits zu sichern, bereit erklärt, bis zum Ende des laufenden Jahrgangs der Redaktion mit seinem Rate zur Seite zu stehen und deshalb seinen Namen als Mitherausgeber an der Spitze des Blattes zu belassen«. Abschließend versichern Herausgeber und Verlag: »Die Zeitschrift wird, wie schon mitgeteilt, im bisherigen Geiste fortgeführt werden«. Ab Heft Nr. 20/21 des 42. Jahrgangs (1917) ist Titius dann allein verantwortlich, ohne dass dies in der Zeitschrift näher erläutert wird.

30 *Sommerlath* (1889–1983) trat mit Heft Nr. 5/6 des 68. Jahrgangs 1943 als Mitherausgeber in die Verantwortung für die ThLZ ein. Grund war, dass die ThLZ (so die Mitteilung a. a. O. 129 f.) »mit dem bisher im Verlag Dörffling & Franke, Leipzig erschienenen »Theologischen Literaturblatt« »vereinigt« worden war, dessen Herausgeber Sommerlath seit 1933 war. Damit hatte sich die ThLZ gegenüber der streng lutherisch ausgerichteten Konkurrenz, die 1880 von Christoph Ernst Luthardt ins Leben gerufen worden war, durchgesetzt. Aus der Korrespondenz zwischen Kurt Aland und dem Verlag wird deutlich, dass der Vereinigung eine Verfügung der Reichspressekammer des Propagandaministeriums vom 19.3.1943 vorausging, beide Zeitschriften dürften »ab 1.4.1943 nur noch als einheitliche Zeitschrift erscheinen und zwar nur noch zweimonatlich« (Brief Verlag an Aland vom 22.3.1943; im Aktenordner Redaktion ThLZ 1938–1945 der EVA Leipzig [wie oben Anm. 3]). Hinrichs zahlte für das Verlagsrecht 2000,- RM; Dörffling & Franke behielt zunächst das Recht, den Titel zu gegebener Zeit wieder zurückzukaufen. Für zwei Jahrgänge wurde auf dem Titel noch die Angabe »Vereinigt mit dem Theologischen Literaturblatt« geführt, sie entfiel

gebern aus der Systematischen Theologie sowie die 49 Jahre der Neutestamentler, dann fällt zunächst die relativ ausgewogene Verteilung zwischen den drei Disziplinen Kirchengeschichte, Neues Testament und Systematische Theologie auf, aber natürlich auch das vollständige Fehlen der anderen theologischen Disziplinen in dieser Kette von Herausgebern. Erst seit 2002 gehört eine Frau zum Kreis der Herausgeber.[31] Auf den ersten Blick mag dieser Befund bei einer Rezensionszeitschrift, die sich (im Unterschied zu anderen Publikationen in der Zeit ihrer Gründung) doch dem *Gesamt* der Theologie widmen wollte und will, überraschen. Wenn aber nicht alles täuscht, dann entspricht diese scheinbar einseitige Verteilung der allgemeinen Wertschätzung, die die drei genannten Disziplinen in der Geschichte der Evangelischen Theologie im späten neunzehnten und zwanzigsten Jahrhundert erfahren haben.[32] Während der letzten Jahrzehnte des langen neunzehnten Jahrhunderts bis zur kritischen Wende gegen den Historismus nach dem Ersten Weltkrieg standen die historischen Fächer der Theologie im Zentrum allgemeiner Aufmerksamkeit. Danach verlagerte sich das Gewicht in die systematische Theologie.[33]

---

dann nach 1945. Der Verlag Dörffling & Franke ist 1961 als erloschen verzeichnet (Sächsisches Staatsarchiv, Staatsarchiv Leipzig, 20124 Amtsgericht Leipzig, Handelsregisterakten HRA 194).

31 Mit Heft Nr. 1 von ThLZ 127 (2002), 1 f. trat Friederike Nüssel an die Stelle von Ulrich Kühn.

32 Karpp, Die Theologische Literaturzeitung (wie Anm. 3), 46 f., dokumentiert allerdings, dass durch die Aufnahme von Hermann Schuster, der u. a. als Religionspädagoge wirkte und das Fach später auch an der Göttinger Fakultät vertrat (Details bei Schröder, Göttinger Religionspädagogik [wie Anm. 29], 186–205), die Zahl der Rezensenten aus der Praktischen Theologie stark zunahm.

33 Vgl. F. W. Graf, Einleitung: Protestantische Universitätstheologie in der

Im Blick auf die Herausgeberschaft der »Theologischen Literaturzeitung« zeigen sich allerdings auch die engen Grenzen solcher in der akademischen Lehre unvermeidlichen und entsprechend vertrauten Schematisierungen: Die Kirchen historiker Harnack und Hirsch hatten – auch wenn vor allem Harnack das gern bestritt – neben ihren eigentlichen disziplinären Interessen natürlich auch systematische Ambitionen.[34] Hirsch übernahm nach dem Ende seiner Herausgeberschaft entsprechend auch 1936 ein systematisches Ordinariat. Auf den ersten Blick verbindet diese beiden Kirchenhistoriker auch eher eine systematisch-theologische Option als ihr Profil als Historiker: 1921 ging die Herausgeberschaft der »Theologischen Literaturzeitung« nicht an einen jungen Theologen aus dem Netzwerk, das wir heute gern als »Dialektische Theologie« bezeichnen.[35] Vielmehr teilten Harnack

---

Weimarer Republik, in: ders., Der heilige Zeitgeist. Studien zur Ideengeschichte der protestantischen Theologie in der Weimarer Republik, Tübingen 2011, 1–110, und ders., Die »antihistorische Revolution« in der protestantischen Theologie der zwanziger Jahre, in: ebd., 111–138.

34 Das zeigt programmatisch C.-D. Osthövener, Adolf von Harnack als Systematiker, ZThK 99 (2002), 296–331; für Hirsch vgl. E. Herms, Emanuel Hirsch, in: Profile des Luthertums. Biographien zum 20. Jahrhundert, hg. v. W.-D. Hauschild (Die Lutherische Kirche. Geschichte und Gestalten 20), Gütersloh 1998, 301–320, sowie A. von Scheliha, Emanuel Hirsch als Dogmatiker. Zum Programm der »christlichen Rechenschaft« im »Leitfaden zur christlichen Lehre« (TBT 53), Berlin/New York 1991.

35 1922 wurde aber mit den von dem Neutestamentler *Karl Ludwig Schmidt* (1891–1956) herausgegebenen »Theologischen Blättern« (die bis 1942 anstelle des 1934 emigrierten Schriftleiters von Hermann Strathmann [1882–1966] fortgeführt wurden, bis 1937 gemeinsam mit Schmidt) eine zunehmend von Autoren dieser Richtung geprägte Zeitschrift mit einem starken Anteil an Bücherbesprechungen in das Verlagsprogramm von Hinrichs übernommen: A. Mühling, Karl Ludwig Schmidt. »Und Wissenschaft ist Leben« (AKG 66), Berlin/New York 1997, 34–36.42–48.182–198, sowie F. W.

und Hirsch den skeptisch-kritischen Blick auf diesen Neuaufbruch – wie die Zeilen dokumentieren, die Harnack 1925 zum fünfzigjährigen Jubiläum der von ihm mitverantworteten Gründung schrieb (wir werden dies noch ausführlicher in den Blick nehmen: S. 132 f.)[36].

Abb. 2: Wolf Graf Baudissin, Oskar von Gebhardt, Adolf Harnack und Emil Schürer (1873)[37]

Kantzenbach, »Theologische Blätter«. Kampf, Krisis und Ende einer theologischen Zeitschrift im Dritten Reich, in: Zur Geschichte des Kirchenkampfes. Gesammelte Aufsätze 2, hg. v. H. Brunotte u. E. Wolf (AGK 26), Göttingen 1971, 79–104.

36 A. von Harnack, Ein Wort der Erinnerung (Zur ersten Nummer des 50. Jahrgangs), ThLZ 50 (1925), 1–4 = ders., Aus der Werkstatt des Vollendeten. Als Abschluss seiner Reden und Aufsätze hg. v. Axel v. Harnack, Gießen 1930, 16–20. Vgl. auch H. Weder, Theologie und Religionswissenschaft. Eine Erinnerung an Emil Schürer und Adolf von Harnack, ThLZ 125 (2000), 1233–1244.

37 Zahn-Harnack, Adolf von Harnack (wie Anm. 24), nach S. 96.

Harnack selbst gehörte einer anderen Generation als Hirsch an, die man als »wilhelminische« bezeichnet hat. Zum Zeitpunkt des ersten Erscheinens der »Theologischen Literaturzeitung« war der stark durch seine baltische Herkunft geprägte Kirchenhistoriker gerade einmal 25 Jahre alt. Fünfzig Jahre später hat er über die Umstände der Gründung berichtet und dabei sie selbst wie die ersten Jahre der Zeitschrift mit einer Gruppe jüngerer Theologen in Beziehung gesetzt, die sich dem Theologen und der Theologie von *Albrecht Ritschl* (1822–1889) verpflichtet fühlten. Natürlich handelt es sich bei Harnacks Rückblick von 1925 um einen Versuch der nachträglichen Selbsthistorisierung der Gründung des Rezensionsorgans, der entsprechend vorsichtig interpretiert werden muss:

> »Gern entspreche ich der Aufforderung von Schriftleitung und Verlag, den Jubiläumstag dieser Zeitung mit einigen Worten der Erinnerung zu feiern und den Blick auf die Zeit ihres Ursprungs zu richten. Die Theologische Literaturzeitung ist – gleichzeitig mit der Zeitschrift für Kirchengeschichte – in jenen Tagen des Aufschwungs entstanden, da die systematische Theologie durch *Ritschl* wieder ein Hauptproblem und zugleich Mark in die Knochen erhielt, und in denen die strenge, durch keine Tendenz bestochene geschichtliche Untersuchung aller theologischen Probleme durch *Wellhausen, Weizsäcker, Ritschl, Reuter* u. A. zur anerkannten Forderung in der Theologie wurde.«[38]

Die »jungen Theologen«, die sich »in Leipzig durch den glücklichen ›Zufall‹ zusammengefunden« hatten – »der Alttestamentler *Graf von Baudissin*, der Neutestamentler *Schürer*, der Systematiker *Kaftan*, der Textkritiker *von Gebhardt* und ich als Kirchenhistoriker« –, waren, wie Harnack formuliert, keine persönlichen Schüler Ritschls. Aber man war sich

38 Harnack, Ein Wort der Erinnerung, ThLZ 50 (1925), 1 f.

»einig in der Schätzung seiner Bedeutung und Kraft, wie er sie sowohl durch sein Werk über die Entstehung der altkatholischen Kirche als vor allem durch sein systematisches Hauptwerk bewiesen hatte. Ferner aber einigte uns die Überzeugung, daß es gelte, die wissenschaftlichen Kräfte des deutschen Protestantismus aus allen Lagern zusammenzufassen und die theologische Arbeit unter strenge historisch-kritische Beurteilung zu stellen«.[39]

Auch wenn der Rückblick von Harnack aus dem Jahre 1925 von einer nüchternen, wenn nicht pessimistischen Wahrnehmung seinerzeitiger theologischer Entwicklungen geprägt ist,[40] entspricht seine Erinnerung an die »strenge historisch-kritische Beurteilung« als gemeinsame methodische Basis der Gründer doch gut den ursprünglichen Intentionen des Jahres 1876, wie der Gründungsaufruf der »Theologischen Literaturzeitung« zeigt:

»Die Theologische Literaturzeitung soll soviel als möglich allen Kreisen der protestantischen Theologie Deutschlands dienen. Keine Richtung wird principiell von der Mitarbeit ausgeschlossen sein. Die Beurtheilung der literarischen Erscheinungen soll möglichst sachlich gehalten sein, nur die wissenschaftliche Tüchtigkeit, nicht den Parteistandpunkt in's Auge fassend. Indem aber so die Redaction sich bestreben wird, Allen gerecht zu werden, hofft sie doch zugleich dem Blatte eine einheitliche, charaktervolle Haltung wahren zu können.

Die Besprechungen sollen sich über sämtliche Erzeugnisse der

---

39 Harnack, Ein Wort der Erinnerung, ThLZ 50 (1925), 1 f. – Angespielt wird auf: A. Ritschl, Die Entstehung der altkatholischen Kirche. Eine kirchen- und dogmengeschichtliche Monographie, 2., durchgängig neu ausgearbeitete Aufl., Bonn 1857, sowie ders., Die christliche Lehre von der Rechtfertigung und Versöhnung, Bd. 1 Die Geschichte der Lehre, Bonn 1870; Bd. 2 Der biblische Stoff der Lehre, Bonn 1874, sowie Bd. 3 Die positive Entwickelung der Lehre, Bonn 1874. – Vgl. vor allem die Einleitung von Joachim Weinhardt in: Albrecht Ritschls Briefwechsel mit Adolf Harnack 1875–1889 (wie Anm. 24), 1–110.

> wissenschaftlichen Theologie Deutschlands erstrecken. Die Erbauungsliteratur soll wenigstens in einer Auswahl berücksichtigt werden; ebenso in Auswahl die Grenzgebiete der Theologie. Ein besonderes Augenmerk wird die Redaction darauf richten, auch über die wichtigere theologische Literatur des Auslandes möglichst vollständig Bericht erstatten zu können.«[41]

In seinen Erinnerungen an die Gründung aus dem Jahre 1925 hat Harnack die methodische Grundorientierung der Zeitschrift noch präziser gefasst: Schürer habe ihr seinen eigenen Geist, »den unbestechlichen Wahrheitssinn, die vollkommene Unparteilichkeit und Ruhe, die strenge Methode und den Geist eines ernsten und freien Protestantismus«, aufgeprägt.[42] Diese Orientierung führte nach Harnack dazu, dass schon im ersten Jahrgang Rezensenten aus allen damaligen theologischen Richtungen mitwirkten, »unter ihnen *Lipsius, Overbeck, Weizsäcker, Wellhausen* einerseits und *Kähler, v. Oettingen, Plitt, Zahn* andererseits«.[42] Und er fährt fort:

---

40 Harnack, Ein Wort der Erinnerung, ThLZ 50 (1925), 3 f.: »Blicke ich vorwärts, so macht mir für die Zukunft der Nachwuchs Sorge, weil ihm die theologischen Richtlinien verblassen und unsicherer werden und weil die wirtschaftliche Not ein ausreichendes wissenschaftliches Studium unmöglich zu machen droht. Unter sieben Jahren hingebender Arbeit kann auch der Begabteste heute nicht die Höhe ersteigen, auf welcher die Aufgaben der wissenschaftlichen Disziplinen liegen; wie wenige aber sind in unsrer Zeit in der Lage, nach dem 18. Jahr eine so lange Zeit hindurch ohne eigenes Einkommen zu leben! Aus drohender Verwirrung der Geister müssen wir die Jugend zur Schlichtheit ernster Wissenschaft und zur Einfalt des evangelischen Glaubens führen. Dazu kann auch, wie bisher, diese Zeitung helfen. Die andere Aufgabe liegt außerhalb ihres Vermögens; aber ihre Mitarbeiter sollen nicht müde werden, die ›Notgemeinschaft der Deutschen Wissenschaft‹ und private Hilfe zur Förderung des Nachwuchses anzurufen«.

41 Hier zitiert nach: Herausgeber und Verleger der Theologischen Literaturzeitung, 75 Jahre Theologische Literaturzeitung, ThLZ 75 (1950), 1 f.

42 So Harnack schon in seinem Nachruf: A. Harnack, [Nachruf auf] Professor

»Dieser Ruhm, Gelehrte aus allen Lagern und Richtungen zu vereinigen, ist der Theologischen Literaturzeitung geblieben, wenn auch zeitweilig, wenn die Wellen der theologischen und kirchlichen Bewegungen hoch gingen, dieser und jener sich zurückgezogen hat, weil es bei aller Unparteilichkeit der Redaktion doch unverkennbar war, daß diese Zeitung der freien wissenschaftlichen Theologie gehört. Diese hat es immer abgelehnt, sich als ›liberale‹ bezeichnen zu lassen, da diese Bezeichnung so unpassend ist wie die einer ›liberalen Botanik‹; allein vielleicht ist es angezeigt, heute diesen Namen als Ehrennamen aufzunehmen, da evangelische Theologen vom ›Bankerott‹ der ›liberalen‹ Theologie sprechen. Man braucht die Sache nicht tragisch zu nehmen; denn sie wissen nicht, was sie tun, und werden selbst bald Wasser in ihren Wein gießen oder aus der wissenschaftlichen Theologie ausscheiden. Was sie uns lehren konnten und gelehrt haben, konnte minder anspruchsvoll, bescheidener und in den gewohnten Formen wissenschaftlicher Aussprache geschehen.«[44]

Die Gründer der »Theologischen Literaturzeitung« beschrieben ihre eigene Position dezidiert nicht über bestimmte systematisch-theologische Lehrbildungen, sondern über ein methodisches Paradigma sorgfältiger wissenschaftlicher Arbeit. Eine bestimmte systematisch-theologische Lehrbildung

---

D. Emil Schürer, ThLZ 35 (1910), 291 f.; vgl. auch G. Pfleiderer, Theologie im Fachmenschenzeitalter. Eine Erinnerung an Emil Schürer, ThLZ 125 (2000), 3–22.

43 Harnack, Ein Wort der Erinnerung, ThLZ 50 (1925), 3 f. – *Theodor von Zahn* (1838–1933) wird daher noch vor den Berliner Freunden Baudissin und Kaftan sowie dem Hallenser Freund Kattenbusch auch als ältester noch Lebender der Mitarbeitenden des ersten Jahrgangs gegrüßt; »er wird über alles Trennende hinweg den Gruß freundlich aufnehmen ... die übrigen sind entschlafen, aber nicht vergessen«. Ein Versuch, die vielfältigen freundschaftlichen Beziehungen, aber auch Kontroversen und Brüche zwischen Harnack und Zahn zusammenzufassen und zu würdigen, bei U. Swarat, Alte Kirche und Neues Testament. Theodor Zahn als Patristiker (Monographien und Studienbücher 342), Wuppertal 1991, 450–472.

44 Harnack, Ein Wort der Erinnerung, ThLZ 50 (1925), 3 f.

im Hintergrund des Urteils eines Rezensenten wurde sogar als »Parteistandpunkt« oder »Richtung« wenig freundlich qualifiziert und recht direkt als subjektives Hindernis auf dem Weg zu einer objektiven Urteilsbildung dargestellt. Pointiert formuliert, eint die Gründer der »Theologischen Literaturzeitung« also keine gemeinsame theologische Position außer der, dass die präzise wissenschaftliche Methodik durch keine explizite theologische Position eingeschränkt werden soll. Ich möchte daher vorschlagen, von einer *nichtpositionalen Positionalität* zu sprechen, um die zitierten Äußerungen der Gründer auf einen knappen Begriff zu bringen (zu diesem Begriff auch ausführlich unten, S. 131–141). Interessanterweise wird diese Beschreibung der gemeinsamen *Position der Nichtpositionalität* von Harnack 1925 als Bindung an *Albrecht Ritschl* und als Prägung durch diesen Theologen charakterisiert.[45] Uns muss hier nicht die theologiegeschichtliche Frage beschäftigen, ob Ritschl zu Recht für diese Position der Nichtpositionalität in Anspruch genommen wurde, denn exakt diese Pointe hat auch eine Beschreibung der theologischen Schule Ritschls aus der Feder von Wilhelm Herrmann im Jahre 1906 – sie war also nicht auf die Gründer der »Theologischen Literaturzeitung« oder gar auf Harnack beschränkt. Auch Herrmann war davon überzeugt, dass die Gruppe derer, die sich Albrecht Ritschl verpflichtet fühlen, das Ideal freier wissenschaftlicher Forschung einte, aber – im Unterschied beispielsweise zu den Schülern Ferdinand Christian Baurs –

45 Vgl. dazu auch M. Ohst, Die Lutherdeutungen Karl Holls und seiner Schüler Emanuel Hirsch und Erich Vogelsang vor dem Hintergrund der Lutherdeutung Albrecht Ritschls, in: Lutherforschung im 20. Jahrhundert. Rückblick – Bilanz – Ausblick [Tagung, veranstaltet vom Institut für Europäische Geschichte, Abteilung Abendländische Religionsgeschichte, vom 20.10.1999 bis 23.10.1999], hg. v. R. Vinke (VIEG.B 62), Mainz 2004, 19–50.

kein System systematisch-theologischer Aussagen.[46] Es würde sich lohnen, einmal zu untersuchen, ob mit dieser Orientierung an einer nichtpositionalen Positionalität die »Theologische Literaturzeitung« als eine Parallelgründung zur »Zeitschrift für Theologie und Kirche« angesprochen werden kann oder ob die spezifischen Erfordernisse eines Rezensionsorgans diese besondere Profilierung begünstigten.[47] Außerdem

---

46 W. Herrmann, Christlich-protestantische Dogmatik, in: Die Kultur der Gegenwart. Ihre Entwicklung und ihre Ziele, hg. v. P. Hinneberg, Tl. I Abtlg. IV/2: Systematische christliche Religion, Berlin und Leipzig ²1909, (129–180) 158–162.174 f. = ders., Schriften zur Grundlegung der Theologie, Tl. I, mit Einleitung und Anmerkungen hg. v. P. Fischer-Appelt (ThB 36/I), München 1966, (298–361) 333–338.352–354; dazu vgl. J. Zachhuber, Zwischen Idealismus und Historismus. Theologie als Wissenschaft in der Tübinger Schule und in der Ritschlschule (AKThG 46), Leipzig 2015, 304–311, und zum Veröffentlichungskontext M. Stöltzner, Eine Enzyklopädie für das Kaiserreich, Berichte zur Wissenschaftsgeschichte 31 (2008), 11–28. – Man sollte also die Gründer der Zeitschrift eher nicht als »Ritschlianer« einführen und dann einen kurzen Abriss der Theologie von Ritschl anschließen (so Karpp, Die Theologische Literaturzeitung [wie Anm. 3], 4 f.), zumal dann auch die pointierten Unterschiede beispielsweise zwischen den Systematikern Kaftan und Ritschl verwischt werden (vgl. dazu beispielsweise Zachhuber, a. a. O. 304–323, bes. 316–318; a. a. O. 319–322, zu Harnack und Ritschl; ausführlich dazu auch Th. Kaufmann, Die Zeitschrift für Theologie und Kirche – von ihrer Gründung bis zum Ersten Weltkrieg, ZThK 100 [2003], [466–496] 468 f. Anm. 7).

47 Für die Gründungsgeschichte der ZThK vgl. Th. Kaufmann, Die Zeitschrift für Theologie und Kirche – von ihrer Gründung bis zum Ersten Weltkrieg, ZThK 100 (2003), 466–496. Kaufmann weist darauf hin, dass nach Ansicht von Joachim Weinhardt allerdings der Erstbeleg des Ausdrucks »Ritschl'sche Schule« ein späterer Text als der erste Jahrgang der ThLZ ist: R.A. Lipsius, Dogmatische Beiträge. Zur Verteidigung meines Lehrbuchs, JPTh 4 (1878), (1–78.193–240.385–433.593–634), 3 f.; vgl. J. Weinhardt, Wilhelm Herrmanns Stellung in der Ritschl'schen Schule (BHTh 97), Tübingen 1996, 39 mit Anm. 279.

muss man sich klarmachen, dass es sich bei diesem verbreiteten Narrativ der Gründungsgeschichte um eine Selbststilisierung handelt, die (aus guten Gründen) die Vorgeschichte der »Theologischen Literaturzeitung« seit 1873 ausblendet. Diese nicht thematisierte Vorgeschichte wird uns im nächsten Abschnitt noch beschäftigen.[48] Schließlich betrifft die Charakterisierung als nichtpositionale Positionalität nur die von den Gründungsherausgebern mehrfach wiederholte Selbstdarstellung der Tendenz einer Rezensionszeitschrift; Harnack beispielsweise war auch inhaltlich trotz aller eigenen Akzente theologisch stark von grundlegenden systematisch-theologischen Weichenstellungen geprägt, die das Denken Albrecht Ritschls charakterisieren.[49]

1910 schied Harnack, der in diesem Jahr mit der Gründung der Kaiser-Wilhelm-Gesellschaft und zusätzlich mit dem Neubau der von ihm geleiteten Preußischen Staatsbibliothek außerordentlich stark beansprucht war, kurz nach dem Tode von Emil Schürer als Herausgeber aus; für die Nachfolge vertraute er (wie wir sahen)[50] offenkundig den

---

48 S. u. S. 136.

49 Die Pointen der Darstellungen in der Sekundärliteratur differieren, vgl. z. B. E. P. Meijering, Theologische Urteile über Dogmengeschichte. Ritschls Einfluss auf Harnack (BZRGG 20), Leiden 1978, 7–11.60–86, sowie Osthövener, Adolf von Harnack als Systematiker (wie Anm. 34), 325–336; Weinhardt, Wilhelm Herrmanns Stellung in der Ritschl'schen Schule (wie Anm. 47), 73 f., und Zachhuber, Zwischen Idealismus und Historismus. Theologie als Wissenschaft in der Tübinger Schule und in der Ritschlschule (wie Anm. 46), 320–322. Es ist aber in unserem Zusammenhang weder möglich noch notwendig, hier in Details einzusteigen. – Zum Kurs der ThLZ vgl. auch Hwang, Katholisch-theologisches Schrifttum im Spiegel der Kritik der »Theologischen Literaturzeitung« (wie Anm. 3), 28–30.

50 S. o. S. 29 mit Anm. 29; vgl. auch Karpp, Die Theologische Literaturzeitung (wie Anm. 3), 44 f.

Vorschlägen des verstorbenen Freundes und Kollegen Schürer. Auf die von ihm vorgeschlagenen Titius und Schuster folgte nach weiteren zehn Jahren *Emanuel Hirsch*. Hirsch trat als dritter Nachfolger Harnacks und nächster Kirchenhistoriker in der Reihe der Herausgeber diese Aufgabe 1921 an, dem Jahr, in dem er auch sein erstes Ordinariat in Göttingen erhielt (übrigens im selben Jahr wie Karl Barth).[51] Warum er ausgewählt wurde, bedarf weiterer Untersuchungen.[52]

Man könnte sich einerseits vorstellen, dass Harnack und Holl, seine beiden Berliner Lehrer aus Studienzeiten 1906–1910, ihn empfohlen hatten. Alte Göttinger Verbindungen sind aber andererseits auch möglich: Arthur Titius, Hirschs Vorgänger in der Herausgeberschaft der »Theologischen Literaturzeitung«, betreute seinen Nachfolger als Doktorvater

51 Vgl. W. Trillhaas, Der Einbruch der Dialektischen Theologie in Göttingen und Emanuel Hirsch, in: Theologie in Göttingen. Eine Vorlesungsreihe, hg. v. B. Moeller (Göttinger Universitätsschriften 1), Göttingen 1987, 362–379.

52 Während ein Teil der Korrespondenzen des Verlages mit seinem Nachfolger Walter Bauer, die die ThLZ betreffen, im erwähnten Nachlass des Verlages Hinrichs erhalten sind (Sächsisches Staatsarchiv. Staatsarchiv Leipzig 22208 J. C. Hinrichs Verlag, Leipzig, Nr. 595 sowie 024), fehlt jede Überlieferung zu Hirsch. Interessanterweise wurde mit seinem Vorgänger Titius 1930 über die Nachfolge Hirsch korrespondiert, weil dieser weiter zum Beirat gehörte, der Hirsch beriet (Nr. 387). Eine Sichtung des Nachlasses von Hirsch, der sich jetzt im Landeskirchlichen Archiv in Hannover befindet und dort archivalisch erschlossen wird, hat nach mündlicher und brieflicher Auskunft durch Arnulf von Scheliha bisher keine Quellen aus der fraglichen Zeit ans Licht befördert. Es wurden insbesondere keine Briefe aus den zwanziger Jahren gefunden, auch nicht die Gegenstücke zu dem Briefwechsel mit Hans Lietzmann. Offenbar treffen Gerüchte, Hirsch habe nach Kriegsende solche Dokumente verbrannt, zu. – Meinen Kollegen Albrecht Beutel und Arnulf von Scheliha danke ich für ihre freundlichen Hinweise in dieser Sache.

Abb. 3: Emanuel Hirsch (nach 1945, nach seiner Erblindung)[53]

bis zur 1914 erfolgten Promotion.[54] Wenn es so zuging wie 1910 bei Schürer, dann hat möglicherweise der vorherige Herausgeber Titius seinen einstigen Promovenden als seinen Nachfolger vorgeschlagen. Allerdings hatte Hirsch deutliche Kritik an den Vorstellungen geäußert, die Titius für die Neu-

53 Undatierte Porträtaufnahme aus dem Nachlass; https://emanuel-hirsch.net/biographie.html (letzter Zugriff am 20.12.2020).

54 H.-G. Henning, Arthur Titius – Theologische Wissenschaft und Kirchenpolitik, soziales und ökumenisches Engagement zwischen 1890 und 1936. Diss. phil. Kassel 2008, ebd. 2008 (zugänglich unter: https://kobra.uni-kassel.de/bitstream/handle/123456789/2012072541521/DissertationHeinzGeorgHenning.pdf; letzter Zugriff am 20.12.2020), 10–13; vgl. auch R. Preul, Emanuel Hirsch, in: Theologie als Vermittlung. Bonner evangelische Theologen des 19. Jahrhunderts im Porträt, hg. v. R. Schmidt-Rost, S. Bitter u. M. Dutzmann (AThG 6), Rheinbach 2003, (232–237) 233, und H. Assel, Der andere Aufbruch. Die Lutherrenaissance – Ursprünge, Aporien und Wege: Karl Holl, Emanuel Hirsch, Rudolf Hermann (1910–1935) (FSÖTh 72), Göttingen 1994, 17–41. – Im Jahre 1921 war Hirsch auch an Planungen zur 1923

ordnung der Kirche nach 1918 vorgelegt hatte,[55] und auch politisch trennten beide Systematiker Welten: Hirsch hatte sich (im Unterschied zu Harnack und Titius) bereits deutlich als Gegner der Weimarer Republik positioniert.[56] Vielleicht ist aber auch der Text der Bekanntmachung ganz ernst zu nehmen, die den Herausgeberwechsel ankündigt: Hier ist von einer »frischen Kraft« die Rede.[57] Man kann probeweise ja einmal fragen, welcher jüngere Kirchenhistoriker aus dieser Altersgruppe ansonsten für die »Theologische Literaturzeitung« in Frage gekommen wäre; im Grunde wäre nur an den im selben Jahr wie Hirsch geborenen und 1920 an die Albertina gewechselten *Erich Seeberg* (1888–1945) als Exponent der sogenannten Frontgeneration zu denken.[58] Hirsch und Seeberg

---

erfolgten Gründung der »Zeitschrift für Systematische Theologie und Religionsphilosophie« beteiligt, wie Assel ausführlich darstellt.

55 K. Nowak, Evangelische Kirche und Weimarer Republik. Zum politischen Weg des deutschen Protestantismus zwischen 1918 und 1932 (AKG 7), Weimar ^{2}1981, 39 Anm. 6, verweist auf: Hessisches Kirchenblatt Jg. 29 (1919), 26. In der Bibliographie der Primärtexte von Hirsch auf https://emanuel-hirsch.net/onewebmedia/Bibliographie.pdf (letzter Zugriff am 20.12.2020) fehlt allerdings ein entsprechender Beitrag.

56 E. Hirsch, Die Reich-Gottes-Begriffe des neueren europäischen Denkens. Ein Versuch zur Geschichte der Staats- und Gesellschaftsphilosophie, Göttingen 1921; vgl. dazu und zum Kontext A. J. Reimer, Emanuel Hirsch und Paul Tillich: Theologie und Politik in einer Zeit der Krise, Berlin/New York 1995, 53–60, und A. Holzbauer, Nation und Identität. Die politischen Theologien von Emanuel Hirsch, Friedrich Gogarten und Werner Elert aus postmoderner Perspektive (Dogmatik in der Moderne 4), Tübingen 2012, 69–154.

57 »Bekanntmachung« in Heft Nr. 17/18 vom 24.9.1921: ThLZ 46 (1921), 193 f.

58 Eine Schrift, in der Erich Seeberg klar gegen eine Position von Harnack Stellung nahm, war in der ThLZ von Gustav Krüger sehr freundlich und mit explizit positivem Bezug auf die Kritik an Harnack rezensiert worden: ders., Rez. E. Seeberg, Die Synode von Antiochien im Jahre 324/25. Ein Bei-

hatten auch beide um den kirchenhistorischen Lehrstuhl in Königsberg konkurriert. In jedem Fall stellte sich der neue Herausgeber Hirsch ganz in die Tradition der Zeitschrift: Unmittelbar auf die Bekanntmachung des Herausgeberwechsels von Titius auf Hirsch folgt eine lange Rezension der beiden Festschriften, die Adolf von Harnack zum siebzigsten Geburtstag erhalten hatte. Der Rezensent und neue Herausgeber Hirsch schließt seine Besprechung mit einer Bemerkung, die er als Quintessenz von Beobachtungen so unterschiedlicher Kollegen des Jubilars wie (des von Harnack wenig geschätzten)[59] Adolf Deissmann, Kattenbusch und Karl Holl präsentiert: Das »Geheimnis der Wirksamkeit Harnack's des Theologen« liege in »Harnack dem Menschen«.[60]

---

trag zur Geschichte des Konzils von Nicäa (NSGTK 16), Berlin 1913, in: ThLZ 39 (1914), 12–16. – Den Ausdruck »Frontgeneration« übernehme ich von Graf, Einleitung (wie Anm. 33), 31 f. (mit Nachweisen). Zu Seeberg vgl. Th. Kaufmann, »Anpassung« als historiographisches und als theologiepolitisches Programm. Der Kirchenhistoriker Erich Seeberg in der Zeit der Weimarer Republik und des »Dritten Reiches«, in: Evangelische Kirchenhistoriker im »Dritten Reich«, hg. v. Th. Kaufmann u. H. Oelke (VWGTh 21), Gütersloh 2002, 122–272; K. Meier, Die Theologischen Fakultäten im Dritten Reich (De Gruyter Studienbuch), Berlin/New York 1996, 313–351, sowie St. Bitter, Umdeutung des Christentums. Der baltische Theologe Erich Seeberg im Nationalsozialismus, in: Deutschbalten, Weimarer Republik und Drittes Reich, hg. im Auftrag der Karl Ernst von-Baer Stiftung in Verbindung mit der Baltischen Historischen Kommission v. M. Garleff, Bd. 1, 2., durchg. u. erg. Aufl., Köln u.a. 2008, 267–296.

59 Ch. Markschies, Gustav Adolf Deissmann als Rektor der Berliner Universität, in: Adolf Deissmann: ein (zu Unrecht) fast vergessener Theologe und Philologe, hg. v. C. Breytenbach u. Ch. Markschies (NT.S 154), Leiden/Boston 2019, (216–291) 220 f.

60 E. Hirsch, Rez. Festgabe von Fachgenossen und Freunden. A. von Harnack zum siebzigsten Geburtstage dargebracht, Tübingen 1921, sowie Harnack-Ehrung. Beiträge zur Kirchengeschichte, ihrem Lehrer Adolf von Harnack

Sechs Jahre später war dieser Einklang zwischen den unterschiedlichen Generationen erheblich gefährdet: 1926 war der Berliner Kirchenhistoriker Karl Holl überraschend gestorben, dem der Herausgeber Emanuel Hirsch wie der gleichfalls in Berlin wirkende Hans Lietzmann (1875–1942), seit 1926 kirchenhistorischer Kollege im »Beirat« von Hirsch, fachlich wie menschlich sehr nahe standen.[61] Ein reichliches Jahr später erschien ein scharf kritischer Aufsatz des Jenaer systematisch-theologischen Habilitanden *Hans Michael Müller* (1901–1989) gegen Holl.[62] Dagegen wollte Lietzmann am ursprünglichen Veröffentlichungsort, den gleichfalls im Leipzi-

zu seinem siebzigsten Geburtstage dargebracht von einer Reihe seiner Schüler, Leipzig 1921, in: ThLZ 46 (1921), 195–200. – Friedrich Wilhelm Graf fragt (brieflich, 12.6.2020), ob Hirsch nicht mit der Besprechung von Harnack-Titeln »zugleich auch einen Schlußpunkt bzw. den Anspruch« markiert habe, »nun beginne eine neue Phase (gar Ära) der Zeitschrift«. Die weitere Entwicklung der Beziehungen zwischen Hirsch und Harnack (s.u. S. 48 f.) könnte für diese Deutung sprechen.

61 Vgl. für diese Beziehungen U. Barth, Die Christologie Emanuel Hirschs: eine systematische und problemgeschichtliche Darstellung ihrer geschichtsmethodologischen, erkenntniskritischen und subjektivitätstheoretischen Grundlagen, Berlin/New York 1992, 15–40, sowie Ch. Markschies, Karl Holls Arbeiten zur griechischen Patristik, in: Karl Holl (1866–2016). Biographie – Werk – Briefe, hg. v. H. Assel, Tübingen 2020 (im Druck) – Allgemein zu Hirsch als Herausgeber der ThLZ und als Rezensent auch knapp, aber präzise W. Trillhaas, Emanuel Hirsch in Göttingen, ZThK 81 (1984), (220–240) 225 f.

62 H. M. Müller, Der christliche Glaube und das erste Gebot. Ein Beitrag zum Verständnis von Luthers Rechtfertigungslehre in Auseinandersetzung mit Karl Holls Lutherdarstellung, ThBl 6 (1927), 269–281. – Die ganze Kontroverse wird ausführlich dargestellt und kommentiert von K. Aland, Glanz und Niedergang der deutschen Universität. 50 Jahre deutscher Wissenschaftsgeschichte in Briefen an und von Hans Lietzmann (1892–1942), mit einer einführenden Darstellung hg. v. K. Aland, Berlin/New York 1979, 92–95.

ger Verlag Hinrichs erscheinenden »Theologischen Blättern«, in einer Erklärung Stellung nehmen.[63] Als deren Herausgeber *Karl Ludwig Schmidt* (1891–1956) ablehnte, schickte er den Text an Hirsch zur Veröffentlichung in der »Theologischen Literaturzeitung«.[64] Gegen die Publikation intervenierte aber

---

63 Publiziert ist die ablehnende Reaktion von Karl Ludwig Schmidt: Brief Schmidt an Lietzmann vom 23.12.1927, ediert in: Glanz und Niedergang der deutschen Universität. 50 Jahre deutscher Wissenschaftsgeschichte in Briefen an und von Hans Lietzmann (1892–1942) (wie vorige Anmerkung), Nr. 608, 560 f. – Vorher war schon erschienen: H. Bornkamm, Christus und das 1. Gebot in der Anfechtung bei Luther, ZSTh 5 (1928), 453–477.

64 Im Verlagsarchiv ist in einem Rest der Korrespondenz von Gustav Rost mit Harnack die bereits für die ThLZ unter Datum vom 29.12.1927 gesetzte, aber dort niemals gedruckte Mitteilung aus der Feder von Emanuel Hirsch erhalten (StA-L, 22208 J. C. Hinrichs Verlag, Leipzig, Nr. 147, Bl. 4), die hier einschließlich typographischer Eigenheiten wie Fettdruck und Kursivierung wiedergegeben wird:

Mitteilung.

D. Hans Lietzmann-Berlin bittet mich um Aufnahme der folgenden Erklärung, sich die [sic!] auf einen Aufsatz in den von Herrn Professor D. K. L. Schmidt-Jena herausgegebenen Theologischen Blätter [sic!] bezieht und unter der Ueberschrift: »Zu H. M. Müllers Kritik an Karl Holl« an die Schriftleitung der Theologischen Blätter eingesandt war:

In der Oktobernummer dieser Zeitschrift (d. h. der theologischen [sic!] Blätter) hat Herr Dr. Hans Michael Müller einen Aufsatz über Karl Holl's Lutherauffassung veröffentlicht, der eine Erwiederung [sic!] fordert. Nicht um seines eigenen Weries [sic, gemeint ist: Wertes] willen: denn jeder Sachkundige sieht sofort, daß der jugendliche Verfasser auf den 12 engbedruckten Spalten unter Aufbietung eines großen Apparates nur den Nachweis liefert, daß er einstweilen noch nicht imstande ist, weder Luther noch Holl zu verstehen. Er [ver]schweigt, daß Holl über das Christusproblem nicht blos auf den zitierten paar Seiten redet, sondern es auch an anderen Stellen sorgfältig erörtert, und er verschmäht es, sich von dorther Licht für das ihm (nicht durch Holl's Schuld) auf S. 69 ff. des Lutherbuches unverständlich Gebliebene zu holen. Kein Wunder, daß er beständig Holl ›sachlich gekürztes Zitieren‹ vorwirft, da er den Zweck der Zitate nicht richtig erfaßt

der Inhaber des Hinrichs-Verlags, der Verleger *Gustav Rost* (1893–1934[65]). Rost intervenierte vermutlich, weil er eine Kontroverse zwischen Herausgebern und Autoren zweier wichtiger Zeitschriften seines Hauses befürchtete. In dieser schwierigen Situation wurde schließlich von Rost der Gründungsherausgeber Harnack um Vermittlung angegangen[66] und empfahl in einer Art Direktive seinem Verleger den Abdruck von Lietzmanns Erklärung in der »Theologischen Literaturzeitung«, zuvor aber noch den Versuch, über den Herausgeber Hirsch den Autor Lietzmann zu einer Abmilderung seines scharfen Textes zu bewegen. Man müsse die Erklärung aber auch abdrucken, wenn sich deren Autor weigere, die scharfen

---

hat. Daß Holl Luthers Christologie nicht *erschöpfend* behandelt hat, ist bekannt, und daß er dazu seine guten Gründe hatte, wäre leicht zu erfahren gewesen. Aber es gehört schon etwas dazu, ihm die Ansicht zuzuschreiben, die Müller aus jenen Seiten herausgelesen hat. Den Einzelnachweis hierfür zu erbringen[,] kann ich mir an dieser Stelle ersparen, da H. Bornkamm in der Dezembernummer der ›Zeitschrift für systematische Theologie‹ soeben alles Erforderliche gesagt hat [wie in Anm. 55 bibliographiert]. Auf diesem Boden kann die Diskussion fruchtbar weiter geführt werden. Denn der Fortschritt der Wissenschaft erwächst oft aus dem Widerspruch gegen bisher anerkannte Lehren; und davon sind auch klassische – so würde ich lieber sagen, als Müllers Ausdruck »kanonisch« anwenden – Werke wie Holls Luther nicht ausgenommen. Aber man soll die Jugend lehren, daß sie in ihrem Herzen Ehrfurcht hegt gegen die Großen in der Wissenschaft, die ihr vorangegangen sind, und daß sie auch im Widerspruch diesem Gefühl Raum und Ausdruck gibt. Dann wird uns künftig ein so beschämendes Schauspiel erspart bleiben.

Die Schriftleitung der Theologischen Blätter hat die Aufnahme dieser Erklärung eines unserer anerkannten Forscher abgelehnt. Für jenen minderwertigen und der wissenschaftlichen Ehre eines Toten zu nahe tretenden Aufsatz hatte sie Raum. *E. H.*

65 Geist, »Ein Geschäft recht geistiger Natur« (wie Anm. 3), 44–47.

66 Rost an Harnack, 29.12.1927 (StA–L, 22208 J. C. Hinrichs Verlag, Leipzig, Nr. 147, Bl. 8 und 9).

Sätze zu Beginn und am Ende zu streichen, da Lietzmann Mitglied des Beirates der »Theologischen Literaturzeitung« sei, obwohl es sich um eine ungewöhnliche Erklärung handle, da ihre »sachlichen Fingerzeige nicht ausreichen« und »weder die Würde der Wissenschaft noch das Andenken *Holls* einen Protest« verlangten. Lietzmann übernehme wie andere Freunde und Schüler die »starke persönliche Empfindlichkeit *Holls* gegenüber jeder ihn betreffenden Polemik« und das müsse »man bis zu einem gewissen Grade hinnehmen, so unbequem und für die wissenschaftliche Diskussion belastend u[nd] schädlich das ist«.[67] Hirsch besuchte daraufhin im Januar 1928 Harnack und Lietzmann in Berlin – und erfuhr, dass Harnack den kritischen Artikel gegen Holl vor seiner Drucklegung vorgelesen bekommen hatte, ihm inhaltlich zustimmte und erhebliche Vorbehalte gegen die Lutherdeutung seines gerade verstorbenen Kollegen und Freundes Holl hegte. Der briefliche Bericht von Hirsch über diesen Besuch an Lietzmann ist von tiefer Enttäuschung über diese offenkundig unerwartete Entdeckung geprägt und enthält schroffe Worte über Harnack:

> »Wenn ich Ihnen im folgenden von meinem Besuch bei H(arnack) erzähle, darf ich Sie bitten nicht zu vergessen, daß mein stärkster Ein-

67 Harnack an Hinrichs, 30.12.1927, in einer um die Schlussgrüße gekürzten Abschrift (von Hirsch) gesendet an Lietzmann und abgedruckt in: Glanz und Niedergang der deutschen Universität. 50 Jahre deutscher Wissenschaftsgeschichte in Briefen an und von Hans Lietzmann (1892–1942), Nr. 610, 562 f. (wie Anm. 62). Das Original des Briefes von Harnack an Rost ist ebenso im Verlagsarchiv erhalten wie die am 31.12.1927 von Rost für Hirsch gefertigte und in typographischen Details veränderte maschinenschriftliche Abschrift des Briefes (StA-L, 22208 J. C. Hinrichs Verlag, Leipzig, Nr. 147, Bl. 5 und 6. Rost nummeriert Harnacks Vorschläge, die nur von eins bis drei beziffert sind, bis sieben durch).

druck war: das ist eine Ruine, das ist ein Mann von nur halber oder dritteler Verantwortlichkeit. Das muß auch Ihnen die Bitterkeit und Enttäuschung nehmen; wer weiß, was wir in unserm Alter anstellen. Ich fand das einst so blendende Gedächtnis geschwächt, vieles mußte man ihm – auch bei ganz harmlosen Sachen – ins Gedächtnis rufen, wo ihm selbst das Versagen peinlich war. Namen fielen ihm nicht ein usw. Es ist natürlich, daß Sie, der Sie ihn häufiger sehen, dieses geistige Eintrocknen nicht so scharf wahrnehmen wie ich. Erst sehr spät, durch mehrere Zigarren angeregt, blitzte der alte geistreiche Kerl wieder auf.«[68]

Abb. 4: Adolf von Harnack (ca. 1925, Archiv der Max-Planck-Gesellschaft)

68 Hirsch an Lietzmann, 10.1.1928, in: Glanz und Niedergang der deutschen Universität. 50 Jahre deutscher Wissenschaftsgeschichte in Briefen an und von Hans Lietzmann (1892–1942) (wie Anm. 62), Nr. 611, S. 563–565, Zitat S. 563. – Lietzmanns früherer Jenaer Kollege Heinrich Weinel (1874–1936) riet Lietzmann zu einer Aussprache mit Harnack: Brief Weinel an Lietzmann, 4.5.1928, a. a. O. Nr. 624, S. 573.

Der Brief von Hirsch an Lietzmann ist erkennbar Zeichen eines auch an anderen Stellen belegten Generationenkonfliktes der Nachgeborenen mit Harnack: Hirsch glaubte, dass Harnack »von den theologischen Zusammenhängen ... keine Ahnung mehr« habe und den Autor Müller in seiner Kritik an Holl nur unterstütze, weil er ein Sohn des von ihm geschätzten Johannes Müller aus Elmau sei.[69] Für das Argument, das Harnack gegen Holl anführte – er habe »das Dunkle am Glauben« Luthers zu stark akzentuiert und nicht genügend zugunsten »der fröhlichen kindlichen Dankbarkeit« zurücktreten lassen[70] –, hatte Hirsch offenkundig keinerlei Verständnis. Selbst wenn dieses Argument stark von Harnacks eigener Frömmigkeit und auch durch das ihn prägende baltische Luthertum bestimmt war, hätte es doch aus heutiger Perspektive damals schon gründlichere Diskussion verdient.

Lietzmann verzichtete zwar auf den Abdruck seiner Erklärung, aber das offenkundig bereits gespannte Verhältnis des Herausgebers Hirsch zum Verleger Gustav Rost verschärfte sich durch die Affäre weiter. »Können Sie die ThLZ nicht von de Gruyter aufkaufen lassen?«, fragte Hirsch Lietzmann. Hin-

---

69 Für das 1919 begründete engere Verhältnis zwischen Johannes Müller und Harnack vgl. nur J. Müller, Adolf von Harnack zum Gedächtnis (= Grüne Blätter 32/3), Elmau 1930, und v. Zahn-Harnack, Adolf von Harnack (wie Anm. 24), 518–521.

70 Hirsch an Lietzmann, 10.1.1928, a. a. O. (wie Anm. 62), Nr. 611, S. 564. – Vgl. den Hinweis auf ein Lieblingswort Harnacks, mit dem Dietrich Bonhoeffer seine Rede bei der Trauerfeier für den verehrten Lehrer am 15.6.1930 schließt. Gerhard Ebeling führt den Satz *non potest non laetari qui sperat in Dominum* auf einen Exkurs Luthers zu Ps 5,12 in den *Operationes in Psalmos* (1519/1521) zurück (AWA 2, 329,3), vgl. D. Bonhoeffer, Barcelona, Berlin, Amerika 1928–1931, hg. v. R. Staats u. H. Ch. von Hase in Zusammenarbeit mit H. Roggelin und M. Wünsche, Dietrich Bonhoeffer Werke 10. Bd., München 1991, (346–349) 349 mit Anm. 9.

tergrund der Frage war, dass Lietzmann nahezu alle eigenen Projekte bei diesem Berliner Verlag realisierte und später auch die Berliner Kirchenväterausgabe der Preußischen Akademie der Wissenschaften von Hinrichs zum Verlag De Gruyter zu bringen versuchte.[71] Hirsch spielte sogar offenbar mit dem Gedanken, die Herausgeberschaft abzugeben, aber entschied sich dann noch einmal dagegen: »Ich *kann* sie jetzt nicht, *darf* sie jetzt [nicht] hinschmeißen, und Rost ist mir im Augenblick *Brechmittel*«.[72] Irgendein Interesse daran, die klassische, von den Gründungsherausgebern festgelegte Orientierung der »Theologischen Literaturzeitung« an der Idee einer nichtpositionalen Positionalität aufrechtzuhalten, lässt sich bei Hirsch mindestens im hier geschilderten Konflikt nicht erkennen (für einen weiteren charakteristischen Fall, in den Hirsch verwickelt ist, vgl. u. S. 141–157).

Im Frühjahr 1930 gab Hirsch – aus sehr bestimmten Gründen, die der Verlag allerdings nur sehr abgekürzt mitteilte[73] – die Herausgeberschaft dann doch ab, nämlich an sei-

---

71 Vgl. dazu Ch. Markschies, Geleitwort, in: Nag Hammadi Deutsch. 1. Band: NHC I,1–V,1, eingeleitet und übersetzt von Mitgliedern des Berliner Arbeitskreises für Koptisch-Gnostische Schriften, hg. v. H.-M. Schenke, H.-G. Bethge u. U. U. Kaiser (GCS.NF 8 = Koptisch-gnostische Schriften II), Berlin/New York 2001, V–VII. Das »Geleitwort« erschien anlässlich des Verlagswechsels der GCS vom Akademie-Verlag, der die Reihe nach 1945 verlegt hatte, zum Verlag De Gruyter.

72 Hirsch an Lietzmann, 10.1.1928, a. a. O. (wie Anm. 62), Nr. 611, S. 565.

73 Mitteilung, ThLZ 55 (1930), 313 f. (vom 5. Juli 1930): »Herr Professor D. Hirsch trat an uns mit der Bitte heran, ihn am 1. VII. 30 von den Pflichten der Schriftleitung zu entbinden, da er sich nach fast zehnjähriger Redaktionsarbeit nunmehr wieder stärker für seine eigenen Arbeiten frei machen müsse, und legt daher mit dieser Nummer die Redaktionsgeschäfte nieder. Wir möchten nicht unterlassen, ihm bei dieser Gelegenheit herzlichst für die langjährige Arbeit zum Wohle der ThLZ zu danken. Gleich-

nen neutestamentlichen Göttinger Kollegen Walter Bauer, den er damals noch theologisch wie politisch schätzte und der zudem auf dem Lehrstuhl von Emil Schürer, dem einen der beiden Gründungsherausgeber, saß. Mit Hirsch trat auch der Beirat zurück, der damals aus Gustav Hölscher, Hans Lietzmann, Arthur Titius und Georg Wobbermin bestand. Der Verleger Gustav Rost hatte für die frei gewordene Position des Herausgebers ursprünglich offenbar Karl Ludwig Schmidt vorgeschlagen, der gleichzeitig im Verlag die ökonomisch deutlich erfolgreicheren »Theologischen Blätter« herausgab. Wahrscheinlich hatte auch der damals noch lebende Gründungsherausgeber Harnack, der mit seinem einstigen Berliner Studenten Schmidt zeitlebens verbunden blieb und korrespondierte, diesem Vorschlag zugestimmt.[74] Angesichts der oben geschilderten Affäre um die nicht gedruckte Mitteilung von Hirsch und Lietzmann aus den Jahren 1927/1928 war dieser Vorschlag allerdings zugleich eine Provokation. Die intensiven Verhandlungen der Monate bis April 1930 um die Herausgeberschaft der »Theologischen Literaturzeitung« sind

---

zeitig erlauben wir uns mitzuteilen, daß der gegenwärtige Inhaber des Lehrstuhles Emil Schürers, des einen Begründers dieses Blattes, Herr Professor D. Walter Bauer, Göttingen, Düstere Eichenweg 46, sich freundlichst bereit erklärt hat, die Schriftleitung in Zusammenarbeit mit Herrn Professor D. Dörries, Göttingen, und Herrn Professor D. Dr. Wobbermin, Göttingen, am 1. VII. 30 zu übernehmen«. Unmittelbar unterhalb dieser Mitteilung des Verlages kam ein knapper Nachruf des neuen Hauptherausgebers auf Harnack zu stehen, der am 10.6.1930 in Heidelberg gestorben war (a. a. O. 313 f.). Das Heft druckte auch eine letzte Rezension Harnacks ab: B. H. Streeter, The Primitive Church. Studied with Special Reference to the Origins of the Christian Ministry (The Hewett Lectures 1928), London 1929, in: ThLZ 55 (1930), 327 f.

74 Mühling, Karl Ludwig Schmidt. »Und Wissenschaft ist Leben« (wie Anm. 35), 12 f.

aufgrund des Verlustes weiter Teile des Verlagsarchivs und der betreffenden Teile der Harnack- bzw. Hirsch-Korrespondenzen nicht mehr wirklich befriedigend zu rekonstruieren. Allerdings ist noch deutlich, dass der Verleger Rost sich engstens mit Harnack abstimmte und das persönliche wie geschäftliche Verhältnis mit Emanuel Hirsch inzwischen vollkommen zerrüttet war.[75] Rost wünschte für die Herausgeberschaft, wie sich aus einem Konzept für eine Besprechung mit Harnack Anfang März 1930 ergibt, eine theologisch breitere Basis, als sie der theologisch wie politisch stark positional auftretende Hirsch verkörperte. Dem Verleger war aber auch wichtig, dass mit Hirsch der ihn unterstützende Beirat, der in seinen Augen »weder Rechte noch Verpflichtungen hatte«, zurücktrat.[76] Der Verleger warf dem Beirat der ThLZ vor, er sei nicht gegen die Publikation von – wie sich ein von ihm zitierter Abonnent der Literaturzeitung anlässlich der Abbestel-

---

75 Brief Rost an Harnack vom 27.2.1930, StA-L, 22208 J. C. Hinrichs Verlag, Leipzig, Nr. 147, Bl. 46f. Leider ist der in dem Schreiben erwähnte Briefwechsel Hirsch-Rost vom 15. und 17.2.1930, den Rost Harnack in Kopie mitsandte, weder im Verlagsarchiv noch in den Nachlässen Harnack oder Hirsch erhalten. Rost schrieb darüber an Harnack: »Nach diesem Briefwechsel sehe ich nicht, wie in Zukunft das für eine ersprießliche Arbeit notwendige Vertrauen und Miteinanderarbeitenwollen geschaffen werden kann; auf der anderen Seite möchte ich diesen Briefwechsel auch weiterhin mit Stillschweigen behandeln« (a. a. O. Bl. 46).

76 Handschriftlich als »Doppel« gekennzeichnetes Blatt »Richtlinien für die ThLZ-Besprechung am 1.III.30.« Das Blatt ist überschrieben »Betrifft: *Harnack*.« (StA-L, 22208 J. C. Hinrichs Verlag, Leipzig, Nr. 147, Bl. 42). Es handelt sich vermutlich um das mit Harnack bei einem Gespräch an diesem Tag in seiner Berlin-Grunewalder Wohnung abgestimmte oder abzustimmende Konzept für das weitere Vorgehen des Verlags und eine sich an diesem Tag in der Wohnung Harnack anschließende Besprechung mit dem Beirat der ThLZ.

lung ausdrückt – »Theologengezänk« eingeschritten, das der Herausgeber Hirsch veröffentlicht habe. Konkret nannte er allerdings einen einzigen Fall: Während Hirsch einem Vertrauten und Schüler eine ausführliche Plagiatsdokumentation im Rahmen einer Rezension und einer anschließenden Mitteilung gestattet hatte, wünschte sich Rost lediglich die schlichte Mitteilung: »Plagiate will und kann die ThLZ nicht besprechen«.[77] Der Verleger war zwar der Ansicht, dass ihm

77 Rost bezog sich auf den Vorwurf des Plagiates, den in einer Rezension ein Schüler und Vertrauter von Hirsch, Holl und Lietzmann, der seit 1926 als Ordinarius in Greifswald lehrende Kirchenhistoriker, Kunsthistoriker und Archäologe Hermann Wolfgang Beyer (1898–1942), erhob: Nach Beyers Ansicht plagiierte Friedrich Buchholz, Protestantismus und Kunst im 16. Jahrhundert (Studien über christliche Denkmäler 17), Leipzig 1928, in diversen Passagen Hans Preuß, Die Deutsche Frömmigkeit im Spiegel der Bildenden Kunst, Berlin 1926. Die scharfe Rezension in ThLZ 53 (1928), 532–535 (Sp. 535: »Es ist nicht meine Sache, ein Urteil über den psychologischen Hergang beim Zustandekommen dieses Buches zu fällen«), enthielt zum Beleg einige Passagen aus beiden Büchern in synoptischem Druck. Beyer schob zwei Hefte später in Nr. 25, 590–598, eine weitere ausführliche synoptische Dokumentation von direkt plagiierten Passagen und dem nach, was wir heute »Bauernopfer« nennen, der Kennzeichnung eines kleinen Teils übernommenen Materials mit dem tatsächlichen Namen des Autors resp. der Autorin, »damit die Eigenautorschaft ... hinsichtlich des übrigen Textes umso plausibler wird« (B. Lahusen, Goldene Zeiten – Anmerkungen zu Hans-Peter Schwintowski, Juristische Methodenlehre, UTB basics Recht und Wirtschaft 2005, Kritische Justiz, 39 [2006], [398–405] 405). Auf diese Dokumentation folgte eine »Mitteilung« des Herausgebers Hirsch, der über eine gerichtliche Klage von Buchholz gegen Beyer beim Landgericht Berlin orientierte, und die Weigerung des Herausgebers, eine Berichtigung nach dem Pressegesetz abzudrucken. Er danke Beyer dafür, »daß er auch diesmal auf vollständigen Abdruck der von ihm gesammelten Belege verzichtet« (ThLZ 53 [1928], 598). – Der plagiierte Preuß konstatierte in einer kurzen Anzeige des Buchs von Buchholz im »Theologischen Literaturblatt« zwar, wie Hirsch auch mitteilt, selbst das Plagiat, aber schloss »Daß sonst

rein juristisch gesehen die alleinige Benennung des Herausgebers zustehe, ihm lag aber offenkundig auch daran, eine Lösung für die Nachfolge Hirsch zu finden, »hinter der die Majorität der deutschen theologischen Wissenschaft steht«.[78] Hirsch und Lietzmann wollten unter allen Umständen die vom Verleger angedachte Übergabe der Herausgeberschaft auf Karl Ludwig Schmidt verhindern und nannten (soweit sich gegenwärtig ermitteln lässt) anstelle von Schmidt den Namen des Kirchenhistorikers *Heinrich Bornkamm* (1901–1977), der eng mit Hirsch und Lietzmann verbunden war.[79]

---

auch eigene Studien in dem Buch geboten werden, soll mit alledem nicht in Abrede gestellt werden« (ThLB 49 [1928], 360). Eben das bestreitet Beyer. Der studierte Kunsthistoriker Friedrich Buchholz (1902–1967), der später eine wichtige Rolle in der »Kirchlichen Arbeit Alpirsbach« und bei der Erarbeitung ihres Antiphonale nach gregorianischer Art spielen sollte, gab am 22.7.1929 seinen Doktortitel zurück; die philosophische Fakultät der Universität Halle, die ihn promoviert hatte, benachrichtigte, nachdem auch der Rechtsstreit für ihn verloren gegangen war, Bibliotheken und Fakultäten über Plagiat und Entzug: J. Conrad, Liturgie als Kunst und Spiel: die kirchliche Arbeit Alpirsbach 1933–2003 (Heidelberger Studien zur Praktischen Theologie 8), Münster u. a. 2003, 105 f.

78 Brief Rost an Harnack vom 27.2.1930, StA-L, 22208 J. C. Hinrichs Verlag, Leipzig, Nr. 147, Bl. 46 f.

79 Sicherlich war nicht, wie Mühling, Karl Ludwig Schmidt. »Und Wissenschaft ist Leben« (wie Anm. 35), 92, meint, dessen jüngerer Bruder und Neutestamentler *Günther Bornkamm* (1905–1990), gemeint, der damals frisch promoviert war und sich in Berlin bei Lietzmann habilitieren sollte (Rudolf Bultmann wünschte allerdings seine Habilitation in Marburg, vgl. Brief Bultmann an Lietzmann vom 21.2.1930, in: Glanz und Niedergang der deutschen Universität. 50 Jahre deutscher Wissenschaftsgeschichte in Briefen an und von Hans Lietzmann (1892–1942) [wie Anm. 62], Nr. 662, 601). Dafür, dass Heinrich gemeint war, spricht seine Paarung mit dem Neutestamentler Martin Dibelius in einem Vorschlag des Beirats der ThLZ für die Nachfolge Hirsch (s. folgende Anmerkung) und seine Titulatur als »Prof.« in einem Brief Lietzmanns (s. u. Anm. 81).

Die verbliebenen Mitglieder des Beirats brachten gleich drei Vorschläge ins Spiel: »Hirsch – Walter Bauer oder Bornkamm – Dibelius oder Bornkamm – Frick«, Gustav Rost votierte nun für eine Trias »Bornkamm – Frick – Karl Ludwig Schmidt«.[80] Im Laufe des März 1930 veränderte der Beirat allerdings seine Präferenzen, wie ein Brief des als »Obmann des Beirates« der Literaturzeitung fungierenden Lietzmann an Verleger Rost zeigt. Der Widerstand gegen Karl Ludwig Schmidt wurde nicht aufgegeben und weiter streng formal mit seiner bereits vorhandenen Herausgeberverantwortung für die »Theologischen Blätter« begründet (»da man nicht auf einen Menschen aus zwei Kanonen schiessen darf«), aber nun für einen einzigen »Redakteur« (also Herausgeber) votiert, »der die volle Verantwortung übernimmt. Vorgeschlagen dafür wurden Prof. W. Bauer und Prof. Bornkamm«.[81] Bauer erwies sich am Ende

80 So in einem Brief von Rost an Harnack vom 25.2.1930, StA-L, 22208 J. C. Hinrichs Verlag, Leipzig, Nr. 147, Bl. 51. Rost schreibt: »Die Gründe, die mich zu meinem Vorschlag veranlaßt haben, sind verschiedener Art und einige derartig, daß ich sie nicht gern in einem größeren Kreise aussprechen möchte, u. a. habe ich eine sehr starke Opposition gegen Herrn Professor Hirsch aus fünf Universitätsstädten jetzt gehört, und auch früher schon sind mir wiederholt Aeußerungen zugegangen, welche die Redaktionsführung des Herrn Professor Hirsch für nicht glücklich angaben« (ebd., Bl. 51 f.). – Leider enthält der Berliner Nachlass Harnack keine Korrespondenz mit Rost; für die Details wäre auch noch einschlägig die Auswertung der Korrespondenz zwischen Gustav Hölscher und dem Verlag (StA-L, 22208 J. C. Hinrichs Verlag Leipzig, Nr. 130).

81 Brief Lietzmann an Rost vom 18.3.1930, StA-L, 22208 J. C. Hinrichs Verlag, Leipzig, Nr. 201, Bl. 22. Vgl. weiter aus dem Brief (a. a. O. Bl. 22 f.): »Da Herr Prof. Bauer den Wunsch geäußert hatte, einen Systematiker zur Seite zu haben, falls er die Redaktion übernehmen würde, so wurde dies in Aussicht genommen, und zwar erschien Prof. Frick als besonders geeignet. Er sollte gegebenen Falls [sic!] auch Prof. Bornkamm beraten. ... Aus Ihrem Schreiben ersehe ich nun, dass Sie gegen Herrn Frick nachträglich Bedenken

dieser langen Verhandlungen schließlich auch für Rost als ein Kompromisskandidat, der sowohl allen an der Suche eines neuen geschäftsführenden Herausgebers Beteiligten akzeptabel erschien als auch allgemeines Vertrauen in der akademischen Theologie genoss. So fragte der Verleger ihn unmittelbar nach Erhalt des Briefes, den der Beirat der »Theologischen Literaturzeitung« Mitte März 1930 an ihn gerichtet hatte, um die Übernahme der Herausgeberschaft an.[82] Im

---

bekommen haben. Ich bitte Sie, uns über die Art Ihrer Bedenken nähere Mitteilungen zu machen. Sollte sich die Beseitigung Ihrer Bedenken nicht bewirken lassen, so würden die vereinbarten Punkte natürlich nicht sämtlich hinfällig, sondern es entstünde nur die Aufgabe, einen andern Systematiker zu suchen oder die Frage zu prüfen, ob es nicht auch ohne den Systematiker gehe. ... Exz. v. Harnack hält die Einerredaktion für das Beste«. – Hans Lietzmann übernahm nach dem Tode Harnacks im Auftrag der Akademie die von seinem Lehrstuhlvorgänger im Verlag Hinrichs begründete Reihe der »Griechischen Christlichen Schriftsteller« (für die gleichfalls dort verlegten »Texte und Untersuchungen« zeichneten W. Eltester und Erich Klostermann verantwortlich) und gab 1933 dort den dritten Band der Epiphanius-Ausgabe seines verstorbenen Freundes Karl Holl aus dem Nachlass heraus (dazu Ch. Markschies, Geleitwort, in: GCS Epiphanius I. Ancoratus und Panarion haer. 1–33, hg. v. K. Holl †, 2., erw. Aufl. hg. v. M. Bergermann u. Ch.-F. Collatz [GCS.NF 10/1], Berlin 2013, V–XIV). Insofern hatte er auch nach dem Herausgeberwechsel 1930 vielfach mit dem Leipziger Verlag zu tun.

82 Der Brief ist zwar verloren, da die Korrespondenz mit Bauer im Verlagsarchiv Hinrichs leider erst ab 1936 erhalten ist (StA-L, 22208 J. C. Hinrichs Verlag, Leipzig, Nr. 24). Rost berichtet aber in einem Brief an Lietzmann vom 25.3.1930 von seinem Schreiben an Bauer und dessen alsbaldiger »Bereitschaftserklärung« (sowie der Zusendung eines Vertragsentwurfs »zur freundlichen Stellungnahme« am selben Tage: StA-L, 22208 J. C. Hinrichs Verlag, Leipzig, Nr. 201, Bl. 23). – Aus der Zeit, in der Bauer die Herausgeberschaft innehatte, ist eine Akte mit der Korrespondenz zwischen Verlag und Herausgeber bzw. seiner Sekretärin Helene Gleitz erhalten, die alltägliche Fragen der Vergabe und des Abdrucks von Rezensionen im Jahr

April waren die Verhandlungen mit Bauer offenbar weitgehend zum Abschluss gebracht, wie das letzte erhaltene Schreiben von Rost an Harnack vor dessen Tod zeigt,[83] und bald darauf auch die beiden Kollegen Hermann Dörries (1895–1977) und Georg Wobbermin (1869–1943) brieflich verpflichtet, die Bauer unterstützen sollten:[84] »Herr Professor Bauer schrieb uns [sc. dem Verleger Rost], daß er vor allem darauf sehen müßte, in den Ferien von der ThLZ frei zu sein, da er vielfach in diesen Zeiten verreisen müßte. Betreffs der Herren Mitredakteure haben wir Herrn Professor Bauer geschrieben, daß wir mit den beiden von ihm vorgeschlagenen Herren einverstanden seien«.[85] Karl Ludwig Schmidt aller-

---

1933 betrifft (StA-L, 22208 J. C. Hinrichs Verlag Leipzig, Nr. 595), und eine weitere Akte aus dem Jahr 1936 (Nr. 024).

83 Im Rest der Korrespondenz zwischen Gustav Rost und Harnack findet sich ein als »Vertraulich!« gekennzeichnetes Schreiben von Rost an Harnack vom 7.4.1930, StA-L, 22208 J. C. Hinrichs Verlag, Leipzig, Nr. 147, Bl. 28, in dem der Verleger berichtet, dass er »kurz vor dem endgültigen Abschluß mit Herrn Professor Bauer-Göttingen« stünde, der »zwei auch in Göttingen wohnende Dozenten zu seiner Entlastung« hinzuziehen wolle (nämlich Dörries und Wobbermin). Bei einem Gespräch mit Karl Ludwig Schmidt in Leipzig habe man sich geeinigt, »den weiteren Ausbau der ThBl in gemeinsamer Arbeit zwischen ihm und Hinrichs« fortzusetzen. »Herr Professor Schmidt betonte ferner wiederholt, daß ihm die jetzige Lösung der ThLZ-Redaktionsfrage sachlich durchaus einleuchte, ja, sie sogar wohl als erfreulich zu bezeichnen wäre«.

84 Am 23.5.1930 dankte der Verleger Rost Hermann Dörries brieflich, dass er sich bereit erklärt habe, »Herrn Professor Bauer in der Redaktionsfrage zur Seite zu treten« (StA-L, 22208 J. C. Hinrichs Verlag Leipzig, Nr. 592, Bl. 4). Dörries erhielt von Hinrichs vierteljährlich RM 100,-, stand aber in keinem Vertragsverhältnis zum Leipziger Verlag. Die erhaltenen Materialien zur ThLZ deuten darauf hin, dass er sich um die Veröffentlichungen aus dem Bereich der Kirchengeschichte und der klassischen Philologie kümmerte. Allerdings ist aus den Jahren 1934 bis 1938 keinerlei einschlägige Kor-

dings empfand die Entwicklung, die ihn um die von ihm offenbar schon sicher geglaubte Herausgeberschaft der »Theologischen Literaturzeitung« (und damit um die indirekte Nachfolge seines von ihm hoch verehrten Lehrers Harnack) gebracht hatte, als ein Zeichen von »Terrorismus des Hirsch-Lietzmann-Konzerns«.[86] Im Nachhinein fällt nicht nur auf, dass es dem Netzwerk von Hirsch und Lietzmann gelang, die Redaktion der »Theologischen Literaturzeitung« in Göttingen zu halten, was der ganzen Fakultät Prestige brachte, sondern der Gründungsherausgeber Harnack von nicht zu unterschätzender Bedeutung dafür war, dass ein Kompromiss der streitenden Parteien gefunden werden konnte. In seinem Berlin-Grunewalder Wohnhaus fand das vermittelnde Treffen zwischen dem Verleger Rost und dem Beirat der Zeitschrift statt, er wurde über alle Schritte unterrichtet und erhielt auch vertraulich alle Unterlagen. Am Ende nostrifizierte er schließlich die gewählte Lösung, die eher dem Interesse des Hirsch-Lietzmann-Netzwerks entsprach als den ursprünglichen Wünschen von Gustav Rost (und Harnack selbst).

---

respondenz überliefert; Dörries agiert in den erhaltenen Schreiben als Autor des patristischen Bandes Symeon von Mesopotamien. Die Überlieferung der Messalianischen »Makarios«-Schriften (TU 55/1), Leipzig 1941. – Derzeit arbeitet cand. theol. Aneke Dornbusch an einer von Kollegen Peter Gemeinhardt in Göttingen betreuten kirchenhistorischen Dissertation über Dörries;https://fraudornbuschundherrdoerries.jimdofree.com/%C3 %BCb er-das-projekt/ (letzter Zugriff am 20.12.2020).

85 Brief Rost an Lietzmann vom 25.3.1930, StA-L, 22208 J. C. Hinrichs Verlag, Leipzig, Nr. 201, Bl. 23.

86 Schmidt in einem Brief an Friedrich Gogarten vom 5.4.1930 (Niedersächsische Staats- und Universitätsbibliothek Göttingen, Handschriftenabteilung, Nachlass Gogarten; ausgewählt zitiert bei Mühling, Karl Ludwig Schmidt. »Und Wissenschaft ist Leben« [wie Anm. 35], 92).

Der Gründungsherausgeber Harnack war aber nicht nur für den Herausgeberwechsel des Jahres 1930 zentral – er war vor allem auch mit dafür verantwortlich, dass die »Theologische Literaturzeitung« überhaupt die wirtschaftlich unsicheren Zeiten der Weimarer Republik überlebte. Sie konnte nämlich nur noch verlegt werden, weil sie von der »Notgemeinschaft der Deutschen Wissenschaft«, der seit 1929 kurz »Forschungsgemeinschaft« genannten Vorläuferorganisation der heutigen »Deutschen Forschungsgemeinschaft«, mit einem namhaften Druckkostenzuschuss unterstützt wurde.[87] Seit 1922 – und damit praktisch von Beginn der Förderung von Zeitschriften durch die »Notgemeinschaft« an – wurde die »Theologische Literaturzeitung« subventioniert (und zwar fast in der Höhe, um die man im Sommer 1921 gebeten hatte: 2000,- Reichsmark). Die bisher vom Verlag getragene finanzielle Unterdeckung der Kalkulation der Zeitschrift war

87 Angesichts der Bedeutung, die Adolf von Harnack und die Preußische Akademie der Wissenschaften für diese Förderorganisation hatten, liegt es nahe zu vermuten, dass der Gründungsherausgeber bei der Förderentscheidung seinen Einfluss geltend gemacht hatte. Harnack leitete seit 1921 den für die Förderentscheidungen zentralen Hauptausschuss. – Diesen Zusammenhängen wäre aber noch im Detail nachzugehen (vgl. einstweilen N. Hammerstein, Die Deutsche Forschungsgemeinschaft in der Weimarer Republik und im Dritten Reich. Wissenschaftspolitik in Republik und Diktatur 1920–1945, München 1999). In einem Brief an Ernst Sommerlath vom 17.8.1945 schreibt Curt Kunze, der seinerzeit das Leipziger Büro des Verlags leitete, »dass die Forschungsgemeinschaft bis 1932 jährlich 2000.-, dann bis 1942 regelmäßig 1000.–Druckzuschuss zahlte. Für die folgenden Jahre konnte auf diese Unterstützung verzichtet werden, weil nach dem erfolgten Ausbau der Zeitschrift und nach der Verschmelzung mit dem ›Theologischen Literaturblatt‹ die Zeitschrift [sich] wieder selbst trug« (Aktenordner Hinrichs Autoren – Mitarbeiter O–Z, EVA Leipzig). Die exakte Höhe der Druckkostenzuschüsse differiert in den verschiedenen Quellen (s. u. S. 63) und müsste noch einmal überprüft werden.

auch deswegen stark gestiegen, weil die »Theologische Literaturzeitung« nicht mehr wie zu Kriegszeiten alle vier Wochen mit einer Nummer von anderthalb Bogen erschien, sondern wieder vierzehntägig mit derselben Bogenzahl. Ursprünglich wollte man verlagsseitig den Jahrespreis von 36 Reichsmark trotz der Umfangserweiterung beibehalten (entsprechend kostete die Zeitschrift nach der Konsolidierung der Währung 1925 auch wieder diese Summe und ihr Verkaufspreis wurde erst 1928 auf 45 Reichsmark angehoben).[88] Schwierig wurde angesichts des dringend benötigten Zuschusses der »Notgemeinschaft« die ökonomische Lage für den Verlag, wenn die Bewilligungen des Zuwendungsgebers stockten oder gar auszubleiben drohten. Das Archiv des Hinrichs-Verlages bewahrt eine Reihe von unterstützenden Schreiben seinerzeit prominenter Theologen aus dem Jahre 1936. Die Zahlungen der Forschungsgemeinschaft waren zu Jahresbeginn ausgeblieben und der Verlag sammelte die Schreiben, um sich an die Förderinstitution zu wenden.[89] Für die weitere Förderung

---

88 Brief des Verlages an Johannes Leipoldt vom 18.2.1922, StA-L, 22208 J. C. Hinrichs Verlag Leipzig, Nr. 191, Bl. 87 f. Hier erwägt der Verlag die Erhöhung des Jahrespreises auf 50 Mark. Im Januar 1923 kostete die Zeitschrift vierteljährlich schon 600 Reichsmark, im März 1200 Reichsmark, im April 2400 Reichsmark. Danach sind für eine längere Zeit nur noch Verrechnungsgrößen angegeben.

89 Am 31.1.1936 schlug der Herausgeber Walter Bauer angesichts dieser finanziellen Probleme dem Verlag vor, »etwa die Proff. Lietzmann, E. Seeberg, Witte - Berlin, H. Schmidt - Halle, Bultmann - Marburg und vielleicht noch den einen oder anderen« um ein unterstützendes Gutachten zu bitten (StA-L, 22208 J. C. Hinrichs Verlag Leipzig, Nr. 24, Bl. 8). Eher kurze Gutachten von Johannes Hempel (31.1.1936, Bl. 5–7); Johannes Witte (1.2.1936, ebd., Bl. 9/10), Rudolf Bultmann (4.2.1936, ebd., Bl. 13) und Hans Schmidt (29.2.1936, ebd., Bl. 21) sind im selben Aktendeckel erhalten. Ein Schreiben von Lietzmann findet sich nicht in den Unterlagen, wurde aber von Her-

der »Theologischen Literaturzeitung« setzte sich beispielsweise der damals noch in Göttingen als Kollege des Herausgebers Bauer lehrende Alttestamentler *Johannes Hempel* (1891–1964) ebenso wie *Rudolf Bultmann* (1884–1976), *Hans Schmidt* (1877–1953), der Vorsitzende des Evangelisch-Theologischen Fakultätentages, und der gerade aus dem Amt geschiedene Berliner Dekan und Missionswissenschaftler *Johannes Witte* (1877–1945) ein: »Wir brauchen ein solches Organ auch nicht nur um der gesunden Weiterentwicklung unserer Wissenschaft willen, sondern zugleich für die rechte Wertung dieser Entwicklung in der wissenschaftlichen und kirchlichen Weltöffentlichkeit« (Hempel).[90] Im März 1936 sagte die Forschungsgemeinschaft dann zu, die Zahlungen einstweilen fortzusetzen.[91] Für 1936 und das folgende Jahr 1937 ist im Archiv eine Verlagskalkulation erhalten, die zeigt,

---

ausgeber und Verlag erwartet und auch durch die Zusendung von finanziellen Details vorbereitet: Aus einem Brief des Verlags vom 6.2.1936 (Bl. 17) geht hervor, dass Hans Lietzmann sich zur Vorbereitung seines Gutachtens nach Zahlen (auch ausländischer) Abonnenten erkundigt hatte und nach den Devisen, die die Zeitschrift dem Verlag erbringt (1935: 4900,- RM; 1936 geschätzt: 3900,- RM).

90 Brief Johannes Hempel an die Schriftleitung der ThLZ vom 31.1.1936, StA-L, 22208 J. C. Hinrichs Verlag, Leipzig, Nr. 24, Bl. 4, S. 1. Zu Hempel vgl. R. Smend, Kritiker und Exegeten. Portraitskizzen zu vier Jahrhunderten alttestamentlicher Wissenschaft, Göttingen 2017, 747–769, und C. Weber, Altes Testament und völkische Frage. Der biblische Volksbegriff in der alttestamentlichen Wissenschaft der nationalsozialistischen Zeit, dargestellt am Beispiel von Johannes Hempel (FAT 28), Tübingen 2000.

91 Vertraulicher Brief des Verlages Hinrichs an den Herausgeber Bauer vom 1.4.1936, StA-L, 22208 J. C. Hinrichs Verlag, Leipzig, Nr. 24, Bl. 36, S. 1. – Die Gegenüberlieferung in den Akten der Notgemeinschaft bzw. Forschungsgemeinschaft zur ThLZ habe ich nicht verfolgt: Bundesarchiv Berlin-Lichterfelde, R 73 Deutsche Forschungsgemeinschaft 12748 Theologische Literaturzeitung (Lin 2/07/1; die Sachakte betrifft die Jahre 1935–1944).

dass von den Verlagskosten für die Literaturzeitung (31 Bogen) und das bibliographische Beiblatt (17 Bogen) in Höhe von 4500,- RM lediglich 1200,- RM durch den entsprechenden jährlichen Zuschuss der Forschungsgemeinschaft gedeckt waren. Der Verlag Hinrichs kam mit der Zeitschrift abzüglich der Erlöse durch verkaufte Exemplare in Höhe von rund 1500,- RM pro Jahr auf eine Unterdeckung bzw. ein Defizit von 1774,- RM.[92] Man versteht angesichts der Zahlen die Sorgen, die man sich im Leipziger Verlag seit längerem um das traditionsreiche Rezensionsorgan machte. Zudem war am 17. November 1934 im Alter von zweiundvierzig Jahren der Verleger Gustav Rost, der letzte männliche Nachkomme der Verlegerfamilie Rost, auf die der nach dem kinderlosen *Johann Conrad Hinrichs* (1763–1813) benannte Verlag 1840 übergegangen war, gestorben. Die Firma wurde im Grunde für zwei Jahre vom Prokuristen Curt Kunze, der Redaktionsleiterin Lucie Geist, der Herstellungsleiterin Dr. Hildegard Lange und der Buchhalterin Lydia Busch geführt, bis zu Jahresbeginn 1937 der Gothaer Verleger *Leopold Klotz* (1878–1958) für die Verlagsleitung gewonnen werden konnte. Klotz hatte verlegerische Erfahrung bei B. G. Teubner in Leipzig und Friedrich Andreas Perthes in Gotha gesammelt und 1925 (mit der theologischen Abteilung von Perthes) den Leopold Klotz-Verlag gegründet.[93] Von 1921 bis zur Einstellung 1941

92 Nach der Kalkulation bezogen 343 Abonnenten die ThLZ (bei einer Druckauflage von 525 Exemplaren); Bauer erhielt 1000,- RM Honorar jährlich, Dörries 300,- RM, eine Schreibhilfe 270,- RM und das Porto der Redaktion schlug mit 70,- RM zu Buche: J. C. Hinrichs Verlag, Leipzig, Nr. 260, Bl. 43 (in den Akten zu Hans-Georg Opitz).

93 O. Hauser, Art. Klotz, Leopold, Neue Deutsche Biographie 12, Berlin 1979, 127 f.; im Internet zugänglich unter https://www.deutsche-biographie.de/pnd116235292.html#ndbcontent (letzter Zugriff am 20.12.2020); M. Wolfes,

verlegte Klotz in seinem Gothaer Verlag die für den liberalen Protestantismus zentrale »Christliche Welt«;[94] für sein verlegerisches Engagement in den Bereichen der Ägyptologie, Orientalistik, Religionsgeschichte und Theologie erhielt er aus der Hand des damals amtierenden Akademie-Präsidenten, des Ägyptologen *Hermann Grapow* (1885–1967), und gemeinsam mit dem pensionierten technischen Inspekteur der Berliner Reichsdruckerei die letzte Leibniz-Medaille in Gold, die die Preußische Akademie der Wissenschaften vor dem Kriegsende auf ihrem traditionsreichen Leibniztag am 29. Juni 1944 verlieh. Diese Sitzung fand schon nicht mehr im Festsaal des teilzerstörten Akademieflügels der Preußischen Staatsbibliothek statt, sondern im Preußischen Finanzministerium am Festungsgraben.[95]

Art. Klotz, Leopold, Biographisch-Bibliographisches Kirchenlexikon Bd. XVI, Nordhausen 1999, 850–854; E. Döbler, Der Gothaer Verleger Leopold Klotz (1878–1956), in: Gotha Illustre. Eine Residenzstadt in Gegenwart, Vergangenheit und Zukunft, 2. Ausgabe, Gotha 2011, 8–14.

94 J. Rathje, Die Welt des freien Protestantismus. Ein Beitrag zur deutsch-evangelischen Geistesgeschichte, dargestellt an Leben und Werk von Martin Rade, Stuttgart 1952, 287–290 (zu den gescheiterten Verhandlungen mit Siebeck in Tübingen und Beck in München, die im Unterschied zu Klotz die Zeitschrift nicht übernehmen).

95 Archiv der Berlin-Brandenburgischen Akademie der Wissenschaften PAW II: VIII i Bd. 7 (Leibnizmedaille 1941–1949); ein Bericht über die Verleihung der Leibniz-Medaille an den technischen Leiter der akademischen Setzerei der Reichsdruckerei (die Publikationen der Akademie druckte) und an Klotz findet sich in »Das Reich. Deutsche Wochenzeitung« (Nr. 34 vom 20.8.1944, [S. 9]): »Am Rande der Wissenschaft. Die goldene Leibnizmedaille für den Setzer Ernst Kilian«. – Grapow veröffentlichte vielfach bei Hinrichs, unter anderem war er namens der Akademie für das »Wörterbuch der Ägyptischen Sprache« verantwortlich (Geist, »Ein Geschäft recht geistiger Natur«. Zum 200. Jahrestag der Gründung des J. C. Hinrichs Verlags Leipzig [wie Anm. 3], 51; weitere Nachweise unten S. 201 mit Anm. 326).

Rost wie sein Nachfolger Klotz mussten sich unter schwierigen ökonomischen Bedingungen um den Fortbestand der Zeitschrift kümmern. Schon 1936, während der interimistischen Verlagsleitung von Kunze, Geist, Lange und Busch, gab es offenbar bereits Überlegungen, mit der »Theologischen Literaturzeitung« ihre streng lutherisch orientierte Konkurrenz, das »Theologische Literaturblatt« (s. u. S. 165–168), zu verschmelzen, weil die Deutsche Forschungsgemeinschaft den Sinn einer separaten Finanzierung des »Theologischen Literaturblatts« angesichts von dessen Abonnentenzahlen nicht einsah.[96] Der Herausgeber der »Theologischen Literaturzeitung«, Walter Bauer, reagierte auf diese Überlegungen seines Verlegers positiv, da er der Ansicht war, die ThLZ müsse wie das ThLB stärker »gegenwartsnäheres Schrifttum« besprechen, das »weniger mit Wissenschaft im Schürer-Harnackschen Stil gemein hat«. Gleichzeitig war ihm bewusst, dass diese Neuorientierung weg von der strengen Wissenschaft die Mitfinanzierung durch die Forschungsgemeinschaft erschweren würde.[97]

96 Vertraulicher Brief des Verlages an den Herausgeber Bauer vom 1.4.1936, StA-L, 22208 J. C. Hinrichs Verlag Leipzig, Nr. 24, Bl. 36. Dabei hat laut Brief die Forschungsgemeinschaft den Wunsch geäußert, das Herausgebergremium der ThLZ zu ergänzen, weil sie Wert darauf legte, daß »die durch das ›Theologische Literaturblatt‹ vertretene Richtung, falls dieses eingehen sollte, in der ThLZ zu Worte kommen kann«. Das geschah dann sieben Jahre später durch die Aufnahme von Ernst Sommerlath in die Herausgeberschaft (s. u. S. 109–125).

97 Brief Bauer an den Verlag Hinrichs, 11.4.1936, StA-L, 22208 J. C. Hinrichs Verlag, Leipzig, Nr. 24, Bl. 41, S. 1. Wörtlich: »Ich habe mich bisher nach Kräften bemüht, die Linie einzuhalten, auf die unsere ThLz [sic!] durch ihre Gründer Schürer und Harnack angelegt worden ist. Es wird mir aber mehr und mehr zweifelhaft, ob sich das auf die Dauer wird durchführen lassen. Von anderem abgesehen schon einfach deshalb, weil in Deutsch-

Kirchenhistoriker kamen erst wieder als geschäftsführende Herausgeber ins Spiel, als Bauer drei Jahre später im April 1939 vom neuen Verleger Klotz (wie wir noch ausführlicher sehen werden: S. 69–81) aus dem Amt gedrängt wurde und die Herausgeberschaft an *Hans-Georg Opitz* übergeben musste. Von den Details war in der »Theologischen Literaturzeitung« natürlich nichts zu lesen.[98] Mit diesem Herausge-

---

land für die Zukunft schwerlich mehr wirklich wissenschaftliche Literatur in solchen Mengen herauskommen wird, um mit den Besprechungen alle 14 Tage eine Nummer zu füllen. Der Nachwuchs wird vielfach weder Zeit noch Lust haben, sich an schwierigen und scheinbar abgelegenen Fragen, die Kenntnisse, Vertiefung und Zeit erfordern, zu versuchen. Das Publikum wird solche Bücher weder lesen noch kaufen wollen, die Neigung der Verleger, sie zu drucken, der Notgemeinschaft, sie zu unterstützen, wird entsprechend sinken.

Wir werden also mehr und mehr auf solches Schrifttum zurückgreifen müssen, das nach meinem Urteil, je gegenwartsnäher und daher ja begehrter es ist, um so weniger mit Wissenschaft im Schürer-Harnackschen Stil gemein hat. Den dadurch nötig werdenden Anschluß aber wird ein Jüngerer leichter vollziehen können, der wendiger ist und den die Vergangenheit minder belastet als mich. Steht er gar auf politischem und kirchlichem Gebiet der Bewegung nahe, dann wird er ganz andere Gewichte zugunsten der ThLZ in die Waagschale werfen können, als mir das möglich ist. Und dabei dürften dann auch die sachlichen Belange am besten fahren. Sollte es zu dem von Ihnen angedeuteten Zusammengehen mit dem ThLiteraturblatt kommen, so scheint mir dieser Augenblick für den Wechsel der Schriftleitung hervorragend günstig. Dann geschieht aus rein sachlichen Gründen etwas, was anderenfalls vielleicht wenig später unter irgend einem Druck doch geschehen müsste«. – Der Hinrichs-Verlag in Gestalt seines Prokuristen Curt Kunze reagierte am 16.4.1936 (Bl. 42) verständnisvoll auf diese Erwägungen, versicherte aber, »wie ungern wir nach so vielen Jahren angenehmer Zusammenarbeit Sie, sehr geehrter Herr Professor, aus der Redaktion würden scheiden sehen«, und wollte zunächst einmal abwarten. – Weitere Korrespondenz mit Bauer ist leider in dieser Sache nicht überliefert.

berwechsel geriet die Zeitschrift wieder deutlicher unter den Einfluss der beiden Freunde Hirsch und Lietzmann, die allerdings kirchenpolitisch und politisch inzwischen längst getrennte Wege gingen.[99]

Im Zuge des Wechsels erhielt die Zeitschrift zugleich einen Untertitel »Monatsschrift für das gesamte Gebiet der Theologie und Religionswissenschaft« und der Bonner Religionswissenschaftler *Gustav Mensching* (1901–1978) trat als Mitherausgeber neben Opitz in die Redaktion ein.[100] Opitz war

---

98 Vgl. die Verlagsmitteilung »An unsere Leser!«, ThLZ 64 (1939), 113 f.: »Herr Professor D. Walter Bauer hat die Redaktion der ›Theologischen Literaturzeitung‹ nach beinahe neunjähriger Tätigkeit niedergelegt. Es ist dem Verlag ein lebhaftes Bedürfnis, bei dieser Gelegenheit Herrn Professor Bauer sowie den Herren Professoren Dörries und Wobbermin für die der ThLZ geleistete Arbeit aufrichtig zu danken und dem Wunsche Ausdruck zu geben, daß sie auch weiterhin der ThLZ durch ihre Mitarbeit verbunden bleiben. Als Nachfolger von Herrn Professor D. Bauer übernimmt Herr Dozent Lic. Hans-Georg Opitz in Berlin mit der vorliegenden Nummer die Herausgabe der ThLZ. Herr Professor Dr. Gustav Mensching in Bonn tritt ihm für das Gebiet der Religionswissenschaft zur Seite. Die Zeitschrift ist ein Erbe mit einer großen Tradition. Der Name ihres Mitbegründers Adolf von Harnack verpflichtet jeden Nachfolger, den unbeirrbaren wissenschaftlichen Wahrheitstrieb als oberstes Gesetz gelten zu lassen, auch wenn die Aufgaben und Fragestellungen seit jener Zeit andere geworden sind. Der Untertitel, den die ThLZ zum ersten Mal in der vorliegenden Nummer trägt, steckt den Rahmen ab, in dem sich die Arbeit auswirken soll. Er drückt vorläufig eine Aufgabe, kein erreichtes Ziel aus«.

99 Dazu K. Aland, Glanz und Niedergang der deutschen Universität. 50 Jahre deutscher Wissenschaftsgeschichte in Briefen an und von Hans Lietzmann (1892–1942) (wie Anm. 62), 127–129.

100 Offenbar wurde mit Lietzmann im Jahre 1939 diskutiert, wo – nach Veränderungen beim »Archiv für Religionswissenschaft«, das beim Leipziger Verlag B. G. Teubner erschien – eine von der Philologie aus geführte Religionswissenschaft Heimat finden könne (Brief Lietzmann an Otto Weinreich, 10.5.1939, in: Glanz und Niedergang der deutschen Universität.

Abb. 5: Lehrstuhl und Studierende aus Lehrveranstaltungen Lietzmanns auf einem Ausflugsdampfer; darunter Hans-Georg Opitz im Vordergrund links, hinter ihm stehend Lietzmann[101]

zum damaligen Zeitpunkt (wie einst die Gründungsherausgeber Schürer und Harnack) noch nicht auf ein Ordinariat berufen; Lietzmann hoffte aber, ihn als seinen Nachfolger installieren zu können. In Wien, wo er den Lehrstuhl vertrat, wurde Opitz dann aber im September 1939 zum Dozenten und Anfang Januar 1940 zum Ordinarius ernannt.[102] Mensching hatte dagegen gerade ein Ordinariat angetreten und

---

50 Jahre deutscher Wissenschaftsgeschichte in Briefen an und von Hans Lietzmann (1892–1942) [wie Anm. 62], Nr. 1094, S. 960 f.). Zu Mensching vgl. U. Tworuschka, Begegnung und Antwort. Gustav Mensching und die Religionswissenschaft, Anthropos 71 (1976), 579–601.

101 Das Foto stammt aus dem Besitz von Inge Andresen (Göttingen): Im Vordergrund von links nach rechts: Hans Georg Opitz, Walther Eltester, Hans Möller; direkt hinter Eltester Hans-Martin Rotermund, direkt hinter Möller Herbert Kramm, stehend an der Reling von links nach rechts: Jutta und Hans Lietzmann, neben Lietzmann rechts: Fritz Fischer.

102 Nachweise unten S. 85 in Anm. 135.

konnte wie Opitz als ein herausragendes junges Nachwuchstalent gelten. Die Übernahme der Herausgeberschaft durch Opitz brachte die »Theologische Literaturzeitung« wieder unter die Kontrolle eines machtbewussten Netzwerkes, das schon einmal einen gewissen Einfluss auf die Zeitschrift ausgeübt hatte – sie geriet unter Einfluss des Netzwerks von Hans Lietzmann, wie sich bald sehr deutlich zeigen sollte.

Im Unterschied zu anderen Herausgeberwechseln lässt sich der Übergang von Bauer auf Opitz mithilfe der erhaltenen Teile des Verlagsarchivs Hinrichs gut nachvollziehen: Wir wissen aus einer späteren Nachricht von Leopold Klotz, dass der aufstrebende Kirchenhistoriker Opitz ihm von Lietzmann, aber auch von Bauer empfohlen worden war.[103] Leopold Klotz besuchte entsprechend Opitz zum Zweck des Kennenlernens im Frühsommer 1938 in seiner Berlin-Friedenauer Wohnung und diskutierte mit ihm die Übernahme der Herausgeberschaft. Opitz reagierte dann schriftlich mit ausführlichen Überlegungen zur Zukunft der »Theologischen Literaturzeitung« und Vorschlägen für die Gewinnung neuer Mitarbeiter, die nahezu ausschließlich dem Netzwerk von Hirsch und Lietzmann angehörten bzw. den Deutschen Christen nahestanden (vgl. den Text dieser Überlegungen im Anhang als Nr. 1, u. S. 181–195).[104] Klotz wiederum stimmte seinem potentiellen neuen Herausgeber in dessen Einschätzung

103 Dazu unten, S. 122 mit Anm. 203.

104 Diese Überlegungen finden sich nicht in dem Teil des Verlagsarchivs, der an das Staatsarchiv Leipzig gelangt ist, sondern im Restnachlass, der sich gegenwärtig noch im Besitz der EVA Leipzig befindet, und zwar in einem Hefter, der »ThLZ Opitz/Hempel Lietzmann 1938 Aland Ende 1945 Redaktion« beschriftet ist und eine der wenigen erhaltenen Überlieferungen zur praktischen Redaktionstätigkeit der ThLZ im hier behandelten Zeitraum von 1876 bis 1958 ist. Der Aktenordner beginnt mit den Überlegungen von

zu, man müsse die Zeitschrift »aus dem Zustand einer Passivität« holen und wieder stärker an ihre Bedeutung für die Theologie annähern, die sie unter den Gründungsherausgebern Schürer und Harnack noch besaß.[105] Die durch eine deutliche theologiepolitische wie (kirchen-)politische Einseitigkeit charakterisierten Personalvorschläge von Opitz überging er offenbar mit Schweigen (und die vorgeschlagenen Namen tauchten unter den Rezensenten der folgenden zwei Jahrgänge auch nicht gehäuft auf).

Als Hindernisse auf diesem neuen Weg zu alter Größe empfand Klotz (offenkundig wie Opitz) zum einen die starke zeitliche Beanspruchung potentieller, auch junger Rezensenten und zum anderen (anders als Opitz) den bereits bestehenden Verdacht gegenüber dem Blatt, »als stünde es im Dienste der einen oder anderen, jeweils in den Zeiten aufkommenden, verschiedenen Richtungen«. Demgegenüber betonte der neue Geschäftsführer des traditionsreichen Verlags »ein Wort aus alten Zeiten« und beschrieb die nichtpositionale Positionalität der Gründungsherausgeber Schürer und Harnack im Sinne eines klassischen Ideals für Monarchen und andere Staatsführer sowie der von Gottfried Arnold begründeten »unparteyischen« Perspektive der Kirchengeschichtsschreibung als ein »Ueber den Parteien stehen«.[106] Zwei weitere gegenseitige Besuche in Berlin und Leipzig im

---

Opitz, die auf den 31.7.1938 datiert sind. Sie sind im Anhang 1 zu diesem Beitrag in ungekürzter Form dokumentiert (s. u. S. 181–195).

105 Brief Klotz an Opitz, 6.8.1938, StA-L, 22208 J. C. Hinrichs Verlag, Leipzig, Nr. 260, Bl. 2, S. 1.

106 Brief Klotz an Opitz, 6.8.1938, StA-L, 22208 J. C. Hinrichs Verlag, Leipzig, Nr. 260, Bl. 2, S. 1 f.: »... denn allein der verpflichtende Charakter wissenschaftlicher Objektivität kann auf die Dauer einem kritischen Organ die notwendige Beachtung und Wirkung sichern«.

September bzw. Oktober 1938 brachten Opitz schließlich dazu, seine Bereitschaft zu erklären, »die Leitung der ThLZ event(uell) allein zu übernehmen«. In dieser Situation wies Klotz den Kirchenhistoriker allerdings erstmals darauf hin, dass er schon seit »etwa einem Jahr bezüglich des religionsgeschichtlichen Teils eine gewisse Bindung eingegangen« sei, und nannte den Namen von Mensching (der sich allerdings auch unter den Namensvorschlägen von Opitz im Juli 1938 findet).[107] Die Zeitangabe von Klotz entsprach allerdings nicht ganz den Tatsachen.

Offenkundig hatten nämlich der emeritierte Bonner Religionswissenschaftler *Carl Clemen* (1865–1940) und sein jüngerer, frisch nach Bonn berufener Nachfolger Gustav Mensching schon deutlich vorher versucht, im Gothaer Verlag Leopold Klotz ein »Organ ..., in dem die gesamte erreichbare religionsgeschichtliche Literatur des In- und Auslandes besprochen« werden sollte, zu etablieren. Sie wandten sich zu diesem Zweck schon im November 1936 über den Clemen persönlich bekannten Chefredakteur der »Christlichen Welt«, *Hermann Mulert* (1879–1950), an Klotz.[108] Die beiden Bonner Religionswissenschaftler schlugen vor, in der von Klotz verlegten »Christlichen Welt« »von jährlich vier Nummern (ungefähr zu Anfang jeden Vierteljahres je von einer) die letzten 4 Seiten für Besprechungen religionsgeschichtlicher Werke zu reservieren, als religionsgeschichtliches Beiblatt besonders zu paginieren und durch Ihren Verleger, wenn er zustimmt, auch an Nichtabonnenten der Christlichen Welt abgeben zu

107 Brief Klotz an Opitz, 7.10.1938, StA-L, 22208 J. C. Hinrichs Verlag, Leipzig, Nr. 260, Bl. 7, S. 1 f.

108 Brief Clemen an Klotz vom 15.11.1936; StA-L, 22208 J. C. Hinrichs Verlag Leipzig, Nr. 555, Bl. 3.

lassen«.[109] Offenbar plante Klotz aber Ende des Jahres 1936 schon mit dem Hinrichs-Verlag und der »Theologischen Literaturzeitung«. Jedenfalls teilte Clemen deren Herausgeber Walter Bauer brieflich mit, dass Mulert und Klotz die »Theologische Literaturzeitung« für ein solches religionsgeschichtliches Beiblatt für deutlich geeigneter halten würden. Bauer notierte handschriftlich auf dem entsprechenden Brief von Clemen: »Mir persönlich wäre eine umfassende Berücksichtigung der Religionsgesch[ichte] nicht unwillkommen. Aber ich weiß nicht, ob wir diesem Teil der Theologie eine derartige Ausnahmestellung zubilligen können«.[110] Der Plan eines »Religionsgeschichtlichen Literaturblatts« wurde zwischen Clemen, Mensching und Klotz in den folgenden Monaten des Jahres 1937 weiter diskutiert; diese Zusammenhänge können hier nicht ausführlicher dargestellt werden.[111] Man debattierte Details der Aufteilung der herausgeberischen und redaktionellen Verantwortung, aber auch Fragen der Finanzierung und des Honorars.[112] Als die Zusammenarbeit mit

109 Brief Clemen an Klotz vom 15.11.1936; StA-L, 22208 J. C. Hinrichs Verlag Leipzig, Nr. 555, Bl. 3.

110 Brief Clemen an Bauer vom 9.12.1936; StA-L, 22208 J. C. Hinrichs Verlag Leipzig, Nr. 555, Bl. 7.

111 Vgl. dazu einen Brief von Klotz an Clemen vom 4.5.1937; StA-L, 22208 J. C. Hinrichs Verlag Leipzig, Nr. 555, Bl. 10. Weitere Korrespondenz in der Sache ist in dem umfangreich erhaltenen Briefwechsel zwischen Klotz und Mensching zu finden. Mensching war offenbar mit Klotz gut bekannt; man redete sich mit »Du« an. Vgl. beispielsweise einen Brief von Klotz an Mensching vom 15.5.1937 (StA-L, 22208 J. C. Hinrichs Verlag Leipzig, Nr. 221, Bl. 8), in dem der Verleger Klotz Mensching über Gespräche mit Bauer in Göttingen berichtete, der auf verschiedene Probleme eines religionsgeschichtlichen Teils oder Beiblatts der ThLZ aufmerksam gemacht hatte.

112 Mensching schlug Klotz am 16.5.1937 (StA-L, 22208 J. C. Hinrichs Verlag Leipzig, Nr. 221, Bl. 12) die Einführung einer von ihm und Clemen verant-

Walter Bauer im Lauf des Jahres 1938 ins Stocken geriet, hofften offenkundig alle Beteiligten (außer Bauer natürlich) auf den neuen Herausgeber der »Theologischen Literaturzeitung«, auf Hans-Georg Opitz.[113] Von der neuen Konstellation in der Herausgeberschaft erwartete sich Mensching eine Aufwertung der Rolle der Religionswissenschaft, die ja auch durch die wahrscheinlich von Mensching vorgeschlagene und

---

worteten Rubrik »Allgemeine Religionsgeschichte« zu Beginn jeden Hefts der ThLZ vor: »Jedermann weiß hinfort[,] RG-Literatur hat dort ihren festen Besprechungsort und wird nicht nur so gelegentlich mitbesprochen«. Für diese Rubrik solle Bauer komplett die herausgeberische und redaktionelle Verantwortung an Clemen und Mensching abtreten. Bis zum Sommer 1937 war dann eine Arbeitsteilung zwischen Bauer, Clemen und Mensching darüber, wie Titel angefordert und verteilt werden sollten, verabredet worden (Brief Verlag an Clemen, 7.8.1937, StA-L, 22208 J. C. Hinrichs Verlag Leipzig, Nr. 555, Bl. 14). Die Briefe, die die Details dieser Verabredungen enthielten, sind allerdings im erhaltenen Teil des Verlagsarchivs leider nicht mehr aufzufinden. Ein Brief von Mensching an Bauer vom 25.6.1937 (StA-L, 22208 J. C. Hinrichs Verlag Leipzig, Nr. 221, Bl. 34) enthält den Vorschlag, von 480 Spalten pro Jahr insgesamt 96 für die Religionsgeschichte zu reservieren. Bauer akzeptierte diesen Vorschlag (Brief Klotz an Mensching, 7.8.1937, Nr. 221, Bl. 43). Die Zusammenarbeit sollte offiziell zum 1.10.1937 beginnen (Brief Klotz an Mensching vom 5.8.1937, Nr. 221, Bl. 40), wurde aber dann auf 1.1.1938 verschoben (Mensching an Klotz, 11.8.1937, Nr. 221, Bl. 47). Die Zusammenstellung der Hefte nahm aber Bauer doch selbst vor, was Mensching nicht gefiel (Mensching an Klotz, 11.11.1937, Nr. 221, Bl. 91; auch ders. an dens. am 3.10.1938, StA-L, 22208 J. C. Hinrichs Verlag Leipzig, Nr. 223, Bl. 27). Auch ein Honorar konnte nicht gezahlt werden (Klotz an Mensching, Nr. 222, 29.11.1937; Nr. 221, Bl. 96). Klotz hoffte im Blick auf weitere Probleme schon am 10.12.1937 (an Mensching; Nr. 221, Bl. 102) auf eine »Gesamtlösung« (meint: die Ablösung von Bauer als Herausgeber der ThLZ).

113 Klotz orientierte Mensching über die Verhandlungen mit Opitz, die dem Ziel der Ablösung Bauers als Herausgeber dienten, jedenfalls in groben Zügen (beispielsweise am 8.10.1938, Nr. 223, Bl. 28). Mensching versicherte

von Opitz wie Klotz akzeptierte und bereits erwähnte Einfügung eines Untertitels für die Zeitschrift mit dem Stichwort »Religionswissenschaft« allgemein signalisiert wurde.[114] Allerdings musste er dann zur Kenntnis nehmen, dass Klotz durchaus nicht gewillt war, allen Forderungen nachzugeben. Klotz schrieb ihm:

> »Weil Du die rechnerische Seite des Unternehmens andeutest, kann ich nur wiederholen, dass die ThLZ seit vielen Jahren ein den Verlag aufs schwerste belastendes Unternehmen ist, das von allen daran Beteiligten kleine Opfer erfordert. Dies in erster Linie vom Hauptredakteur, der eine enorme Arbeit zu bewältigen hat. Ich kann Dir verraten, dass sowohl Herr Professor Hirsch als auch Professor Bauer ein Monatshonorar von RM 82,- erhielten. Bei den Verhandlungen mit Opitz erklärte dieser spontan, dass die materielle Seite für ihn keine Rolle spielen könne. Es handle sich für ihn nur um die Aufgabe, der gegenüber alle materiellen Wünsche unbedingt zurückzutreten hätten, solange nicht die ThLZ selber eine gesicherte finanzielle Grundlage erreicht habe. Es war uns eine wirkliche Befriedigung, zu sehen, wie Opitz im stärksten Masse von der Verantwortung durchdrungen war, die er mit der Leitung eines derartigen, führenden wissenschaftlichen Organes übernimmt.«[115]

Klotz (unter Datum vom 16.10.1938, Nr. 223, Bl. 29), dass er sich auf die Zusammenarbeit mit Opitz freue.

114 Am 27.10.1938 (StA-L, 22208 J. C. Hinrichs Verlag Leipzig, Nr. 223, Bl. 35) regte Mensching bei Klotz an, die Religionswissenschaft auch in den Titel der ThLZ aufzunehmen. Am 3.11.1938 teilt Klotz Mensching mit, dass der neue Untertitel nun lauten werde: »Monatsschrift für das gesamte Gebiet der Theologie und Religionswissenschaft, begründet von Emil Schürer und Adolf von Harnack, unter Mitwirkung von Professor Dr. Gustav Mensching, Bonn, herausgegeben von Lic. Hans-Georg Opitz, Berlin« (Nr. 223, Bl. 43). Klotz ergänzte die Mitteilung: »Es wird Dir gewiss eine Freude sein, zu erkennen, in welch deutlicher Weise die Religionswissenschaft, im Gegensatz zu den seinerzeitigen Bauer'schen Bedenken, als ebenbürtig neben die Theologie gestellt wird, wenn sie auch selbstverständlich im Umfang nicht die anderen Disziplinen überschreiten darf«.

Erst Anfang Januar 1939 (also über zwei Jahre nach der ersten Anfrage von Clemen und Mensching) verständigte sich Klotz mit Opitz und Mensching in Berlin über den redaktionellen Geschäftsgang der »Theologischen Literaturzeitung« und die Aufteilung zwischen beiden Wissenschaftlern (vgl. den Text dieser Abrede im Anhang als Nr. 2, u. S. 196 f.).[116] Und drei Monate später, mit der vierten Nummer des vierundsechzigsten Jahrgangs im April 1939, war der so gründlich vorbereitete Wechsel vollzogen und der Untertitel eingefügt – er wird bis heute so verwendet, wie er damals als »Aufgabe« formuliert wurde.[117]

Selbst wenn die Einfügung der Religionswissenschaft in das Programm und das herausgebende Personal der »Theologischen Literaturzeitung« durch Clemen und Mensching angeregt worden war und Klotz das zunächst Bauer, darauf Opitz nahebrachte,[118] passt diese Einfügung bestens zu Grund-

115 Klotz an Mensching am 3.11.1938 (StA-L, 22208 J. C. Hinrichs Verlag, Leipzig, Nr. 223, Bl. 43).

116 Diese als »kurze Zusammenfassung« charakterisierte Abrede schickt man laut einem Brief des Verlags vom 5.1.1939 zusammen mit einem Auszug aus dem Herausgebervertrag mit Opitz an Mensching (StA-L, 22208 J. C. Hinrichs Verlag, Leipzig, Nr. 224, Bl. 6).

117 Vgl. die Verlagsmitteilung in ThLZ 64 (1939), 113 f.: »Der Untertitel, den die ThLZ zum ersten Mal in der vorliegenden Nummer trägt, steckt den Rahmen ab, in dem sich die Arbeit auswirken soll. Er drückt vorläufig eine Aufgabe, kein erreichtes Ziel aus. Möchten sich genügend Kräfte finden, um der ThLZ in der theologischen Wissenschaft der Gegenwart die Stellung zu sichern, die ihre Begründer ihr einst zugedacht haben«.

118 In dem »Bericht über Besprechung mit Herrn Lic. Hans Georg Opitz am 12. Oktober 1938 in Leipzig«, StA-L, 22208 J. C. Hinrichs Verlag, Leipzig, Nr. 260, Bl. 10, bei dem zwischen Verleger Klotz und Opitz die Übernahme der Herausgeberschaft besprochen wird, heißt es: »Herr Klotz hebt die wachsende Bedeutung der Religionsgeschichte für die Allgemeinheit hervor. Dem müsse auch die ThLZ durch stärkere Berücksichtigung gerecht wer-

überzeugungen des kirchenhistorischen Netzwerks, zu dem Hans-Georg Opitz zählte. Opitz gehörte wie Kurt Aland, der letztlich seine Nachfolge als Herausgeber bei der »Theologischen Literaturzeitung« übernehmen sollte, zum Schülerkreis des schon mehrfach erwähnten Hans Lietzmann.[119]

Der Neutestamentler und Kirchenhistoriker Lietzmann – in Berlin seit 1923 Nachfolger Harnacks – war anstelle des am 29. Januar 1926 verstorbenen Tübinger Neutestamentlers *Wilhelm Heitmüller* (1869–1926) in den von seinem Freunde Emanuel Hirsch begründeten und von Titius als Obmann angeführten Beirat des Herausgebers eingetreten,[120] hatte allerdings bereits vier Jahre später – wie wir oben sahen (S. 56 f.) – mit Hirsch die »Theologische Literaturzeitung« verlassen. Lietzmann sorgte an vielen Stellen seines akademischen Wirkens dafür, dass der Bezug auf die Theologie durch die Erwähnung der Religionsgeschichte ergänzt wurde, und ermunterte seine Schüler, sich entsprechend zu qualifizieren. Das bekannteste Beispiel ist die Umbenennung der von Harnack begründeten einstigen »Kirchenväter-Kommission« der Preußischen Akademie der Wissenschaften in »Kommission für spätantike Religionsgeschichte«.[121] Da die inzwischen na-

---

den. O. ist der gleichen Meinung, bezeichnet es als sein ganz persönliches Anliegen. Er ist bereit, mehr als 4 Spalten in jeder zweiten Nummer, wie es bisher geschehen ist, dafür zur Verfügung zu stellen, möchte aber Professor Mensching gegenüber seine Stellung als alleiniger Herausgeber gewahrt sehen« (ebd., Bl. 10, S. 2).

119 Vgl. den Nachruf von W. Eltester, Der Beitrag der Geschichte zur Theologie: Hans Lietzmanns Lebenswerk, ThLZ 68 (1943), 1–10.

120 So das Titelblatt des Heftes 5 vom 6.3.1926: ThLZ 51 (1926), 97 f.

121 Wenn ich recht sehe, dann erfolgte die Umbenennung 1940: H. Lietzmann, Jahresbericht 1938. Kommission für spätantike Religionsgeschichte, in: Jahrbuch der Preußischen Akademie der Wissenschaften Jahrgang 1939,

tionalsozialistisch dominierte Kultus- und Wissenschaftsbürokratie erhebliche Vorbehalte gegenüber wissenschaftlicher Theologie konfessioneller Prägung hegte, dürfte die Streichung des Bezugs auf das Christentum durchaus mit (institutionen-)politischen Hintergedanken verbunden gewesen sein; ob das Ziel Lietzmanns letztlich die Rettung der klassischen theologischen Wissenschaft war oder eher die nüchterne Vorbereitung einer unvermeidlichen Transformation, wird sich kaum mehr abschließend klären lassen.[122] Mehrere Schüler von Lietzmann – darunter auch Aland – versuchten, aus der stark von Nationalsozialisten geprägten Theologischen Fakultät in die philosophische zu wechseln; Schülern, die noch vor der Promotion standen, riet der Berliner Kirchenhistoriker zu Berufswechseln in das Verlagswesen oder

---

Berlin 1940, 74–76. Seit 1928 hieß die Kirchenväter-Kommission, deren Leitung Lietzmann übernommen hatte, offiziell »Kommission zur Förderung der kirchlichen und religionsgeschichtlichen Studien im Rahmen der römischen Kaiserzeit« (Adolf Harnack, Protokollbuch der Kirchenväter-Kommission 1897–1928, diplomatische Umschrift von St. Rebenich, Einleitung und kommentierende Anmerkungen von Ch. Markschies, Berlin/New York 2000, 160f.; vgl. zum Thema auch Rebenich, Zwischen Anpassung und Widerstand? Die Berliner Akademie der Wissenschaften von 1933 bis 1945, in: Antike und Altertumswissenschaft in der Zeit von Faschismus und Nationalsozialismus. Kolloquium Universität Zürich 14.–17. Oktober 1998, hg. v. B. Näf [Texts and Studies in the History of Humanities 1], Mandelbachtal/Cambridge 2001, 203–244).

122 Kurt Aland votiert für eine Interpretation als »Taktik«: ders., in: Glanz und Niedergang der deutschen Universität. 50 Jahre deutscher Wissenschaftsgeschichte in Briefen an und von Hans Lietzmann (1892–1942) (wie Anm. 62), 152. Im Februar 1940 bekennt sich Lietzmann allerdings schriftlich gegenüber Mensching deutlich zum Charakter der ThLZ als einer *theologischen* Zeitschrift, s. u. S. 93 mit Anm. 151. – Für die amtlichen Maßnahmen gegen Theologische Fakultäten vgl. beispielsweise Meier, Die Theologischen Fakultäten im Dritten Reich (wie Anm. 58), 436–465.

den Antiquariatsbuchhandel.[123] Im Blick auf politische und kirchenpolitische Optionen in der nationalsozialistischen Diktatur war das Netzwerk um Lietzmann durch Pluralität gekennzeichnet[124] – man folgte aber damit im Grunde wieder der offenen Haltung der Gruppe jüngerer Leipziger Theologen, zu denen Schürer und Harnack gezählt hatten und die einst die »Theologische Literaturzeitung« gegründet hatten.

---

123 So hat es mir ein weiterer Schüler, der Koptologe *Alexander Böhlig* (1912–1996), Ende der achtziger Jahre in Tübingen erzählt; vgl. P. Nagel, Einleitung. Alexander Böhlig – ein Leben für die Wissenschaft vom christlichen Orient, in: A. Böhlig, Die Bibel bei den Manichäern und verwandte Studien, hg. v. P. Nagel u. S. G. Richter (NHMS 80), Leiden 2013, 1–20. Für den geplanten Wechsel von Kurt Aland aus der theologischen in die philosophische Fakultät Mitte 1942 vgl. die folgende Anm. und jetzt (mit wichtigen Korrekturen am bisherigen Bild) M. Keßler, Luthers Schriften für die Gegenwart. Drei konkurrierende Editionsvorhaben in den 1930er und 1940er Jahren, Tübingen 2019, 92–105.

124 Hans-Georg Opitz engagierte sich bei den Thüringer »Deutschen Christen« und im Eisenacher »Entjudungsinstitut« (K. Schwarz, Art. Opitz, Hans-Georg, BBKL VI, Herzberg 1993, 1221–1223, sowie R. Leeb, Zum wissenschaftlichen Profil der an der Fakultät lehrenden Kirchenhistoriker und zur österreichischen evangelischen Protestantengeschichtsschreibung, in: Zeitenwechsel und Beständigkeit. Beiträge zur Geschichte der Evangelisch-Theologischen Fakultät in Wien 1821–1996 [Schriftenreihe des Universitätsarchivs, Universität Wien 10], Wien 1997, [13–48] 34–37). Kurt Aland hielt sich zur »Bekennenden Kirche«, setzte sich schon früh literarisch mit Ludendorff auseinander und legte 1938 vor dem provinzialbrandenburgischen Bruderrat sein erstes Theologisches Examen ab. 1940 prozessierte er (mit negativem Ergebnis), um Mitglied der NSDAP werden zu können, und beantragte 1942 die Versetzung in die Philosophische Fakultät. Seine Verbindungen zum »Institut für Religionswissenschaft« der Hohen Schule der NSDAP und zum Eisenacher Institut bedürfen noch der näheren Untersuchung (einstweilen: M. Hengel, Laudatio Kurt Aland, in: Kurt Aland in memoriam, hg. v. der Hermann-Kunst-Stiftung zur Förderung der neutestamentlichen Textforschung, Münster 1995, 17–34 = ders.,

Das Verlagsarchiv Hinrichs bewahrt das Protokoll einer abschließenden Besprechung zwischen Leopold Klotz und Hans-Georg Opitz im Oktober 1938, aus dem deutlich wird, dass der Geschäftsführer Klotz den bisherigen Herausgeber Bauer vor Ende der Laufzeit seines Vertrages aus dem Amt gebracht sehen wollte, weil die »Theologische Literaturzeitung« als »Zuschussunternehmen« sich nur fortführen lasse, »wenn das materielle Opfer einigermaßen durch das wissenschaftliche Ansehen des Blattes gerechtfertigt werde«.[125] Das wissenschaftliche Ansehen sollte mit Opitz in Zukunft ein Nach-

---

Theologische, historische und biographische Skizzen. Kleine Schriften VII, hg. v. C.-J. Thornton mit einer Würdigung und einem vollständigen Schriftenverzeichnis von J. Frey [WUNT 253], Tübingen 2010, [348–363] 349–359, sowie H. Ludwig, Die Berliner Theologische Fakultät 1933–1945, in: Die Berliner Universität in der NS-Zeit. Bd. 2 Fachbereiche und Fakultäten, hg. v. R. vom Bruch im Auftrag der Senatskommission »Die Berliner Universität und die NS-Zeit. Erinnerung, Verantwortung, Gedenken« unter Mitarbeit v. R. Saarschmidt, Stuttgart 2005, [93–121] 120 Anm. 174/175, und Keßler, Luthers Schriften für die Gegenwart [wie vorige Anmerkung], 75 Anm. 68).

125 »Bericht über Besprechung mit Herrn Lic. Hans Georg Opitz am 12. Oktober 1938 in Leipzig« (verlagsseitig waren neben Klotz seine beiden Mitarbeiter Otto Hubele und Gerhard Schmidt vertreten), StA-L, 22208 J. C. Hinrichs Verlag, Leipzig, Nr. 260, Bl. 10, S. 1. Offenbar war es unter Bauer auch zu einem Stau unpublizierter Manuskripte gekommen, die im Juni 1939 teilweise immer noch im Stehsatz standen (Nr. 261, Bl. 45, anonyme Notiz aus dem Verlag). Opitz erhielt das Honorar, das auch Bauer bezog (»RM 82,50 monatlich zuzüglich RM 22,50 für eine Sekretärin«) (a. a. O., Bl. 10, S. 2; vgl. oben S. 63 mit Anm. 92). Der Schlusssatz des Protokolls zeigt nochmals, wer die Fäden zog: »Zum Schluss stellt Herr Klotz die erfreuliche beiderseitige Uebereinstimmung fest, wie sie die Beratung ergeben habe, und bat O., Herrn Professor Lietzmann davon zu unterrichten und ihm für sein Interesse an der ThLZ zu danken«. Opitz fragte Lietzmann selbst bei der Auswahl neuer Schrifttypen für die ThLZ um Rat (Brief Opitz an Klotz, 19.10.1938, Bl. 14, S. 2).

wuchswissenschaftler garantieren, der nicht nur in den Augen seines akademischen Lehrers Lietzmann als das begabteste jüngere Mitglied des akademischen Netzwerks von Hirsch und Lietzmann galt. Wie sehr Opitz seinem Berliner Lehrer verpflichtet war, zeigen die im ersten Konzept (s. u. im Anhang Nr. 1, S. 181–195) und im Protokoll referierten Ideen des neuen Herausgebers für Veränderungen der »Theologischen Literaturzeitung«; sie werden teilweise explizit als Ideen Lietzmanns eingeführt und dieses Detail zeigt auch, wie stark der Berliner Kirchenhistoriker im Hintergrund des Herausgeberwechsels von Bauer auf Opitz wirkte. Im Konzept vom Juli 1938 schlug Opitz genau die Form von Mitteilungen des Herausgebers vor, die Lietzmann in der »Zeitschrift für die neutestamentliche Wissenschaft und Kunde der älteren Kirche« eingeführt hatte (und sie setzte Opitz als Herausgeber dann auch als einzigen Punkt seines ehrgeizigen Programms tatsächlich um). Aus dem Protokoll vom Oktober 1938 wird deutlich, dass Lietzmann empfohlen hatte, dass man angesichts der gestiegenen Literaturmengen und geringen Rezensentenzahlen stärker mit Sammelberichten arbeiten sollte. Aus dem Verlag kamen allerdings »schwerwiegende Bedenken« gegen ein solches Vorgehen. Man einigte sich schließlich, lediglich Broschüren und Literatur aus Grenzgebieten in Sammelreferaten darzustellen und mehr ausländische Literatur einzubeziehen.[126] Bauer wurde telefonisch um den Rückzug aus der Herausgeberschaft gebeten und stimmte seinem Herauswurf zu.[127] Im daraufhin abgeschlos-

126 »Bericht über Besprechung mit Herrn Lic. Hans Georg Opitz am 12. Oktober 1938 in Leipzig«, StA-L, 22208 J. C. Hinrichs Verlag, Leipzig, Nr. 260, Bl. 10, S. 2. Der Einwand wird vom Verlagsmitarbeiter Dr. Gerhard Schmidt formuliert.

127 Von Dr. Schmidt, Brief Klotz an Opitz vom 26.10.1938, StA-L, 22208 J. C.

senen Vertrag mit Hans-Georg Opitz wurde vom Verlag ausdrücklich festgehalten, dass der neue Herausgeber seine Aufgaben »wie bisher in völliger Unabhängigkeit von wissenschaftlichen oder kirchlichen Richtungen zu erfüllen«, aber auch »geschäftliche Interessen des Verlages« zu berücksichtigen habe, »soweit der wissenschaftliche Zweck es zulässt«.[128]

Bemerkenswert schnell geriet Opitz mit dieser für die »Theologische Literaturzeitung« so grundlegenden Orientierung der nichtpositionalen Positionalität in Konflikt. Schon in seinem Weihnachtsbrief an Klotz 1938 formulierte er, was er für ein gemeinsames Interesse zwischen Herausgeber und Geschäftsführer hielt, nämlich »durch die ThLZ anregend auf die positiven Kräfte auf dem Gebiete der Theologie und Religionswissenschaft wirken zu wollen«.[129] Noch etwas deutlicher schrieb Opitz im Frühjahr 1939, er bemühe sich, »die aufstrebenden Kräfte der jungen Generation nicht nur der theologischen, sondern ebenso der historischen, philologischen und philosophischen Disziplinen heranzuziehen, um das religiöse Problem, insbesondere des deutschen Volkes und Europas unter Berücksichtigung der wirklich erheblichen Bücher des In- und Auslandes zu behandeln«.[130] Leopold Klotz

Hinrichs Verlag, Leipzig, Nr. 260, Bl. 17, S. 1. Klotz orientiert Bauer darüber, »dass wir uns mit dem Kreis um Professor Lietzmann über die Fragen der ThLZ unterhalten haben«, nennt aber zunächst nicht den Namen von Opitz.

128 Verlagsvertrag, Entwurf, StA-L, 22208 J. C. Hinrichs Verlag, Leipzig, Nr. 260, Bl. 32, S. 2. Das unterschriebene Original des Vertrages ist nicht erhalten; es verbrannte vermutlich 1943.

129 Brief Opitz an Klotz, 23.12.1938, StA-L, 22208 J. C. Hinrichs Verlag, Leipzig, Nr. 260, Bl. 38.

130 Mitteilung Opitz (vermutlich an potentielle Rezensenten oder Kollegen gerichtet), 23.3.1939, StA-L, 22208 J. C. Hinrichs Verlag, Leipzig, Nr. 261, Bl. 9.

wusste, was mit solchen Bemerkungen gemeint war, da er die (kirchen-)politischen Orientierungen seines Herausgebers gut kannte. Opitz korrespondierte nämlich mit ihm ausführlich über sein eigenes Engagement im Eisenacher »Entjudungsinstitut«, schickte ihm in erheblichen Mengen Material über dessen Aktivitäten zu und versuchte, die geplanten Publikationen dieser Einrichtung deutscher Landeskirchen bei den Verlagen Hinrichs und Klotz unterzubringen.[131] Leopold Klotz reagierte mit deutlicher Reserve[132] und lehnte die Angebote, Publikationen dieses Instituts zu verlegen, rundweg ab.[133] Daraufhin fühlte Opitz sich bemüßigt zu erklären,

---

131 Entsprechend finden sich in der Verlagskorrespondenz sechs gleichlautende Abschriften von Protokollen, die die »Arbeitskreise« des Instituts zusammenstellen, kurze Abstracts ihrer geplanten Forschungsprofile sowie Namen verantwortlicher Leiter enthalten: StA-L, 22208 J. C. Hinrichs Verlag, Leipzig, Nr. 261, Bl. 24 f.26 f.28 f.30 f.32 f., sowie ein weiteres nicht paginiertes Doppel. Opitz scheint erwartet zu haben, dass Klotz diese Aufstellungen an Autoren wie Verlagsmitarbeiter verteilte.

132 Klotz schrieb Opitz, dass er befürchte, dass »dieses Institut ... nicht den Charakter eines recht wünschenswerten Friedensinstituts haben« werde, und kritisierte die Pläne eines »Volkstestamentes »(Brief an Opitz, 16.5.1939, Nr. 261, Bl. 34). Vgl. zum Institut O. Arnhold, »Entjudung« - Kirche im Abgrund. Die Thüringer Kirchenbewegung Deutsche Christen 1928–1939 und das »Institut zur Erforschung und Beseitigung des jüdischen Einflusses auf das deutsche kirchliche Leben« 1939–1945 (SKI 25/2), Berlin 2010, 455–762, sowie S. Heschel, The Aryan Jesus. Christian Theologians and the Bible in Nazi Germany, Princeton, NJ/London 2008, 67–165.

133 Opitz wollte Klotz dazu gewinnen, das »Volkstestament« des Instituts zu verlegen (Brief an Klotz, 19.5.1939, Nr. 261, Bl. 38, S. 2; zum Projekt neben der Literatur in der voraufgehenden Anmerkung E. Lorenz, Ein Jesusbild im Horizont des Nationalsozialismus. Studien zum Neuen Testament des »Instituts zur Erforschung und Beseitigung des jüdischen Einflusses auf das deutsche kirchliche Leben« [WUNT 2. R. 440], Tübingen 2017, 8–47). Klotz lehnte aber eine briefliche Kommunikation über diese Zusammenhänge ab und vertröstete Opitz auf das nächste persönliche Gespräch (Brief

dass sein Engagement für das Eisenacher Institut seine Position als Herausgeber der »Theologischen Literaturzeitung« nicht tangiere, auch nicht zu Parteilichkeit führen könne und im Übrigen die Forschungen seines Lehrers Lietzmann fortsetze.[134] Ihm ging es nach eigenen Angaben um »die Herausstellung der schöpferischen Initiative der gegenwärtige(n) theologischen Gelehrtengeneration« – und Opitz ließ keinen Zweifel daran, dass er dies für die legitime Fortsetzung der Ideale der Gründungsherausgeber Schürer und Harnack hielt, zumal er ständig betonte, wie sie ebenfalls zu einer jüngeren

---

22.5.1939, Nr. 261, Bl. 39). Opitz versicherte daraufhin, »dass sich aus meiner Beteiligung an dem Institut keinerlei Konflikte für die Leitung der ThLZ ergeben werden« (Brief an Klotz 20.6.1939, Nr. 261, Bl. 46, S. 2). Am Rand hat der Empfänger des Schreibens zu diesem zitierten Satz ein größeres Fragezeichen notiert, das ziemlich wahrscheinlich von Klotz selbst stammt, wie sich aus dem Vergleich mit anderen dieser Satzzeichen in seiner Korrespondenz ergibt.

134 Opitz verteidigte sich und das Institut mit dem Hinweis auf die Verabredungen der »Godesberger Abmachung ... zu einem gemeinsamen Vorgehen in dem verschärften Weltanschauungskampfe« (Brief an Klotz, 19.5.1939, Nr. 261, Bl. 37, S. 1; gemeint ist die »Godesberger Erklärung« vom 26.3.1939, mit der Reichskirchenminister Hanns Kerrl ergebnislos versuchte, die verschiedenen evangelischen Gruppen und Institutionen zu einen. Die Erklärung enthielt den Satz: »Der christliche Glaube ist der unüberbrückbare religiöse Gegensatz zum Judentum«: Dokumente zur Kirchenpolitik des Dritten Reiches, Bd. IV 1937–1939, Vom Wahlerlaß Hitlers bis zur Bildung des Geistlichen Vertrauensrates (Februar 1937–August 1939), bearb. v. G. Grünzinger u. C. Nicolaisen, Gütersloh 2000, Nr. 140.II, 338–340, Zitat 339). Opitz befand sich tatsächlich ganz auf der »Godesberger« Linie, wenn er Klotz schrieb: »Das Judeninstitut fasst unter einem sehr geschickten Titel die wissenschaftlichen Aufgaben der Theologie heute zusammen« (Nr. 261, Bl. 37, S. 2). Seine Arbeit im Institut versuchte er Klotz als Fortsetzung der von Lietzmann bereits angegangenen Aufgabe darzustellen, »die Entstehung der altkatholischen Kirche« erneut zu behandeln, nun aber die neueren Untersuchungen zur »Germanisierung des Christentums« einzu-

Abb. 6: Hans-Georg Opitz (Athanasius-Arbeitsstelle, Erlangen)[135]

beziehen (vgl. dazu H. Ch. Brennecke, Christianisierung der Germanen oder »Germanisierung des Christentums«. Über Ideologisierung und Tabuisierung in der Geschichtsschreibung, in: Klassensitzungsvorträge 2000–2004, hg. v. K. Manger [Akademie gemeinnütziger Wissenschaften zu Erfurt, Geisteswissenschaftliche Klasse, Sitzungsberichte 5], Erfurt 2006, 153–172).

135 Opitz trägt ein Abzeichen, das ihn auch in Zivilkleidung als Angehöriger der »Wehrmacht« ausweist, aber kein Parteiabzeichen der NSDAP, der er als

Generation zu gehören.[136] So entschlossen Klotz offenkundig diese Einstellungen seines Herausgebers ablehnte, so zurückhaltend agierte er im Umgang mit Opitz: Im Verlagsarchiv findet sich ein als »nicht abgeschickt« gekennzeichneter Brief von Leopold Klotz an Hans-Georg Opitz (wohl aus dem Januar 1940), mit dem der Geschäftsführer des Verlags monieren wollte, »dass Sie (sc. Opitz) einerseits Bücher einfordern, die ihrem Thema nach zweifellos nicht in den Rahmen der ThLZ hineingehören, andererseits auch noch die Möglichkeit politischer Missdeutung einschließen. Wir denken hier an die verschiedensten Veröffentlichungen über die Judenfrage, die zum Teil rein lokalen Charakters sind«.[137] »Politische Missdeutung« meinte vermutlich einerseits den von Klotz nicht gewünschten Eindruck bei der Leserschaft, es gebe wegen der Anzeige entsprechender Titel eine engere Verbindung der »Theologischen Literaturzeitung« zur nationalsozialistischen Ideologie.[138] Der Geschäftsführer des Verlags Hinrichs wollte

---

Mitglied Nr. 4.356.742 angehörte (F. Franz Graf-Stuhlhofer, Wiener Evangelische Professoren der Theologie im Spiegel der Gau-Akten. Dokumentation zu Beth, Egli, Entz, Hajek, Hoffmann, Koch, Kühnert, Opitz, Schneider und Wilke, Jahrbuch für die Geschichte des Protestantismus in Österreich 116 (2000/2001), (191–225) 210.

136 Brief Opitz an Klotz 20.6.1939, StA-L, 22208 J. C. Hinrichs Verlag, Leipzig, Nr. 261, Bl. 46, S. 2.

137 Brief Klotz an Opitz, gestempeltes Datum: 4.1.1939, StA-L, 22208 J. C. Hinrichs Verlag, Leipzig, Nr. 261, Bl. 4.

138 G. May, Rez. R. Craemer, Deutschtum im Völkerraum. Geistesgeschichte der ostdeutschen Volkstumspolitik, Bd. 1, Stuttgart 1938, in: ThLZ 65 (1940), 379 f. – Weitere Titel dieser Art finden sich im Jahrgang 1940 nicht, wurden also entweder in Leipzig oder in Berlin nicht mehr vergeben oder nicht gedruckt. Das ist mangels Quellen nicht mehr festzustellen, da die Redaktionskorrespondenz erst für die Jahre 1940 ff. in Fragmenten erhalten ist. Am 20.7.1940 bittet Wendt, den Titel Th. Miller, Schwabentum gegen Ju-

vermutlich andererseits die direkte Auseinandersetzung mit der Weltanschauung des Nationalsozialismus in der Zeitschrift dadurch vermeiden, dass er von ihr geprägte Bücher von einer Besprechung ausgeschlossen sehen wollte. Solche Auseinandersetzungen hätten angesichts der bekannten Distanz des Verlegers Klotz zum Nationalsozialismus mindestens zum Verbot der Literaturzeitung, vermutlich aber auch zum Verbot des Verlages geführt. Jedenfalls beurteilte Leopold Klotz die Lage so.

Der Konflikt des Verlagsgeschäftsführers Klotz mit seinem Herausgeber Opitz über die inhaltliche Ausrichtung der »Theologischen Literaturzeitung« angesichts der deutlichen Parteinahme des neuen Herausgebers für ein mit Hilfe der theologischen Wissenschaft »entjudetes« Christentum, das »die dem deutschen Volk artgemäße nationalsozialistische Weltanschauung« anzuerkennen bereit sein sollte,[139] kam nicht mehr im eigentlichen Sinne zum Ausbruch,[140] weil

---

dentum. Der Kampf um die Judenemanzipation in Württemberg im Spiegel der öffentlichen Meinung, Stuttgart 1939, an den Verlag Kohlhammer zurückzusenden, da er nicht rezensiert werden solle (im Aktenordner Redaktion ThLZ 1938–1945 der EVA Leipzig).

139 So die Formulierung der »Godesberger Erklärung«, auf die Opitz sich in der Korrespondenz mit Klotz bezog: Dokumente zur Kirchenpolitik des Dritten Reiches, Bd. IV 1937–1939 (wie Anm. 134), Nr. 140.II, S. 339.

140 Es taten sich aber immer neue Konfliktfelder auf: Im Juni 1939 kam es auch zu einer Kontroverse über eine Herausgebermitteilung von Opitz über einen Werbeprospekt des (theologisch eindeutig auf die Bekennende Kirche ausgerichteten) Christian Kaiser-Verlags in München, deren Text Klotz beanstandete und nicht drucken wollte. Opitz zog diesen Text daraufhin zurück (Brief Opitz an Klotz, 28.6.1939, Nr. 261, Bl. 55). Am 7.2.1940 forderte Opitz von Klotz, den in Zürich arbeitenden »Halbjuden« *Werner Georg Kümmel* (1905–1995) weniger rezensieren zu lassen (ebd., Bl. 11). Klotz zitierte das Schreiben von Opitz in einem Brief an Lietzmann vom 12.2.1940 und bemerkte zum Abschluss trocken: »Dass Kümmels Urteil so abwegig

Opitz seine herausgeberischen Geschäfte nicht mehr im Sinne seines Programms führen konnte: Ab Juli 1939 befand er sich im Militärdienst, aus dem er im Herbst 1939 noch einmal kurz in die aktive Herausgeberschaft zurückkam. Im Januar 1940 wurde er endgültig einberufen und kehrte auch nicht mehr lebend aus dem militärischen Dienst zurück. Lietzmann kümmerte sich mit Klotz allerdings schon im Sommer 1939 um eine interimistische Lösung für die Herausgeberschaft der »Theologischen Literaturzeitung«, weil klar war, dass Hans-Georg Opitz die Geschäfte im Krieg nicht führen konnte.[141] Zu den vielen Schwierigkeiten, die einer Herausgabe der Zeitschrift nun entgegenstanden, kam noch eine weitere Hiobsbotschaft: Die Forschungsgemeinschaft stellte im September 1939 ihre Zahlungen des Druckkostenzuschusses ein und teilte zudem mit, dass in Zukunft auch keine Subvention der Publikation aus ihren Mitteln mehr zu erwarten sei.[142] Der Verlag Hinrichs reagierte mit einer Ver-

---

sei, kann ich eigentlich nicht finden« (Nr. 204, Bl. 9). – Vgl. zu den Hintergründen: F. W. Graf/A. Waschbüsch, Christian Kaiser Verlag; in: Historisches Lexikon Bayerns, www.historisches-lexikon-bayerns.de/Lexikon/Christian_Kaiser_Verlag (letzter Zugriff am 20.12.2020; publiziert am 13.10.2006), sowie K. F. Ulrichs, Art. Kümmel, Werner Georg, BBKL Bd. 18, Herzberg 2001, 827 f.

141 Brief Klotz an Opitz 12.7.1939, StA-L, 22208 J. C. Hinrichs Verlag, Leipzig, Nr. 262, Bl. 7, und Klotz an Opitz 9.9.1939, Bl. 18. Der Verlag hatte, wie eine Notiz zeigt (12.9.1939, ebd., Bl. 20), eher an Mensching gedacht. Über ein Gespräch mit Lietzmann zur Zukunft der ThLZ berichtete Opitz per Brief vom 31.12.1939 nochmals Klotz (ebd., Bl. 57). Hier wurde noch Lietzmanns Schüler *Walther Eltester* (1899–1976) und nicht Aland als mögliche Vertretung genannt. Am 4.1.1940 stand fest, dass Opitz einberufen werden würde (zum 8.1.1940), und Klotz nahm daraufhin sofort Kontakt zu Lietzmann auf (Brief an Opitz 4.1.1940, Nr. 263, Bl. 2).

142 Brief Klotz an Opitz 20.9.1939, StA-L, 22208 J. C. Hinrichs Verlag, Leipzig, Nr. 262, Bl. 25.

ringerung des Umfangs, vielleicht auch deswegen, weil neben Opitz viele andere Rezensenten aus naheliegenden Gründen ebenfalls nicht mehr zur Verfügung standen. Vermutlich dank der Vermittlung von Lietzmann gelang aber noch einmal die Fortsetzung der Zahlungen bis 1942.

Nachdem Opitz zum 8. Januar 1940 endgültig eingezogen worden war, stand Lietzmann zu seiner zuvor Klotz gegebenen Zusage, den Schüler für die Zeit seines Kriegsdienstes selbst zu vertreten. Er bat aber darum, sich Herausgeberschaft und Redaktion mit seinem Berliner Kollegen, dem Alttestamentler Johannes Hempel,[143] teilen zu können. Allerdings schrieb Hempel bereits am 26. Januar 1940 dem Verlag, dass er ganz plötzlich eingezogen worden sei und (zu seiner Freude, wie er anfügte) schon am folgenden Montag (dem 29. Januar 1940) ins Feld einrücken solle.[144] Exakt an diesem Tag aber setzte man in Leipzig den Brief auf, mit dem man Hempel über Details der interimistischen Herausgeberschaft orientieren wollte (an eben dem 29. Januar 1940); die beiden Briefe überkreuzten sich.[145] Dem Verleger war der zeitweilige

---

143 Zu Hempel vgl. die Literaturnachweise oben S. 62 in Anm. 90.

144 Brief Hempel an Klotz vom 26.1.1940, Brief Klotz an Hempel vom 29.1.1940, in dem Aktenordner Redaktion ThLZ 1938–1945 der EVA Leipzig.

145 Brief Hempel an Klotz vom 26.1.1940, Brief Klotz an Hempel vom 29.1.1940, in dem Aktenordner Redaktion ThLZ 1938-1945 der EVA Leipzig. Vgl. auch Klotz an Mensching vom 29.1.1940, StA–L, 22208 J. C. Hinrichs Verlag, Leipzig, Nr. 226, Bl. 5:
»Lieber Mensching!
Heute neue Ueberraschungen! Hempel teilt uns mit, dass er plötzlich eingezogen sei und das gesamte Redaktionsmaterial der ThLZ bereits an Prof. Lietzmann übergeben habe, der mit Hilfe seines Assistenten die Sache nun allein zu machen bereit sei. An Lietzmann und Hempel habe ich laut Anlage gleichzeitig geschrieben. Ich denke, dass diese zwangsläufige Entwick-

Wechsel der Herausgeberschaft von Opitz auf Lietzmann, wie er Gustav Mensching sehr ehrlich schrieb, durchaus recht:

»Selbst für den Fall, dass, wie ich beinahe annehme, Lietzmann bei seiner grossen Inanspruchnahme, namentlich für Arbeiten der Preussischen Akademie, es vielleicht für notwendig halten wird, dass er sich eines Adlatus bedient, so würde es mir für die ThLZ doch eine sehr glückliche Lösung scheinen, Lietzmanns Namen mit der ThLZ verbunden zu sehen. Ich denke, dieser Auffassung wirst auch Du sein!«[146]

Unumwunden teilte Klotz Mensching auch theologische wie kirchenpolitische Gründe dafür mit, warum er den angedachten interimistischen Mitherausgeber Hempel eher mit gemischten Gefühlen sah:

»Lietzmann hat in der Tat seine vor einem Vierteljahr geäusserte Bereitschaft aufrechterhalten und springt nunmehr für Opitz in die Redaktion ein. Er äusserte allerdings den verständlichen Wunsch, in dieser Arbeit noch eine Unterstützung zu erhalten, und schlug vor, gemeinsam mit seinem alttestamentlichen Kollegen Hempel die Verantwortung für die Dauer von Opitz' Abwesenheit zu übernehmen. … Hempel gehört, wie Dir ja bekannt, zur D. C.-Richtung und ist ebenso wie Opitz seinerzeit dem Eisenacher Institut beigetreten. Wie Du

---

lung Dir vielleicht nicht ganz unlieb sein wird, weil Du es nun für alle Fälle nur mit einem Mitredakteur zu tun hast«.

146 Klotz an Mensching, 4.1.1940, StA-L, 22208 J. C. Hinrichs Verlag, Leipzig, Nr. 226, Bl. 2, vgl. weiter: »Die Neuordnung, die wir seit dem 1. April eingeführt haben, und die sich, wie ich glaube sagen zu dürfen, in diesem ¾ Jahr bewährt hat, soll durch diese Vertretung von Opitz, denn um eine solche handelt es sich ja, nicht berührt werden, insbesondere soll selbstverständlich die Selbstständigkeit der von Dir geleiteten religionswissenschaftlichen Abteilung wie bisher bewahrt bleiben. Dass der Eintritt eines neuen Mannes, der sich in den komplizierten Apparat zunächst hineinfinden muss, zuerst gewisse Schwierigkeiten mit sich bringen wird, ist ja nicht zu vermeiden. Ich bin aber zuversichtlich, dass es bei gutem Willen aller Beteiligten möglich sein wird, diese in kurzer Zeit zu überwinden«.

weisst, habe ich dieses starke Hervortreten in dieser Richtung nicht begrüsst, und umso wertvoller scheint es mir, dass wir in der Person von Lietzmann ein wirksames und ausgleichendes Gegengewicht in der Redaktion haben.«[147]

Daraufhin übernahm Lietzmann die Redaktion zunächst wieder alleinverantwortlich. Während er aber eine ganze Reihe von Projekten, die sein Lehrstuhlvorgänger Harnack an der Preußischen Akademie der Wissenschaften oder mit Verlagen begonnen hatte, (in teilweise durchaus modifizierter Form)

147 Klotz an Mensching, 10.1.1940, StA-L, 22208 J. C. Hinrichs Verlag, Leipzig, Nr. 226, Bl. 3. Ähnlich Klotz an Mensching vom 2.2.1940, Nr. 226, Bl. 7: »Es ist nun also so, dass Lietzmann die ThLZ in der Hand hat, und ich denke, dass es für Dich nur angenehm sein kann, mit einem Namen wie Lietzmann in eine so enge Arbeitsgemeinschaft zu treten. Vertraulich gesagt bin ich nicht sehr traurig über diese Wendung, denn ich sehe damit die ThLZ etwas aus der D.-C.-Atmosphäre gerückt«. Und ebenso schon in einem »Bericht« über die Besprechung mit Lietzmann in dessen Berlin-Wilmersdorfer Wohnung »betreffend Redaktion der ›ThLZ‹« zwischen Klotz und Schmidt sowie Hempel und Lietzmann am 6.1.1940 (datiert vom 8.1.1940; in den Lietzmann betreffenden Akten StA-L, 22208 J. C. Hinrichs Verlag, Leipzig, Nr. 204, Bl. 1): »Der weitere Teil der Unterhaltung lässt deutlich werden, dass Prof. Lietzmann und Prof. Hempel kirchenpolitisch in ganz verschiedenen Lagern stehen. Prof. Hempel nimmt etwa die Stellung wie Lic. Opitz ein und gehört wie dieser dem Eisenacher Unternehmen der Thüringer Deutschen Christen an. Prof. Lietzmann steht auf der anderen Seite und hält die Bemühungen etwa des Eisenacher Unternehmens für ein völlig aussichtloses Unternehmen. Beide Herren schätzen aber gegenseitig ihre wissenschaftlichen Leistungen und glauben darin die Gewähr für eine gute Zusammenarbeit zu erblicken. ... Prof. Hempel verabschiedet sich dann, da er eine Besprechung mit dem Präsidenten des Evang. Oberkirchenrats [Friedrich] Werner [1897–1955; einer der zentralen Unterstützer des Eisenacher Instituts] verabredet hat. Mit Prof. Lietzmann allein wird dann noch einmal kurz die betonte kirchenpolitische Stellungnahme der Herren Hempel und Opitz erörtert. Die Anwesenden sind sich einig, dass der Staat im Ernstfall zwischen den einzelnen Richtungen innerhalb der Kirche keinen Unterschied machen wird«.

fortführte, verspürte er offenbar wenig Lust, sich um die mühsame und zeitraubende Redaktionsarbeit zu kümmern, die mit der Herausgabe der »Theologischen Literaturzeitung« verbunden war. Vielleicht fehlte ihm auch schlicht die Zeit dafür, ein bis zwei Tage der Woche auf das Blatt zu verwenden.[148]

Abb. 7: Hans Lietzmann (1940; Photosammlung der Humboldt-Universität zu Berlin)

148 Eine andere Erklärung findet sich bei seinem Schüler Kurt Aland, s. u. S. 146 mit Anm. 245.

In welches Erbe er eintrat, war ihm offenkundig sehr bewusst: In einem Brief des geschäftsführenden Herausgebers Lietzmann an Klotz wird erkennbar, dass die Diskussionen über die Probleme der theologischen wie kirchenpolitischen Orientierung, die Opitz eingeschlagen hatte, seinem akademischen Lehrer bekannt geworden waren. Er schrieb: »Es liegt mir sehr viel daran, einen sachlich einwandfreien Kurs zu steuern«.[149] Angesichts der regimekritischen politischen Orientierung von Lietzmann war Klotz auch ohne viele Worte klar, dass der Berliner Kirchenhistoriker natürlich nicht den

---

149 Brief Klotz an Lietzmann vom 29.1.1940, im Aktenordner Redaktion ThLZ 1938–1945 der EVA Leipzig. Lietzmann schreibt am 30.1.1940 (auf einem Briefbogen von Opitz):
»Sehr geehrter Herr Klotz,
Nun ist auch Herr Hempel eingezogen, und ich habe mich entschlossen, die Vertretung von Opitz auf meine eigene Kappe zu nehmen. Am Freitag habe ich mit Hempel alle Einzelheiten des Geschäftsgangs besprochen, und seit heute ist der ganze Apparat in meiner Wohnung. Es ist mir nur dadurch möglich geworden, daß ich einen Helfer gefunden habe. Ein sehr tüchtiger junger Vikar namens Wendt ist hier in Berlin und bereit, die Arbeit zu machen. Da er zwar Volksdeutscher ist, aber Brasilianer von Staat, so ist er vor Einberufungen sicher, und man kann mit ihm auf längere Dauer rechnen. Ich hoffe, die Sache wird sich gut einspielen. Schreiben Sie mir bitte noch ein Wort, wieviel Honorar Sie monatlich auswerfen (*handschriftlich von L. ergänzt*: »ich habe das ganz vergessen«), damit ich dem Jüngling sagen kann, was er für seine Mühe bekommt: Das hört der Mensch immer gerne. Sollten Sie weitere kritische Stimmen über die Haltung der ThLZ hören, so bitte ich um Mitteilung. Es liegt mir sehr viel daran, einen sachlich einwandfreien Kurs zu steuern.
Mit den besten Grüßen und
Heil Hitler
ergebenst
H. Lietzmann.«
Lietzmann erhält als Honorar nur noch einen Betrag von 55,- RM zuzüglich 25,- RM für eine Schreibhilfe, wie ihm Klotz am 1.2.1940 (ebd.) mitteilt.

stark von der nationalsozialistischen Ideologie beeinflussten Kurs seines Schülers Opitz im Sinne hatte, als er ihm so schrieb.[150] Außerdem bekannte sich Lietzmann in einem Brief an Mensching ganz dezidiert dazu, die Redaktion »einer theologischen Zeitschrift« zu führen: »und das will die ThLZ doch sein und bleiben«.[151]

---

150 Diese Orientierung wird am besten durch Lietzmanns Mitgliedschaft in der Mittwochs-Gesellschaft dokumentiert: Die Mittwochs-Gesellschaft. Protokolle aus dem geistigen Deutschland 1932 bis 1944, hg. u. eingeleitet v. K. Scholder, Berlin 1982, 378 (Register s. v. Lietzmann). Ein Schüler von Lietzmann, *Carl Andresen* (1909–1985), bezeichnet Lietzmann als »Kanzler« der Mittwochs-Gesellschaft und betont die Freundschaft mit dem als Widerstandskämpfer hingerichteten preußischen Finanzminister *Johannes Popitz* (1884–1945): ders., Art. Lietzmann, Hans, Neue Deutsche Biographie 14, Berlin 1985, 544–546; im Internet zugänglich: www.deutsche-biographie.de/pnd118572865.html#ndbcontent (letzte Abfrage: 20.12.2020). Von Seiten der NSDAP wurde Lietzmann 1934 als (deutschnationaler) »Reaktionär« bezeichnet: Meier, Die Theologischen Fakultäten im Dritten Reich (wie Anm. 58), 385 (mit Nachweisen). Ein Versuch der Einordnung der politischen Haltungen von Lietzmann auch bei W. Kinzig, Evangelische Patristiker und Christliche Archäologen im »Dritten Reich«. Drei Fallstudien: Hans Lietzmann, Hans von Soden, Hermann Wolfgang Beyer, in: Antike und Altertumswissenschaft in der Zeit von Faschismus und Nationalsozialismus (wie Anm. 121), Mandelbachtal/Cambridge 2001, (535–629) 544–558.

151 Brief Lietzmann an Mensching vom 10.2.1940 im Aktenordner Redaktion ThLZ 1938–1945 der EVA Leipzig (der Brief liegt in den Akten auch noch in einer Abschrift). Lietzmann weigerte sich, einen Satz aus einer Mitteilung des Bonner Religionswissenschaftlers *Carl Clemen* (1865–1940) abzudrucken, die nicht nur den Herausgeberwechsel des »Archivs für Religionswissenschaft« (ab ARW 36 [1939]) anzeigte, sondern auch »das Organ unter der neuen Leitung« *begrüsste* (das von Opitz bearbeitete Manuskript der Anzeige liegt ebenfalls im Aktenordner): »Denn die Herren der neuen Leitung des ARW ... haben von ihrer Feindseligkeit gegen Theologie und Christentum nie ein Hehl gemacht – und werden für eine solche Selbsterniedri-

Wie konträr Opitz und Lietzmann die Lage beurteilten, wurde vollends im April 1940 deutlich: Der Verlag Hinrichs hatte einen Hinweis in den Mitteilungen am Schluss des entsprechenden Heftes auf Harnacks zehnten Todestag am 10. Juni 1940 angeregt;[152] Vikar Wendt teilte im Auftrag von Lietzmann mit, dass eine entsprechende Würdigung »bei der jetzigen Lage der theologischen Wissenschaft nicht angebracht« sei.[153] Lietzmann nahm vermutlich an, dass die Erinnerung an die Leistungen seines Lehrstuhlvorgängers die gegenwärtige Trostlosigkeit der Theologie in einem offensiv antichristlichen und antikirchlichen Regime noch viel deutlicher hervorheben würde, als sie ohnehin schon erkennbar sei.

Angesichts seiner vielen Aufgaben zog Lietzmann – wie verschiedene seiner Vorgänger – Mitarbeitende für die alltäglichen Redaktionsaufgaben heran. Seit dem Frühjahr 1940 führte offenbar von der Berlin-Wilmersdorfer Wohnung

gung (sc. *einer Begrüßung in der ThLZ, C. M.*) nur Verachtung haben. Herr Clemen ist offenbar mit diesen Nebenerscheinungen unserer Zeitläufte nicht vertraut. Da muß eben die Redaktion nachhelfen, und auch die Wirkung solcher Entgleisungen auf die Leser und Abonnenten in Rechnung stellen«. Klotz entfernte nicht nur den Gruß aus der Fahne (wie von Lietzmann in einem Brief an ihn vom 10.2.1940 erbeten), sondern strich gleich die ganze Mitteilung. Sie wurde nie publiziert. Am 23.2.1940 schrieb Lietzmann Klotz, Mensching sei mit der Streichung des Satzes einverstanden, habe ihm aber geschrieben, er sei von Opitz eingefügt worden. Das ist ausweislich des erhaltenen Manuskriptes als unzutreffend zu bezeichnen – Opitz hat den Satz lediglich handschriftlich etwas erweitert. »Wir begrüssen« stand schon im maschinenschriftlichen Manuskript von Clemen.

152 Brief Verlag an Lietzmann vom 23.4.1940, StA-L, 22208 J. C. Hinrichs Verlag, Leipzig, Nr. 204, Bl. 13.

153 Brief Wendt an Verlag vom 25.4.1940 im Aktenordner Redaktion ThLZ 1938–1945 der EVA Leipzig. Es erschien schließlich nicht einmal die geplante halbseitige Anzeige der bei Hinrichs lieferbaren Werke Harnacks, die G. Schmidt aus dem Verlag Wendt unter Datum vom 26.4.1940 ankündigte (!).

Lietzmanns aus Hans Wendt die Geschäfte der »Theologischen Literaturzeitung«.[154] Das entsprach der damaligen Konvention, dass die Assistenten eines Ordinarius in dessen häuslichem Arbeitszimmer arbeiteten. Aber die Assistenten von Lietzmann arbeiteten durchaus sehr selbständig; lediglich zentrale Fragen wurden noch mit dem Chef besprochen. Beispielsweise wurde die erfreuliche Nachricht, dass die Forschungsgemeinschaft doch noch einmal den etwas abgesenkten Zuschuss von 1000,- RM im September 1940 für das laufende Jahr zur Verfügung gestellt hatte und daher das letzte Doppelheft November/Dezember in doppelter Stärke mit sechs Bogen gedruckt werden konnte, von Klotz natürlich an Lietzmann gesendet.[155]

---

154 Sowohl die ThLZ 65 (1940), 334, als auch die in einem Brief vom 17.10.1940 an den Verlag mitgeteilte Adresse von Wendt zeigt, dass der Vikar seit Oktober 1940 privat im Berliner Domkandidatenstift wohnte (aber wohl nicht zum Kriegsjahrgang 1939/1940 dieser Institution gehörte; vgl. die Personalakte Wendt aus den Personalakten des Konsistoriums der heutigen EKBO im Evangelischen Zentralarchiv, Signatur ELAB 15/8075). Offenbar war er mit kirchengeschichtlichen Interessen zu Lietzmann gekommen (vgl. Wendts kurzen Hinweis auf K. Müller/H. von Campenhausen, Kirchengeschichte Tl. I/1.2, Tübingen ^{3}1941, ThLZ 65 [1940], 287). Am 24.7.1940 traf er sich in Berlin mit Klotz, der ihn zur Mitarbeit für die »Christliche Welt« einlud und auch nach der Rückkehr von Wendt in seine Heimat nach 1945 weiter mit ihm korrespondierte. Die Reste der Verlagskorrespondenz von Klotz im Besitz der EVA Leipzig bewahren Schreiben aus den Jahren 1952–1954, damals war Wendt am Ginásio »Martin Luther« in Estrêla tätig.

155 Brief Klotz an Lietzmann vom 7.9.1940 im Aktenordner Redaktion ThLZ 1938–1945 der EVA Leipzig. In diesem Monat hofften Lietzmann und Wendt noch auf eine baldige Rückkehr von Opitz (Brief Wendt an Verlag, 20.9. 1940, ebd.). Am 24.1.1942 teilt der Verlag Aland mit, dass rückwirkend auch für 1941 diese Summe als Druckkostenzuschuss bewilligt wurde. Für 1942 wird der Druckkostenzuschuss laut Aland (Brief an den Verlag vom 5.6.1942 im Aktenordner Redaktion ThLZ 1938–1945 der EVA Leipzig) sogar schon im Juni bewilligt.

Auf Hans-Georg Opitz folgte in der Herausgeberschaft nach dem Vikar *Hans Wendt* (1912–1963) zunächst geschäftsführend und dann nach dem Tode von Opitz ab November 1941 eigenverantwortlich *Kurt Aland* (1915–1994).[156] Als Wendt im Dezember 1940 ebenfalls zum Militär eingezogen wurde (er besaß neben der brasilianischen auch die deutsche Staatsbürgerschaft), übernahm *Kurt Aland*, aufgrund einer schweren Verwundung aus dem Krieg zunächst in den Genesungsurlaub und dann als nicht mehr verwendungsfähig nach Berlin zurückgekehrt, die geschäftsführende Herausgeberschaft.[157] Ein reichliches halbes Jahr später war Opitz tot[158]

---

156 Unter den Beständen des Hinrichs-Verlages, die an die EVA in Berlin gingen (s. o. S. 14 Anm. 4), finden sich zwei Aktenordner der Korrespondenz mit Kurt Aland aus den Jahren 1941 bis 1952, die unmittelbar an die im Staatsarchiv Leipzig vorhandene Korrespondenz mit Opitz anschließen. Leider sind die besonders interessanten Jahre 1953 bis 1958 nicht mehr erhalten. Für die verlegerischen Aktivitäten von Aland vgl. auch Keßler, Luthers Schriften für die Gegenwart (wie Anm. 123), 66–111.

157 Vgl. oben S. 29 mit Anm. 28; der erste in der Korrespondenz im Aktenordner Redaktion ThLZ 1938–1945 der EVA Leipzig erhaltene Brief von Aland an den Verlag datiert auf den 16.12.1940. Auf einem Brief von Klotz an Aland vom 18.12.1940, in dem sich der Geschäftsführer für ein Gespräch in Berlin bedankt, ist handschriftlich notiert: »Assistent v. Lietzmann«. Am 10.7.1941 erbittet Aland die Überweisung des Herausgeberhonorars von monatlich 80,- RM auf sein eigenes Konto, nicht mehr auf das von (Frau) Lietzmann (Brief an den Verlag, ebd.). Gleichwohl teilt er am 10.9.1941 (ebd.) mit, dass er mit Lietzmann trotz dessen Krankenhausaufenthalts Details der Vergabe von Rezensionen für die ThLZ besprochen habe.

158 Klotz an Mensching am 23.7.1941, StA-L, 22208 J. C. Hinrichs Verlag, Leipzig, Nr. 227, Bl. 45: »Schliesslich noch eine sehr schmerzliche Nachricht. Gestern erfuhr ich durch ein Telefonat mit Schaeder, dass unser Freund Opitz vor Lemberg gefallen ist. Ich bin sehr traurig darüber. Er gehörte doch schliesslich zu den besonders erfreulichen Erscheinungen unter der jüngeren Theologengeneration. Lietzmann hielt ihn für seinen begabtesten Schüler und hat ihn als seinen Nachfolger haben wollen. Ich habe ihn

und am 25. Juni 1942 starb dann auch nach einer längeren Krankheitsphase Alands väterlicher Lehrer Lietzmann, so dass der Schüler von nun an allein agieren musste.[159] Barbara Aland weist darauf hin, dass er »zwischen 1942 und 1945 sehr

---

in der kurzen Zeit unserer Zusammenarbeit ebenfalls sehr schätzen gelernt und bin über das Unglück, das nun über sein armes, halbtaubes Frauchen hereingekommen ist, recht betrübt. Sicher wirst auch Du Dich gern an ihn erinnern, vielleicht auch noch an den hübschen Abend mit dem Ehepaar Opitz im Januar 1939, als auch Eva und unser Junge dabei waren. Wer hätte damals geahnt, dass zwei der Tischgenossen kurze Zeit später im Felde stehen würden und einer ein Opfer werden musste.«

159 Die kurze Notiz von Schriftleitung und Verlag in der Sommernummer 1942 (ThLZ 67 [1942], 193 f.) fasst zusammen, was die ThLZ Lietzmann verdankte (Text laut Begleitbrief Aland an Verlag vom 26.6.1942 im Aktenordner Redaktion ThLZ 1938–1945 der EVA Leipzig von Aland): »Unter den zahlreichen wissenschaftlichen Unternehmungen, an denen er führend beteiligt war oder die er gefördert hat, steht die Theologische Literaturzeitung nicht an letzter Stelle. Nachdem er lange Zeit hindurch ihrem Redaktionsausschuß angehörte, hat er ihr besonders in den letzten Jahren seine Aufmerksamkeit zugewandt. Nicht nur, daß er einige Monate hindurch selbst die Herausgabe übernahm, sondern vor allen Dingen förderte er auch beide letzte Herausgeber, die sich mit Stolz seine Schüler nennen durften, in steter Anteilnahme in allen Dingen mit Rat und Tat. – Sein Andenken wird unvergessen bleiben, sein Tod legt schwere Verantwortung auf die Schultern aller derer, die nun ohne ihn an den begonnenen Aufgaben weiterarbeiten sollen. Schriftleitung und Verlag der Theologischen Literaturzeitung«. – Die ThLZ druckte einen ausführlichen Nachruf von Lietzmanns Schüler Eltester: ders., Der Beitrag der Geschichte zur Theologie. Hans Lietzmanns Lebenswerk, ThLZ 68 (1943), 1–10, aber in gewisser Weise war auch ein ausführlicher Besprechungsaufsatz von Lietzmanns Berliner praktisch-theologischem Kollegen *Leonhard Fendt* (1881–1957) unter dem Titel »Wozu Theologie?« (ThLZ 67 [1942], 193–200; Rez. M. Dibelius, Wozu Theologie?, Leipzig [Hinrichs] 1941) direkt unter der Todesnachricht eine Explikation eines Theologieverständnisses, das auch Hans Lietzmann geteilt hatte. Jedenfalls bibliographiert es Lietzmanns Schüler *Carl Andresen* so (ders., Art. Lietzmann, Hans [wie Anm. 150]; vgl.

allein« war, »die politische Lage desaströs, seine eigene Zukunft ungewiss«.[160]

Aland agierte als Herausgeber der »Theologischen Literaturzeitung« energisch und ab einem gewissen Punkt (und in bestimmter Hinsicht, wie wir noch sehen werden) auch mutig. Im April 1941 bescheinigte Lietzmann dem von ihm sehr geschätzten Schüler, »die ThLZ ... mit großer Hingebung« zu redigieren.[161] Seit dem November-/Dezemberheft des sechsundsechzigsten Jahrgangs 1941 firmierte Aland nach dem Tode von Opitz auch offiziell im Titel als Herausgeber, der (als Oberassistent) unter Mitwirkung von Mensching, einem Ordinarius, das traditionsreiche Blatt herausgab.[162] Diese

---

dazu auch Berlin, 1929–1932. Eine autobiographische Skizze von Carl Andresen, hg. v. Ch. Markschies, ZAC 16 [2012], 11–24). Aland schrieb an anderer Stelle: Eckart 18 (1942), 246–250.

160 Brief an den Verfasser vom 12.6.2020.

161 Brief Lietzmann an Hans von Soden vom 10.4.1941, zitiert nach: Glanz und Niedergang der deutschen Universität. 50 Jahre deutscher Wissenschaftsgeschichte in Briefen an und von Hans Lietzmann (1892–1942) (wie Anm. 62), Nr. 1179, S. 1020. – Der Brief macht übrigens deutlich, unter welchem Zensurdruck die Zeitschrift steht: Lietzmann bittet von Soden um »einen Leitartikel« für die ThLZ »über alle jetzt erscheinenden Verdeutschungen« der Bibel. Er fügt hinzu: »Ob Sie das sogenannte Probetestament der Deutschen Christen *erwähnen* wollen, stelle ich anheim. *Erörterungen* darüber sind von maßgebender Stelle jedenfalls als unerwünscht bezeichnet und müssen dementsprechend unterbleiben«. Über das »Probetestament« (Die Botschaft Gottes, hg. vom Institut zur Erforschung des jüdischen Einflusses auf das deutsche kirchliche Leben, Leipzig 1940) hat von Soden publiziert, jedoch nicht in der ThLZ: ders., Die synoptische Frage und der geschichtliche Jesus, Essen 1941 (als Handschrift gedruckt) = ders., Urchristentum und Geschichte. Gesammelte Aufsätze und Vorträge, hg. v. H. v. Campenhausen, Bd. 1 Grundsätzliches und Neutestamentliches, mit einem Vorwort v. R. Bultmann, Tübingen 1951, 159–213.

162 Brief Klotz an Mensching vom 27.8.1941, StA-L, 22208 J. C. Hinrichs Verlag, Leipzig, Nr. 227, Bl. 59: »Aland war auf der Rückkehr von seiner Hochzeits-

Rangdifferenz zwischen dem Ordinarius und dem Oberassistenten machte Mensching offenbar Probleme und der Verleger Klotz warb für die gewählte Lösung mit dem Argument, es müsse ja schließlich ein Theologe die »Theologische Literaturzeitung« herausgeben (und also nicht ein Religionswissenschaftler wie Mensching).[163] Lietzmann bestand offenbar auch darauf, dass Aland wie Opitz im Kopftitel der Hefte ex-

reise gestern hier. Er ist als schwerverwundet vom Heer definitiv entlassen und betreibt nunmehr in Berlin unter Lietzmann seine Habilitation. Formell ist er z. Zt. Oberassistent der Theologischen Fakultät, ausserdem Assistent von Lietzmanns Kirchenhistorischem Institut. Seine Habilitationsarbeit über Spener ist angenommen.

Lietzmann hatte bekanntlich in Vertretung des einberufenen Opitz die Redaktion der ThLZ übernommen, die wesentliche Arbeit aber daran seinem jeweiligen Assistenten, früher Wendt, zuletzt Aland, überlassen. Das war jedoch nur als eine vorübergehende Vertretungslösung gedacht. Nach dem Tode von Opitz soll er sich aber bereit erklärt haben, die ThLZ weiter in der Hand zu behalten unter der Voraussetzung, dass ihm Aland zur Seite bleibt.

Ich habe nun mit Aland vereinbart, dass mir diese Lösung selbstverständlich nur angenehm sein kann, dass ich jedoch den Wunsch hätte, Lietzmann dann wieder auch als »Zeichnenden« in den Titel des Blattes aufgenommen zu wissen. Darüber kann im Augenblick noch nichts entschieden werden, weil das Befinden von Lietzmann eine Besprechung nicht zulässt. L. hat erst kürzlich eine schwere Operation durchgemacht und steht wahrscheinlich unmittelbar vor einer zweiten (bei Sauerbruch). Ich werde versuchen, den Vorschlag event[uell] durch Frau Lietzmann unterbreiten zu lassen. An dem bisherigen Teilungsverhältnis in Bezug auf die Religionswissenschaft und Deine Führung dieser Abteilung soll natürlich nichts geändert werden«. – Die genannte Habilitation erschien als: K. Aland, Spener-Studien (AKG 28 = JBrKG 36/37), Berlin 1943.

163 Brief Klotz an Mensching vom 1.10.1941, StA-L, 22208 J. C. Hinrichs Verlag, Leipzig, Nr. 227, Bl. 67: »Wie Aland zur ThLZ gekommen ist, habe ich Dir ja unter dem 23. v. M. genau berichtet [*dieser Brief ist nicht erhalten*]. Der Fall lag einfach ebenso wie seinerzeit bei Opitz, der ja damals auch nichts anderes war, als was heute Aland noch ist, Lizentiat und Assistent. Plötzlich

plizit als der Verantwortliche bezeichnet werden sollte, und wollte nicht in die damals noch verbreitete Form der Pro-Forma-Nennung des jeweils für den Assistenten zuständigen Ordinarius einwilligen.[164]

Aland agierte allerdings nicht wie eine junge Nachwuchskraft, sondern wie ein erfahrener Herausgeber. Vor allem be-

---

wurde er aber von heute auf morgen Ordinarius in Wien. Dasselbe wird ja nun Aland allerdings nicht passieren.
Ich muss mich aber auch in diesem Fall ebenso wie bei Opitz auf das Zeugnis eines Mannes von Lietzmanns Bedeutung verlassen können und hätte ohne dessen Zustimmung auch nicht riskieren dürfen, von mir aus eine andere Wahl zu treffen. Jetzt wird es zunächst einmal versucht. Die Sache ist nicht leicht, das sieht Aland auch ein. Opitz meinte damals, dass dies [sc. die Herausgeberschaft der ThLZ] in seiner Bedeutung so viel wie ein Lehrstuhl sei, und er hat nicht unrecht. Ich spüre durchaus meine Verantwortung. Aber wen sollte ich holen? Die Führung bei dem Blatt muss doch schliesslich in den Händen eines Theologen bleiben. Sonst hätte ich es ja sehr einfach gehabt, indem ich einfach meinen Freund Mensching gebeten hätte, die ganze Sache zu übernehmen!«

164 Brief Klotz an Mensching vom 20.10.1941, StA-L, 22208 J. C. Hinrichs Verlag, Leipzig, Nr. 227, Bl. 69: »In Berlin habe ich den erst 2 Tage zuvor aus der Klinik entlassenen Professor Lietzmann gesprochen. Er hat übrigens auch einen Sohn verloren. Es war ein sehr schwerer Besuch. Er meinte, ich müsse alle Bedenken zurückstellen und solle ruhig Lic. Aland das Vertrauen schenken. Er bringe viele Voraussetzungen mit, die ihn nach kurzer Einarbeit zu einem tüchtigen Herausgeber machen werden. Auch Professor Eltester, mit dem ich mich darüber unterhielt und erst recht Professor Schaeder waren zuerst auch sehr bedenklich, wussten aber zum Schluss auch keinen besseren Rat.
So kam es also schliesslich zu dem Abschluss mit A. genau unter denselben Voraussetzungen wie mit Opitz. Die seinerzeit aufgestellten Richtlinien [vom 3.1.1939; s. o. S. 75] habe ich ihm zur Kenntnis gegeben.«
Aus der Abschrift eines Briefes von Mensching an Klotz vom 24.10.1941 (Nr. 227, Bl. 74 f.) wird indirekt deutlich, dass Mensching mit Rücktritt von seinem Posten gedroht hatte und Klotz ihn mit dem Argument zum Bleiben bewegen konnte, dass angesichts aggressiv antichristlicher, nationalsozia-

mühte er sich, die Auflage des Blattes zu steigern und ihm neue Rezensenten zuzuführen. Einen Leitartikel über das »Probetestament« der Deutschen Bibelgesellschaft im Zuge der Revision der Lutherbibel von 1938 aus der Feder von *Gerhard Kittel* (1888–1948) konnte Aland (mitsamt dem ganzen Heft zum Normalpreis) in siebzigfacher Ausfertigung Bibelgesellschaften zu Werbezwecken verkaufen – da Kittel der Revisionskommission angehörte, verteidigte er in seinem Beitrag das Ergebnis der Revision mit entschlossenen Worten als einzig möglichen Umgang mit der Übersetzung Martin Luthers.[165] Bereits im März 1941 hatte Aland (ähnlich wie sein Vorgänger Opitz) eine weitere Rubrik eingerichtet (»Neue Bücher – zur Besprechung angefordert«), um die Spanne Zeit zwischen Erscheinen eines Buches und Veröffentlichung einer Besprechung zu verkürzen.[166]

Die erhaltene Redaktionskorrespondenz zeigt allerdings, dass aufgrund der Kriegsverhältnisse starke Verzögerungen beim Erscheinen der einzelnen Hefte auftraten.[167] Englische

---

listischer Religionswissenschaft seine Form von Wissenschaft besonders wertvoll sei und in der ThLZ eine sichere Veröffentlichungsplattform geboten bekomme. Diese Argumentation überzeugte Mensching offensichtlich.

165 G. Kittel, Das Ergebnis der Diskussion um das Probetestament, in: ThLZ 67 (1942), 65–87; Brief Aland an Verlag vom 22.12.1941 und zustimmende Antwort Verlag vom 24.12.1941 (im Aktenordner Redaktion ThLZ 1938–1945 der EVA Leipzig). Für die Diskussion um das »Probetestament« vgl. W. Schanze, Die deutsche Bibel in der evangelischen Kirche Deutschlands: Überblick über die Jahre 1945–1956, JLH 2 (1956), (78–84) 79–81 (mit Bibliographie), sowie: Die Geschichte der Lutherbibelrevision: von 1850 bis 1984, hg. v. K.-D. Fricke u. S. Meurer (AGWB 8), Stuttgart 2001.

166 Brief Aland an Klotz vom 14.3.1941, Brief Klotz an Aland vom 17.3.1941 im Aktenordner Redaktion ThLZ 1938–1945 der EVA Leipzig, Mitteilung von Aland in ThLZ 66 (1941), 165, und Rubrik ebd., 170–174.

167 Brief Verlag an Aland vom 31.1.1941 im Aktenordner Redaktion ThLZ 1938–

Bücher durften gar nicht mehr rezensiert werden und bereits vorliegende Rezensionen wurden nicht mehr gedruckt.[168] Schon im März 1940 orientierte Leopold Klotz den »im Feld stehenden« Opitz, Lietzmann und Mensching darüber, dass das Reichskirchenministerium ihm geschrieben habe, »dass man dort in der letzten Zeit wiederholt Anlass zu Beanstandungen gehabt habe über den Inhalt der ThLZ«.[169] Gelegentlich intervenierte aber auch die »parteiamtliche Prüfungskommission zum Schutze des nationalsozialistischen Schrifttums« der NSDAP (PPK) beim Verlag.[170] Aber auch das

---

1945 der EVA Leipzig kündigt den Umbruch für Nr. 1/2 an und erklärt die Verspätung mit Postproblemen.

168 Brief Aland an Verlag vom 1.2.1942 im Aktenordner Redaktion ThLZ 1938–1945 der EVA Leipzig.

169 Brief Klotz an Mensching vom 12.3.1940, StA-L, 22208 J. C. Hinrichs Verlag, Leipzig, Nr. 226, Bl. 14. Vgl. weiter: »Ich habe mich aufgemacht, um der Sache nachzugehen, und wurde dort von Landgerichtsrat Haugg empfangen. Alles Nähere ersiehst Du aus einem Bericht, den ich gestern darüber an Opitz geschrieben habe. Ich empfehle Dir, in engstem Kontakt mit Lietzmann zu bleiben, der in dieser Angelegenheit für uns übrigens ein glänzender Vertreter sein wird«. – Werner Haugg wurde von Hans Kerrl aus dem Reichsjustizministerium übernommen; zu seiner Funktion vgl. Geschäftsverteilung des Reichskirchenministeriums, in: W. Haugg, Das Reichsministerium für die kirchlichen Angelegenheiten (Schriften zum Staatsaufbau II/ 44), Berlin 1940, 32–36.40–43, sowie S. Schröcker, Die Praxis des Staatskirchenrechts im dritten Reich, Der Staat 20 (1981), (423–448) 431, und H. Kreutzer, Das Reichskirchenministerium im Gefüge der nationalsozialistischen Herrschaft (Schriften des Bundesarchivs 56), Düsseldorf 2000, 95–97 u. ö. – Der Bericht an Opitz ist wohl nicht erhalten; möglicherweise existiert aber noch eine Durchschrift des Schreibens in den erhaltenen Beständen des Ministeriums im Bundesarchiv.

170 Vgl. den Hinweis in einem Brief von Klotz an Mensching vom 18.3.1940, StA-L, 22208 J. C. Hinrichs Verlag, Leipzig, Nr. 226, Bl. 15: »Zu Deiner vertraulichen Kenntnis: Opitz schrieb mir in Sachen ThLZ, dass bei ihm von der Parteiamtlichen Prüfungskommission Auskunft eingeholt wurde,

Verhältnis der beiden Herausgeber war nicht vollkommen spannungsfrei, so beschwerte sich Aland über seinen Mitherausgeber Mensching beim Verlag.[171] Daraus wird erkennbar, dass nicht nur das persönliche Verhältnis nicht ungestört war, sondern auch das nicht einfache Miteinander von Theologie und Religionswissenschaft immer wieder in die Redaktionstätigkeit hineinspielte.

---

warum er in Heft 10 des Jahrgangs das Werk von Erich Seeberg von einem Engländer habe besprechen lassen. Seeberg scheint sich darüber bei der P. P. K. beschwert zu haben!!« (gemeint ist die von John Martin Creed [1889–1940, Ely Professor of Divinity in Cambridge] in englischer Sprache [!] vorgelegte und so auch publizierte Rez. E. Seeberg, Menschwerdung und Geschichte. Aufsätze, Stuttgart o. J., ThLZ 64 [1939], 384 f. Der Ton der Rezension ist freundlich und um deutsch-britische Verständigung bemüht). – Zu weiteren Interventionen von Seeberg vgl. auch unten, S. 141–156).

171 Brief Aland an Klotz vom 25.10.1942 im Aktenordner Redaktion ThLZ 1938–1945 der EVA Leipzig: A. bemängelt die Länge der Rez. W. Betke, Das Heilige im Germanischen, Tübingen 1942, von Mensching und H. Naumann. Er bittet, sie erst im ersten Heft des folgenden Jahrgangs zu setzen und nicht im letzten des laufenden. So geschieht es: ThLZ 68 (1943), 9–13. Aland beschwert sich auch, dass Mensching die Korrekturfahnen für die Rezension der dritten Lieferung des »Reallexikon für Antike und Christentum« (C. Schneider, in: ThLZ 68 [1943], 22–24) angefordert hat, obwohl Lietzmann Mitherausgeber war und es in die Rubrik Kirchengeschichte gehörte (Brief Aland an Verlag vom 12.11.1942 in der EVA Leipzig). Weitere Auseinandersetzungen und ein Gespräch im Verlag im Januar 1943 werden in den Briefen erwähnt, lassen sich aber leider nicht mehr aufhellen. Am 20.6.1943 beschwert sich Aland beim Verlag, Mensching habe Manuskripte entgegen der Geschäftsordnung direkt an den Verlag und nicht zunächst an ihn geschickt (ebd.). In der Korrespondenz des Verlages mit Mensching ist ein Brief erhalten, der Unzufriedenheit Menschings mit den Vereinbarungen vom 3.1.1939 (s. o. S. 75) erkennen lässt (Brief Verlag an Mensching vom 13.11.1941, StA-L, 22208 J. C. Hinrichs Verlag, Leipzig, Nr. 227, Bl. 86).

Zunehmend geriet die »Theologische Literaturzeitung« unter den Einfluss der sich verschärfenden Kriegslage: Die Folgen des dramatischen Ressourcenmangels für die Zeitschrift, beispielsweise des Fehlens von Papier und Druckkapazitäten, bestimmten immer stärker die Korrespondenz zwischen Herausgeber und Verlag ebenso wie die Sorge, dass im Bombenkrieg die eigene Wohnung abbrennen könne und mit ihr die gesammelten Manuskripte für die Zeitschrift.[172] Dann wurde das traditionsreiche Verlagsgebäude des Hinrichs-Verlags in der Leipziger Scherlstraße bei einem Bombenangriff auf das graphische Viertel in der Nacht vom 3. auf den 4. Dezember 1943 getroffen, brannte mehrere Tage und blieb als eine bis auf Keller und Erdgeschoss zerstörte und unbenutzbare Halbruine zurück. Deshalb verlegte der Geschäftsführer Klotz den Betrieb des Verlags weitgehend nach Gotha, wie er in einem bewegenden, vertraulichen Brief an Kurt Aland vom 10. Februar 1944 ankündigte (ediert als An-

---

172 Am 27.11.1943 schreibt Aland dem Verlag (im Aktenordner Redaktion ThLZ 1938–1945 der EVA Leipzig): »Die bei mir noch vorhandenen Titelzettel gehen an Mensching und Sommerlath ab, so dass bei mir zunächst kein Material für die ThLZ mehr vorliegt und der Fortgang der Zeitschrift auch für den Fall gesichert ist, dass meine Wohnung ausbrennen sollte«. Am 11.2.1944 schlug der Verlag (ebd.) Aland vor, alle Materialien nach Wittenberg liefern zu lassen, weil sie dort sicherer seien. Am 18.3.1944 orientierte der Verlag Aland über einen Bombenschaden in der Marburger Druckerei und den möglichen Verlust von Manuskripten (ebd.). Am 15.4.1944 beschwerte sich Aland in recht schroffem Ton beim Verlag über Verzögerungen und wies in ironischem Ton darauf hin, dass man »in der Ära Bauer ja mit durchschlagendem Erfolg« gern »ein Heft aus dem zufällig gerade Vorliegenden« zusammengestellt habe (ebd.). Allerdings stimmte bei Aland gelegentlich auch, wie ein Brief des Verlages vom 6.5.1944 zeigt (ebd.), die Buchführung nicht und er forderte Bücher zweimal zur Rezension für verschiedene Autoren an.

hang 3, S. 198–203). Lediglich ein kleiner Teil der Mitarbeitenden blieb in Leipzig, darunter auch die für die Redaktion der Zeitschrift zuständigen Curt Kunze und Lucie Geist. Die sechs Doppelhefte der »Theologischen Literaturzeitung« im Jahre 1944 waren angesichts der nahezu vollständigen Zerstörung des Leipziger Verlages und des gesamten graphischen Viertels in diesen Zeiten »die einzige theologische Visitenkarte von Hinrichs«.[173] Das letzte Doppelheft der Zeitschrift erschien im November 1944, es umfasste gerade noch vierzig Spalten (mit Rezensionen aus der exegetischen, historischen und systematischen Literatur; die Rubrik der Anzeigen und Mitteilungen fehlte) samt Titelei und Registern für den gesamten Jahrgang. Danach erschienen bis Kriegsende keine Hefte mehr.[174] Alands Mitherausgeber Mensching war seit September 1944 ebenfalls zum Kriegsdienst eingezogen und am 20. November 1944 traf die Vefügung der Reichspresse-

---

173 Brief Klotz an Aland vom 16.2.1944 (im Aktenordner Redaktion ThLZ 1938–1945 der EVA Leipzig): »Meine Briefe zeigen Ihnen ausserdem, dass wir durchaus nicht die Absicht haben, die Flinte ins Korn zu werfen, vielmehr nach den höheren Orts gegebenen Möglichkeiten weiterarbeiten«.

174 Schon am 22.4.1941 schrieb der Verlag an Aland (im Aktenordner Redaktion ThLZ 1938–1945 der EVA Leipzig): »Die Schwierigkeiten im Druckgewerbe nehmen ständig zu. Der Verlag als Auftraggeber hat auf die Reihenfolge der Satz- und Druckarbeiten keinerlei Einfluss mehr. Die Entscheidung liegt jetzt bei der Wehrwirtschaftsstelle, unter deren Kontrolle der Betrieb steht. Wir können aber feststellen, dass die Firma Bauer, Marburg, verhältnismässig noch durchaus zufriedenstellend arbeitet, jedenfalls alles tut, was bei dieser Sachlage möglich ist«. Am 6.11.1944 schrieb der Verlag an Aland, dass in diesem Jahr »ca. 200 Bücher angefordert« worden seien, »eingelaufen sind aber nur ca. 50 Bücher, also etwa 25 % der bestellten« (ebd.). – Die Umbruchsanweisung für das Heft Nr. 11/12 stammt vom 1.9.1944 und sah noch ein deutlich umfangreicheres Heft vor, als es dann erscheinen konnte (ebd.). Vom Papierkontingent musste dann auch das Jahresregister samt Titelei gedruckt werden.

kammer in Leipzig ein, die die Fortsetzung der »Theologischen Literaturzeitung« im Jahr 1945 untersagte.[175] Aland begab sich nach der Zerstörung seiner Berliner Ersatzwohnung bei dem großen Bombenangriff vom 3. Februar 1945 zu seiner Frau nach Wittenberg und überlebte dort die letzten Tage des untergehenden Reiches. Er arbeitete aber praktisch bis zum Kriegsende weiter an der Redaktion der »Theologischen Literaturzeitung«.[176]

Auf den ersten Blick so, als wäre nichts geschehen, setzte Kurt Aland sein Engagement als Herausgeber unter den gänzlich gewandelten Umständen nach dem Ende des Zweiten Weltkriegs fort, ohne wirkliche Unterbrechung.[177] Schon

---

175 Brief Klotz an Aland vom 2.9.1944 (im Aktenordner Redaktion ThLZ 1938-1945 der EVA Leipzig); Brief Klotz an Aland vom 21.11.1944 (ebd.). Klotz machte August Hinderer (1877-1945), den Direktor des Evangelischen Preßverbandes, für die Entscheidung verantwortlich (vgl. S. Höckele, August Hinderer. Weg und Wirken eines Pioniers evangelischer Publizistik [Studien zur christlichen Publizistik 3], Erlangen 2001). Aland schlug am 4.12. 1944 dem Verlag vor (ebd.), ein großes Schlussheft erscheinen zu lassen. Die verbliebenen Mitarbeiter des Leipziger Verlages, Curt Kunze und Lucie Geist, kommentierten am 5.4.1945 in einem Brief an Aland das Scheitern diesbezüglicher Pläne: »Schade, dass der Krieg hier einen Strich durch die Rechnung gemacht hat, denn nachdem Marburg vom Feinde besetzt ist, besteht natürlich keine Möglichkeit, ein solches Abschlussheft herauszubringen. Nicht nur, weil der Stehsatz sich in Marburg befindet, sondern auch, weil unser gesamter Papiervorrat [...] dort lagert und an eine Ersatzbeschaffung bei der geradezu katastrophalen Papierlage nicht gedacht werden kann« (ebd.).

176 Brief Aland an den Verlag vom 20.2.1945 (im Aktenordner Redaktion ThLZ 1938–1945 der EVA Leipzig).

177 Aufgrund der Quellenlage konzentriere ich mich in diesem Abschnitt auf die Jahre 1945 bis 1953: Im Leipziger Sitz der EVA ist ein Hefter erhalten, der die Korrespondenz des Verlages und der Redaktion mit Aland in den Jahren 1950 bis 1953 sammelt (vgl. o. S. 14 Anm. 4). Das letzte Schreiben datiert auf

Abb. 8: Kurt Aland (1988; Wikimedia commons)

den 24.2.1953, am 13.4.1953 wurde Aland wegen »staatsfeindlicher Äußerungen« und angeblicher Verbindungen zur »Kampfgruppe gegen Unmenschlichkeit« (KgU), zum »Untersuchungsausschuss Freiheitlicher Juristen« und zum RIAS sowie wegen Devisenvergehen (Schmuggel von Waren in den westlichen Teil von Berlin) verhaftet. Offenbar konnte Aland diese Vorwürfe entkräften, er wurde nach vier Wochen Einzelhaft wieder freigelassen und behielt seine Professuren (vgl. S. Gerstengarbe/H. Hennig, Opposition, Widerstand und Verfolgung an der Martin-Luther-Universität Halle-Wittenberg 1945–1961. Eine Dokumentation, Leipzig 2009, 626; G. Schenk/R. Meyer, Biographische Studien zu den Mitgliedern des Professorenzirkels »Spirituskreis« [Schriftenreihe zur Geistes- und Sozialgeschichte], Halle 2007, 634, sowie Ch. Stephan, Die stumme Fakultät. Biographische Beiträge zur Geschichte der theologischen Fakultät der Uni-

der erste erhaltene Brief an Klotz nach Zusammenbruch und Kapitulation vom 14. August 1945 – auf brüchigem Papier mit kaum leserlichem Farbband geschrieben – enthält neben einigen Bemerkungen zum Kriegsende in Wittenberg und Berichten aus den Berliner Wissenschaftsinstitutionen Überlegungen zu einem ersten Heft unter neuen Umständen. Aland erwog, den inzwischen wieder eingesetzten und zum »Bischof von Berlin« mutierten Generalsuperintendenten *Otto Dibelius* (1880–1967) um einen Leitaufsatz zu bitten »über irgend ein Thema ..., der bestimmte Dinge noch stärker betont«.[178] An diesem Detail wird erkennbar, wie viel in we-

versität Halle, Dößel 2005, 215 f.). Zu seinem Agieren im weiteren Verlauf des Jahres 1952 vgl. K. Gerhard, Das Universitätsjubiläum »450 Jahre Universität Halle-Wittenberg« – Aushängeschild des Sozialismus?, in: Martin-Luther-Universität Halle-Wittenberg. Hallische Beiträge zur Zeitgeschichte, Heft 13 (Sonderheft: Studentische Beiträge zur Universitäts- und Stadtgeschichte), Halle 2003, 5–32. Eine gründliche Darstellung der Tätigkeit von Aland für die ThLZ müsste diese Zusammenhänge im Kontext der politischen Geschichte der SBZ/DDR, insbesondere der in den Jahren 1952/1953 dramatisch verschärften Auseinandersetzungen zwischen Staat und Kirche, und der Umgestaltung des Bildungswesens behandeln. Sie sind auch bei Bräuer, »... dass die Zeitschrift eine progressivere Tendenz erhält« (wie Anm. 3), nur gestreift, da er das Ende der Herausgeberschaft Aland im Jahre 1958 und die unmittelbare Vorgeschichte behandelt.

178 Brief Aland an Klotz vom 14.8.1945 (im Aktenordner Redaktion ThLZ 1938–1945 der EVA Leipzig, o. P., Bl. 1^r), auf Bl. 1^v heißt es: »Dass unsere – z. T. neuen – Berliner kirchlichen Stellen immer übermässig erleuchtet sind, kann man nicht behaupten«. Zur Rolle von Dibelius bei der kirchlichen Neuordnung in Berlin 1945 vgl. beispielsweise R. Stupperich (unter Mitarbeit von M. Stupperich), Otto Dibelius. Ein evangelischer Bischof im Umbruch der Zeiten, Göttingen 1989, 355–376. In ThLZ 74 (1949), 47 f., wurde die Ansprache veröffentlicht, die der damalige Generalsuperintendent *Friedrich-Wilhelm Krummacher* (1901–1974) »Zur Wahl von Bischof D. Dr. Dibelius zum Vorsitzenden des Rates der EKiD« »im Gottesdienst in der St. Marienkirche am 6.2.1949« gehalten hatte.

nigen Monaten des Jahres 1945 in der wissenschaftlichen und kirchlichen Welt geschehen war: Der Herausgeber der »Theologischen Literaturzeitung« orientierte sich erkennbar auf die neuen Verhältnisse nicht nur in der Theologie, sondern auch in der Evangelischen Kirche. Währenddessen versuchte der Verleger Klotz, sich für seinen Mitherausgeber Mensching zu verwenden: »Mensching ist abgesetzt, bittet mich, für ihn zu plädieren. ... Ich halte mich gewissensmäßig verpflichtet, für ihn einzutreten«.[179] Mensching verschwand 1947 kommentarlos aus der Titelzeile der »Theologischen Literaturzeitung« und verlor seine Mitherausgeberschaft, wurde aber nach wie vor für Rezensionen angefragt.[180] Sommerlath und Aland gaben die Zeitschrift nun allein heraus und verstanden sich offenbar gut: »Ich freue mich immer wieder an unserer Theologischen Literaturzeitung, die man wohl als die führende theologische Zeitschrift bezeichnen darf, was der Umsicht und Tatkraft von Herrn Kollegen Aland zu verdanken ist«, schreibt Sommerlath dem Verleger Leopold Klotz als Reaktion auf ein Glückwunschschreiben zum 65. Geburtstag.[181]

---

179 Brief Klotz an Aland vom 28.12.1945 (im Aktenordner Redaktion ThLZ 1938–1945 der EVA Leipzig). Leider fehlt die Korrespondenz zwischen Aland und Klotz (mit Ausnahme dieses Briefes) ab Sommer 1945 und setzt erst wieder im Januar 1950 ein, so dass die Kämpfe um das erneute Erscheinen der ThLZ nur unvollständig dokumentiert sind. Sie werden daher hier auch nicht mehr ausführlich behandelt.

180 G. M., Rez. C. H. Ratschow, Magie und Religion, Gütersloh 1946, in: ThLZ 72 (1947), 273–276; ders., Rez. H. von Glasenapp, Die Religionen Indiens, Stuttgart 1944, in: ThLZ 73 (1948), 209; ders., Rez. R. Otto, Das Heilige. Über das Irrationale in der Idee des Göttlichen und sein Verhältnis zum Rationalen, München $^{26-28}$1947, in: ThLZ 74 (1949), 731; vgl. ders., Rez. R. Otto, Das Heilige. Über das Irrationale in der Idee des Göttlichen und sein Verhältnis zum Rationalen, München $^{31-35}$1963, in: ThLZ 89 (1964), 743 f.

181 Sommerlath an Klotz am 10.2.1954 (Aktenordner Hinrichs Autoren – Mit-

Zunächst einmal war aber an ein neues Heft nicht zu denken. Vielmehr ging es nach Kriegsende darum, dass die »Theologische Literaturzeitung« überhaupt wieder erscheinen konnte und der traditionsreiche Verlag Hinrichs dafür eine Lizenz erhielt. Das geschah erst am 28. Februar 1947.[182] Neben juristischen Problemen bestanden auch rein praktische Hindernisse: Das Archiv des Hinrichs-Verlages bewahrt Teile einer Korrespondenz mit dem Hilfswerk der Evangelischen Kirche in Deutschland, in der es um Unterstützung bei dem von vielen Umständen erschwerten Wiedererscheinen der »Theologischen Literaturzeitung« nach der kriegsbedingten Zwangspause in den Jahren 1947 und 1948 geht. Allein aufgrund des eingeschränkten Postverkehrs war die Zusendung von Literatur aus dem Ausland nahezu zum Erliegen gekommen. Was das 1945 in Treysa gegründete Hilfswerk[183]

---

arbeiter O-Z, EVA Leipzig). Als Aland 1953 verhaftet wurde (s. o. S. 107), schrieb Sommerlath an Klotz: »Ihre Mitteilung, dass Herr A. in absehbarer Zeit die Arbeit wieder aufnehmen kann, hat mich ganz besonders gefreut. Diese Lösung ist mir auch die allerliebste, da wir in einer sehr schönen Arbeitsgemeinschaft standen und uns auch persönlich nahe gekommen waren« (Brief Sommerlath an Klotz vom 7.4.1953, ebd.).

182 Brief Sommerlath an Klotz vom 28.2.1947: »Mit großer Freude las ich vorhin das Telegramm, in dem Herr Aland mitteilte, dass die ThLZ die Lizenz erhalten hat« (separat überliefert in einem blauen Hefter mit Briefen von und an Sommerlath sowie mit »Widmungsaufsätzen für Prof. Sommerlath z[um] 85. Geb[urtstag]«. Es handelt sich um die Manuskripte, die in ThLZ 99 [1974] gedruckt wurden; welchen Zweck die Zusammenstellung der Manuskripte mit einzelnen Briefen aus der Nachkriegszeit in einer Mappe hatte, ist nicht mehr zu klären. Möglicherweise wurden sie zum Zwecke einer Ansprache bei der Geburtstagsfeier herausgesucht, bei der auch die Aufsätze übergeben wurden).

183 J. M. Wischnath, Kirche in Aktion. Das Evangelische Hilfswerk 1945–1957 und sein Verhältnis zu Kirche und Innerer Mission (AKZG B 14), Göttingen 1986. – Sommerlath vermittelt Klotz über seine ökumenischen Kontakte

an theologischen Veröffentlichungen erhielt, war allerdings für namentlich benannte Empfänger bestimmt und eine Versendung der Leipziger Zeitschrift durch das Zentralbüro in Stuttgart an ausländische Bezieher wurde ebenfalls ausgeschlossen. Papier zum Druck der Literaturzeitung wurde allerdings, vermittelt durch die Innere Mission, an die Leipziger Druckerei geliefert.[184] Schließlich gelang es – wie gesagt – mit vielen Mühen, eine Lizenz für die »Theologische Literaturzeitung« bei den Behörden zu erreichen, aber eben keine für den Verlag, wie Klotz im September 1947 betrübt dem Mitherausgeber Sommerlath mitteilen musste (unten, Anhang 4, S. 204–206). Entsprechend verblieben dem Hinrichs-Verlag nur die Rechte an der Literaturzeitung und die Redaktion (die bis 1987 von Lucie Geist im Restteil des alten Verlagsgebäudes in der Scherlstraße im graphischen Viertel geführt wurde). Die Lizenz selbst wurde über die 1946 gegründete »Evangelische Verlagsanstalt« gehalten; diese Konstruktion eines einzigen, von der Kirche getragenen evangelischen Verlages an der Stelle vieler kleinerer und größerer privater Verlage auf dem

---

im Lutherischen Weltkonvent schon früher den Zugang zu Papierkontingenten (vgl. seinen Brief an Klotz vom 27.8.1946, im Aktenordner Hinrichs Autoren - Mitarbeiter O - Z, EVA Leipzig).

184 Brief Verlag an Hilfswerk, 20.3.1947, StA-L, 22208 J. C. Hinrichs Verlag, Leipzig, Nr. 475, Bl. 2; Brief Hilfswerk an Verlag, 12.6.1947, ebd., Bl. 5; Brief Verlag an Pfarrer Radtke, Zentralbüro Ost des Hilfswerks, 19.4.1948, ebd., Bl. 18. Am 6.7.1948 kündigte wegen der Währungsreform das Hilfswerk sein Abonnement der ThLZ (ebd., Postkarte vor Bl. 25), blieb aber weiter der Ansprechpartner für Papierkontingentzuweisungen. Ein Schreiben des Verlages an das Hilfswerk vom 21.9.1948 zeigt, dass der Mitherausgeber Sommerlath seine Kontakte im Exekutivausschuss des Lutherischen Weltbundes nutzte, um an Papier für die Zeitschrift zu kommen (ebd., Bl. 34). Zum Dank erhält das Hilfswerk ein Belegexemplar (Brief Verlag an Hilfswerk, 7.3.1949, ebd., Bl. 49).

Gebiet der sowjetischen Besatzungszone und dann der Deutschen Demokratischen Republik folgte sowjetischem Vorbild.[185]

Das erste Heft, das dann nach zwei Jahren energischer Bemühungen nach der Zwangspause erschien, wurde nicht nur durch eine pointierte Mitteilung eröffnet,[186] sondern auch durch einen programmatischen Aufsatz – *Carl Edward Schnei-*

185 Zur Gründung der Evangelischen Verlagsanstalt: J. Bulisch, Evangelische Presse in der DDR. »Die Zeichen der Zeit« (1947–1990) (AKIZ. B 43), Göttingen 2006, 52–61.

186 ThLZ 72 (1947), 1 f.: »Ende 1944 wurde die Theologische Literaturzeitung gezwungen, ihr Erscheinen einzustellen. Dank dem Entgegenkommen und der Unterstützung der zuständigen Stellen ist es ihr möglich, jetzt wieder zu erscheinen, und zwar in verstärktem Umfang und vergrößerter Auflage (monatliche Erscheinungsweise, in Heften von möglichst je 32 Seiten Umfang). Die Theologische Literaturzeitung wird dabei bemüht sein, nach besten Kräften den ihr in der gegenwärtigen Situation zufallenden Aufgaben gerecht zu werden. Neben den Buchbesprechungen und zusammenfassenden Sammel- und Leitaufsätzen bringt sie jetzt auch Aufsätze ohne Rezensionscharakter zu wichtigen Problemen der theologischen Wissenschaft wie des kirchlichen Lebens. Dabei sollen auch aktuelle theologische und kirchliche Fragen in der Form einer Aussprache behandelt werden. Der Nachrichtenteil, die Zeitschriftenschau wie die Bibliographie sollen erheblich ausgebaut werden. Bei allen diesen Absichten werden Herausgeber und Verleger der Theologischen Literaturzeitung bemüht sein, die Zeitschrift unter Wahrung ihres bisherigen Charakters noch mehr als früher zu einem Bindeglied zwischen der deutschen und internationalen Theologie zu machen. Die ausgefallenen Jahrgänge 70 und 71 werden durch ein Gesamtregister über Band 1–69 ersetzt, das sich in Vorbereitung befindet und allen wissenschaftlich Arbeitenden ein erwünschtes Hilfsmittel sein wird«. – Das Gesamtregister erschien allerdings nicht. Die Verzettelung der Jahre 1900–1944 war zwar 1950 abgeschlossen (Brief Klotz an Aland vom 31.5.1950, Aktenordner Prof. Aland vom Januar 1950 bis März 1953), schien aber dem Verleger nicht finanzierbar, weil nicht separat an private Kunden lieferbar (wie Aland offenbar annahm).

der (1890–1981), ein amerikanischer reformierter Kirchenhistoriker mit deutschen Studienerfahrungen aus Berlin, Leipzig und Tübingen vom Eden Seminary der United Church of Christ, schrieb über »Ökumenische Verständigung zwischen dem amerikanischen und deutschen Protestantismus«.[187] Auch wenn die Akten der Redaktion über diesen Jahrgang nicht erhalten sind, spricht viel dafür, dass der international schnell wieder vernetzte Sommerlath und nicht Aland diesen Beitrag eingeworben hatte. Im ersten Jahrgang wurden allerdings auch treulich Beiträge publiziert, die Aland schon Ende 1944 vorlagen und von ihm im niemals erschienenen Jahrgang 1945 zum Druck vorgesehen waren.[188] Die allgemeinen Erwartungen an die traditionsreiche Zeitschrift waren hoch. Der Verleger Klotz hoffte (in einem Schreiben an den Mitherausgeber Sommerlath),

---

187 ThLZ 72 (1947), 1–10. – Unter Aland wurden übrigens erstmals in der Geschichte der Literaturzeitung Abbildungen (Zeichnungen) gedruckt: O. Eißfeldt, Der gegenwärtige Stand der Erforschung der in Palästina gefundenen hebräischen Handschriften 10. Hauptmann Philippe Lippens' Bericht über die Entdeckung der Fundhöhle, ThLZ 75 (1950), 145–152. Aus einem Brief des Verlages wird deutlich, dass die ursprünglich geplanten Schwarz-Weiß-Abbildungen nicht abdruckbar waren (an Aland am 24.3.1950, Aktenordner Prof. Aland vom Januar 1950 bis März 1953).

188 O. Eissfeldt, Die Geschichtswerke im Alten Testament, ThLZ 72 (1947), 71–76. Über den Aufsatz, der sich aus einer Rezension von M. Noth, Überlieferungsgeschichtliche Studien, Bd. 1 Die sammelnden und bearbeitenden Geschichtswerke im Alten Testament (Schriften der Königsberger Gelehrten Gesellschaft. Geisteswissenschaftliche Klasse 18/2), Halle 1943, entwickelt hatte, korrespondierte Klotz mit Aland am 6.11.1944 (im Aktenordner Redaktion ThLZ 1938–1945 der EVA Leipzig): Eissfeldt werde eingezogen und habe ihm daher das Manuskript der Anzeige geschickt und vorgeschlagen, sie unter dem schließlich gewählten Titel als Leitaufsatz zu drucken.

»dass sie versprechen kann in Zukunft in der Tat als das führende Organ wissenschaftlicher Theologie deutscher Sprache zu gelten. Ich bin der Zuversicht, dass es der unermüdlichen Tatkraft, Energie und Intelligenz des Herrn Aland gelingen wird unter Ihrer wertvollen Mitarbeit[189] diese Aufgabe zu erfüllen. Die Verantwortung steht in keinem Vergleich gegen früher. Der Krieg hat mit seinen Heimsuchungen, erst recht mit seinen Nachkriegswirkungen auch der Theologie neue Fragestellungen gebracht, ich denke z. B. nur an ihr Verhältnis zur Philosophie, denen es gilt im Rahmen eines solch großen Unternehmens gerecht zu werden. Wir wollen uns darüber freuen, dass die Pflicht [besteht,] erst recht auf der Hut zu sein gegenüber der Inflation theologischer neuer Organe, die begonnen haben uns aus dem Westen zu überschwemmen.«[190]

Nachdem die Zeitschrift wieder regelmäßig erscheinen konnte, wollte Aland sie offenkundig tatsächlich – wie von Klotz erwartet – zu der führenden theologischen Zeitschrift aus dem östlichen Teil Deutschlands ausbauen (und griff dabei auch auf die Tradition der »Theologischen Blätter« zurück[191]), ge-

---

189 Sc. der des Mitherausgebers Sommerlath.

190 Brief Klotz an Sommerlath vom 11.3.1947, in einem blauen Aktendeckel mit verstreuter Korrespondenz an Sommerlath und Widmungsaufsätzen für ihn zum 85. Geburtstag, in der EVA Leipzig. Klotz schließt sich Aland an, »wenn auch ich Sie herzl(ich) bitte der ThLZ nach der unvermeidlich gewesenen Zwangspause wieder Ihre Unterstützung angedeihen zu lassen. Ueber die Art und Weise im einzelnen werden Sie sich ja mit Herrn Aland leicht verständigen«.

191 Deren zur Mitarbeit von Aland eingeladener Gründungsherausgeber Karl Ludwig Schmidt verweigerte sich allerdings (Brief vom 28.7.1947 an den Verlag, Autorenkorrespondenz Hinrichs in der EVA): »In seinem Schreiben hat Herr Aland betont, daß in der neu erstehenden ThLZ auch die Tradition der ThBl gepflegt werden solle. Ich nehme an, daß Ihnen bekannt ist, daß ich nunmehr im dritten Jahr die von unserer Basler Fakultät herausgegebene ThZ redigiere. Durch Benutzung meiner in der ThZ erfolgenden Berichterstattung besteht ohne weiteres eine Orientierungsmöglichkeit. Ferner haben wir in der Schweiz einen Katalog der während der letzten

riet aber dadurch auch in Konflikt mit der Wissenschafts- und Publikationspolitik des neuen ostdeutschen Staates. Insbesondere die frühen fünfziger Jahre waren durch schwere Auseinandersetzungen zwischen Staat, wissenschaftlicher Theologie und verfasster Evangelischer Kirche geprägt. Es ging um den Fortbestand der Theologischen Fakultäten und den kirchlichen Einfluss auf diese Einrichtungen, am Beispiel der Jungen Gemeinden und der Studentengemeinden um den Beitrag der Kirche zur Jugenderziehung und natürlich auch um die Publikationsrechte und -praktiken von Kirche und Theologie. Aland geriet, wie wir noch sehen werden, zweimal in direkten Konflikt mit der Staatsmacht und agierte doch sehr selbstbewusst und scheinbar unbeeindruckt von den Risiken seines Kurses auch für die eigene Person und die Familie. 1955 plante er beispielsweise (wie schon vor 1944) ein vierundzwanzigseitiges Beiblatt zur »Theologischen Literaturzeitung«, um Ergebnisse theologischer Forschung aus der DDR besser präsentieren zu können, erhielt dafür aber keine Genehmigung.[192] Der Zugriff der Staatsmacht wurde

---

Jahre in der Schweiz erschienenen theologischen Publikationen gedruckt. Dieser wie auch die einzelnen ThZ-Hefte sind von uns wie an andere deutsche theologische Fakultäten auch an die Theologische Fakultät Berlin geschickt worden. Offenbar sind diese Zusendungen nur sporadisch oder überhaupt nicht angekommen«.

192 Bräuer, »... dass die Zeitschrift eine progressivere Tendenz erhält«. Der Herausgeberwechsel bei der Theologischen Literaturzeitung 1958–1960 (wie Anm. 3), 580–583. Ein solches »wissenschaftliches Beiblatt« wird schon bei der Besprechung zwischen Aland und Klotz in Gotha am 16./17.9.1944 erwogen, um die ThLZ nach dem Krieg »auf eine breitere Basis zu stellen« (im Aktenordner Redaktion ThLZ 1938–1945 der EVA Leipzig). Zu weiteren Plänen für theologische Zeitschriften in der DDR vgl. Bulisch, Evangelische Presse in der DDR. »Die Zeichen der Zeit« (wie Anm. 185), 165–171. – Aus einem unveröffentlichten Brief von Kurt Aland an Rudolf Hermann

aber nicht nur durch Verhaftungen und Gerichtsverfahren spürbar, sondern erfolgte auch in Gestalt der staatlichen Pressezensur, die wiederum zu Selbstzensur führte: *Friedrich Bartsch* (1898–1978), der im westlichen Teil Berlins wohnende Leiter der im Ostteil beheimateten »Evangelischen Verlagsanstalt«, die ein Imprimatur für alle Publikationen von Hinrichs zu erteilen hatte,[193] wagte es nicht, Artikel der Literaturzeitung, in denen beispielsweise die kirchlichen Verhältnisse in der Sowjetunion kritisch behandelt wurden oder der Kommunismus, zu imprimieren, weil er Probleme für die Lizenz fürchtete.[194] Angesichts der Konzentration der theolo-

---

vom 6.12.1954 (im Nachlass Hermann, EZA 712/257), auf den mich dankenswerterweise Martin Keßler hinwies, werden Umrisse eines Projekts, neben die ThLZ erneut eine »Zeitschrift für wissenschaftliche Theologie« zu stellen, erkennbar. Dieses Vorhaben habe Aland bereits vor 1945 verfolgt, nun erst sei es aber verwirklichbar. Wir können diese Zusammenhänge hier nicht vertiefen.

193 Zu Bartsch vgl. Bulisch, Evangelische Presse in der DDR. »Die Zeichen der Zeit« (wie Anm. 185), 44–48 und A. Braun, Die Evangelische Verlagsanstalt (EVA) 1946–1961, in: Leipziger Jahrbuch zur Buchgeschichte 12 (2003), 107–166; Ch. Links, Das Schicksal der DDR-Verlage. Die Privatisierung und ihre Konsequenzen, Berlin 2009, 280–283. – Vgl. auch die Dokumentation der eigenen Arbeit von Bartsch: ders., Zehn Jahre Evangelische Verlagsanstalt Berlin. Bibliographie der Verlagsarbeit von 1946–1956, Berlin 1956.

194 Vgl. z. B. »Protokoll über den Besuch von Herrn Prof. Aland am 8.9.1950 in Leipzig« (Aktenordner Prof. Aland von Januar 1950 bis März 1953, EVA Leipzig), Bl. 1. Die erwähnten Probleme beziehen sich auf einen – dann doch imprimierten – Beitrag von *Karl Rose*, seit 1948 kirchlicher Bevollmächtigter beim Berliner Magistrat und von 1952–1961 an der Theologischen Fakultät der Humboldt-Universität (H.-D. Döpmann, Zur Geschichte des Spezialfachs Kirchenkunde der Orthodoxie, in: Zur Geschichte der Theologischen Fakultät Berlins, Wissenschaftliche Zeitschrift der Humboldt-Universität zu Berlin. Gesellschaftswissenschaftliche Reihe 34 [1985], [574–579] 574 f.), unter dem Titel »Religion und Kirche in der UdSSR« in den »Berichten und Mitteilungen«: ThLZ 75 (1950), 497–503. Ein Abschnitt des

gischen und kirchlichen Publizistik evangelischer Provenienz wäre ein solcher Lizenzverlust selbstverständlich eine große Katastrophe gewesen. Eine entsprechende Vorsicht stand zudem im Kontext der scharfen Auseinandersetzungen zwischen Staat und Kirche in den frühen fünfziger Jahren des zwanzigsten Jahrhunderts, die hier nicht ausführlicher behandelt werden können. In jedem Fall war die Universität Halle, an der Aland tätig war, ein besonderer Schwerpunkt dieser Auseinandersetzungen.[195]

Auch nach dem Krieg stellte sich eine Fülle von praktischen Problemen einem regelmäßigen Erscheinen entgegen:

Berichts wurde aber offenbar aus Sorge vor Problemen aus dem Satz genommen. Mit Brief vom 28.4.1952 wurde Aland durch Frau Geist davon orientiert, dass Dr. Friedrich Bartsch, der Verlagsleiter der Berliner EVA, die Streichung der Vokabeln »Oberschlesien« und »oberschlesischer Landadel« in M. von Tilling, Rez. M. Witte, Das große Wagnis. Erinnerungen an Eva v. Tiele-Winckler, Stuttgart 1949, u. J. Kist, Charitas Pirckheimer. Ein Frauenleben im Zeitalter des Humanismus und der Reformation (Kleine Allgemeine Schriften zur Philosophie, Theologie und Geschichte. Geschichtliche Reihe 2/3), Bamberg 1948, in: ThLZ 77 (1952), (220–222) 220, verlangte. – Das Thema Selbstzensur und Fremdzensur der ThLZ von 1933 bis 1944 bzw. 1947 bis 1989 kann hier nicht ausführlicher verhandelt werden, wäre aber einer umfänglicheren Behandlung wert; für die Jahre ab 1954 vgl. S. Bräuer/C. Vollnhals, Die staatliche Kontrolle der verlegerischen Arbeit für die evangelische Kirche und Theologie in der DDR, in: »In der DDR gibt es keine Zensur«. Die Evangelische Verlagsanstalt und die Praxis der Druckgenehmigung 1954–1989, hg. v. Bräuer u. Vollnhals, Leipzig 1995, 13–116.

195 F. Stengel, Die Theologischen Fakultäten in der DDR als Problem der Kirchen- und Hochschulpolitik des SED-Staates bis zu ihrer Umwandlung in Sektionen 1970/71 (AKThG 3), Leipzig 1998, 78-97.99–139 sowie 260–294. Für einen Überblick R. Mau, Eingebunden in den Realsozialismus? Die Evangelische Kirche als Problem der SED (Sammlung Vandenhoeck), Göttingen 1994, 41–53, sowie G. Besier, Der SED-Staat und die Kirche. Der Weg in die Anpassung, Gütersloh 1993, 66–139.

Den im Westen Deutschlands lebenden Autoren konnte der Verlag kein Honorar zahlen, sondern nur seinen im Osten ansässigen Autoren (und seinen wenigen Autorinnen). Da die Eigentümer des Hinrichs-Verlags teilweise im Westen lebten, und aufgrund der staatlichen Zwangsbewirtschaftung entstanden erhebliche weitere Schwierigkeiten.[196] Trotz aller Mühen gelang es oft nicht, genügend Rezensenten zu gewinnen, so dass Aland am Ende des ersten Heftes im Jahrgang 1952 einen sehr direkten Appell an die Fachwelt formulierte, zu Rezensionen bereit zu sein.[197] Immer wieder kam es auch zu deutlichen Mahnungen des vielbeschäftigten Herausgebers durch Verlag und Druckerei, weil Termine nicht eingehalten wurden und sich das Erscheinen der Hefte erheblich verzögerte. Der Verleger Klotz musste öfter vermittelnd ein-

---

196 Brief Klotz an Aland vom 11.1.1952 (Aktenordner Prof. Aland vom Januar 1950 bis März 1953, EVA Leipzig); Brief des Verlagsmitarbeiters Otto Hubele an Aland vom 24.3.1952 (ebd.). Für die Details vgl. unten im Kommentar zu Anhang 4, S. 205 mit Anm. 333.

197 Aland, Zum vorliegenden Heft, ThLZ 77 (1952), 63 f.: »Eine Bemerkung sei gestattet: Rund 200 Mitarbeiter haben an dem abgeschlossenen Jahrgang mitgewirkt. Das ist eine sehr große Zahl, immerhin ließe sich aber auch noch eine Steigerung denken. Deshalb ergeht unsere Bitte an alle wissenschaftlich arbeitenden Theologen dahin, daß sie sich der Rezensionsarbeit nicht versagen möchten. Nur wenn jeder hier Hand anlegt, kann die Wissenschaft recht voranschreiten. Es genügt nicht, die eigenen Gedanken in eigenen Werken, und mögen sie noch so umfangreich sein, vorzutragen – dies sei insbesondere den Vertretern des Faches der systematischen Theologie gesagt – es ist auch notwendig, daß man kritisch oder zustimmend zu den Arbeiten anderer Stellung nimmt. Wenn man erwartet, daß seine eigenen Arbeiten schnell und umfassend besprochen werden, sollte man sich der Aufforderung nicht entziehen, wenn das für die Werke anderer erbeten wird«.

198 Am 10.6.1950 wurden in entsprechendem Zusammenhang sogar gleich zwei Briefe aus Gotha nach Halle diktiert (Aktenordner Prof. Aland vom

greifen.[198] Die Stapel nicht vergebener Rezensionsexemplare in West- und Ostberliner Zimmern und in der Leipziger Redaktion müssen immer wieder erheblich gewesen sein.[199] Praktisch jede Woche, oft aber auch jeden zweiten Tag, wurden Briefe und Karten zwischen Aland und der Redaktion in Leipzig oder dem Verleger Klotz in Gotha gewechselt. Immer wieder finden sich auch Spuren des theologisch deutlich

---

Januar 1950 bis März 1953, EVA Leipzig). Aland suchte die Schuld für Verzögerungen stets bei Redaktion oder Druckerei. Am 10.1.1951 teilt Klotz Aland mit, dass von einer (ungenannten) Buchhandlung sieben Abonnements gekündigt wurden. »Wir gingen der Sache nach und erhielten die Auskunft, dass dies lediglich auf die Unzufriedenheit der Bezieher mit dem unregelmäßigen Erscheinen zurückzuführen sei. ... Die Menschen sehen natürlich nicht ein, mit welchen besonderen Schwierigkeiten die Herausgabe der ThLZ verbunden ist, sie haben ja alle keine Ahnung von der Arbeitsbelastung des Herausgebers und ihnen davon etwas zu sagen, hat ja keinen Sinn« (ebd.). Gelegentlich beschwerten sich auch Verlage (Brief Klotz an Aland vom 1.11.1951, ebd., unterrichtete über »einen geharnischten Beschwerdebrief« von De Gruyter, einem Verlag, der Aland durchaus nahestand [vgl. unten S. 126 mit Anm. 211]). Am 10.9.1952 kündigte die Druckerei Hoppe (Borsdorf bei Leipzig), weil sie zu wenig Personal und Papier für den Druck der ThLZ hatte und mit den großen Mengen Stehsatz für bereits gesetzte, aber noch nicht in Heften gedruckte Rezensionen nicht mehr zurechtkam. Am 22.10.1952 schreibt Klotz an Aland: »Inzwischen hat sich herausgestellt, dass die Kündigung von Hoppe allein auf Ihre für ihn auf Dauer untragbaren hohen Ansprüche zurückzuführen ist, denen er sich einfach nicht gewachsen sieht«. Ab ThLZ 79 (1954) wurde, wie Sp. 63 f. auch eigens mitgeteilt wird, in Herrnhut bei der Druckerei gedruckt, die bis 1943 das »Theologische Literaturblatt« druckte.

199 Haendler, Erlebte Kirchengeschichte (wie Anm. 5), 173: »In Alands Berliner Zimmern (in Ost und West) türmten sich die Bücher, die er oft im Alleingang an Rezensenten vergab«. Aland schrieb an den Verlag am 10.8.1950, Bl. 3 (Aktenordner Prof. Aland vom Januar 1950 bis März 1953, EVA Leipzig): »Im Übrigen hoffe ich Ende August/Anfang September auf 1–2 Tage nach Leipzig zu kommen, um eine Bresche in die nicht vergebenen Rezensionsexemplare zu schlagen und ev(en)t(uel)l auch einmal mit der Druckerei

anders als Aland orientierten systematischen Mitherausgebers Sommerlath in den Heften; so gibt es im Jahre 1948 eine eigene Rubrik »Zur Abendmahlsfrage« mit drei Rezensionen zu einem Thema, das dem Leipziger Systematiker sehr am Herzen lag. Allerdings vermied der streng lutherische Theologe, seine kritische Grundhaltung gegenüber einer Verständigung zwischen lutherischen, reformierten und unierten Kirchen über das Abendmahl durch eine einseitige Auswahl von Beiträgen und Rezensenten in der Zeitung zur Geltung zu bringen.[200] Sommerlath folgte also hier streng dem alten Ideal der nichtpositionalen Positionalität, das die Gründungsherausgeber für die »Theologische Literaturzeitung« geprägt hatten, und nicht der Tradition des »Theologischen Literaturblatts«, die ihn eigentlich geformt hatte.

---

persönlich Fühlung zu nehmen«. Auf der anderen Seite vermittelte Aland der ThLZ im selben Jahr 14 amerikanische Abonnenten (Brief Verlag an Aland vom 18.8.1950, ebd.). Am 16.1.1952 bestellt er 25 Exemplare »für Werbezwecke an den Universitäten« (ebd.).

200 ThLZ 73 (1948), 33–39; vgl. E. Sommerlath, Das Abendmahl bei Luther, in: Vom Amt des Altars. Lutherische Beiträge zur Frage des Heiligen Abendmahls, hg. v. H. Sasse unter Mitarbeit von R. Frölich, Leipzig 1941, 95–132; ders./J. Schniewind, Abendmahlsgespräch, hg. v. E. Schlink, Berlin 1952 (darin: E. S., Der Stand der Abendmahlsfrage, a. a. O., 23–54); ders., Auf dem Weg zu einer Einheit?, Kritische Anmerkungen zu den Arnoldshainer Abendmahlsthesen, ELKZ 13 (1959), 33–38. In der Rubrik »Berichte und Mitteilungen«, ThLZ 76 (1951), 187, war der Band »Abendmahlsgespräch« bereits von Aland angekündigt worden; mit diesen Bemerkungen leitete der Herausgeber (und nicht der am Gespräch beteiligte Sommerlath) den Bericht von Schniewind über das erste Abendmahlsgespräch 1947 in Frankfurt am Main ein (J. S., Bericht über ein Abendmahlsgespräch evangelischer Professoren, ebd., 187–192). – Mein Vater erzählte gern die Geschichte, dass Sommerlath ihn vor dem Besuch des 6. Deutschen Evangelischen Kirchentags in Leipzig 1954 warnte; man könne ja nicht wissen, ob einem vielleicht ein reformierter Geistlicher das Abendmahl reichen würde.

Aland, der seit 1947 eine doppelte Professur in Berlin (Extraordinariat) und Halle (Ordinariat) bekleidet hatte,[201] sah sich als Herausgeber erkennbar in einer *Berliner* kirchenhistorischen Tradition – so verkürzte er im Grußwort der Herausgeber und Verleger zum fünfundsiebzigsten Jahrgang der »Theologischen Literaturzeitung« 1950 die »großen Namen ..., die im Laufe ihrer Geschichte für sie Verantwortung getragen haben« auf die beiden Kirchenhistoriker Harnack und Lietzmann, die er explizit nannte. Er versuchte mithin, das (die tatsächlichen Zusammenhänge stark verkürzende) Narrativ einer Berliner kirchenhistorischen Herausgeberkette von Harnack über Lietzmann bis zu sich selbst zu etablieren.[202]

---

201 Aland an den Verlag am 14.3.1950, Bl. 2: »Ich bin jede Woche von Montag früh bis Mittwoch mittag in Berlin, von Mittwoch abend bis Sonntag abend in Halle. ... Wenn in die Woche Feiertage fallen, kann diese Regel natürlich eine Durchbrechung erfahren« (Aktenordner Prof. Aland vom Januar 1950 bis März 1953). Aus einem Schreiben vom 31.5.1950 geht hervor, dass Aland inzwischen 175,- DM Herausgeberhonorar und zusätzlich 300,- DM als steuerfreie Aufwandsentschädigung pro Monat erhält (Brief Hauser an Aland vom 31.5.1950, ebd.). Die Trennung in Honorar und Aufwandsentschädigung erfolgt lediglich aus steuertechnischen Gründen (Brief Hauser an Aland vom 12.6.1950, ebd.). Klotz an H. Schuster am 29.9. 1952 (Aktenordner Hinrichs Autoren - Mitarbeiter O - Z, EVA Leipzig): »Aland ist für die gegenwärtige theologische Wissenschaft ein Phänomen. Schon allein, was seine Leistung betrifft. Das erfolgreiche Wiedererstehen der ThLZ ist im wesentlichen sein Verdienst, und ich höre nicht auf, seinem Lehrer Lietzmann, der ihn mir empfohlen hat, dafür dankbar zu sein.«

202 Herausgeber und Verleger der Theologischen Literaturzeitung, 75 Jahre Theologische Literaturzeitung, ThLZ 75 (1950), 1 f. – Das hier referierte Detail spricht dafür, dass Aland (und nicht sein Mitherausgeber Sommerlath) den Text formuliert hatte. Aus dem Aktenordner Prof. Aland vom Januar 1950 bis März 1953 (EVA Leipzig, vgl. oben S. 14 Anm. 4) wird deutlich, dass Aland in den frühen 1950er Jahren der Berliner Pfarrer Rudolf (bzw. Rudi) Belan (1916–1967; seit 1952 Pfarrer in Berlin-Wedding) bei der Herausgabe zur Hand ging, den er schon aus der kirchlichen Jugendarbeit in Berlin-

Klotz widersprach Aland, als er diese Sicht 1952 in einem Almanach der EVA wiederholen wollte, recht deutlich und schlug ihm sogar eine Formulierung für die Publikation vor, um die Abfolge der Herausgeber korrekt festzuhalten: »Im Dezember 1940 war es, als der Unterzeichnete (sc. *Aland, C. M.*) auf den Vorschlag von Hans Lietzmann vom Verlag mit der Herausgabe der ThLZ betraut wurde«.[203] Ungeachtet solcher Details stand Aland Lietzmann, den er verehrte, natürlich ungleich näher als Harnack. Zum hundersten Geburtstag Harnacks wurden entsprechend in der »Theologischen Literaturzeitung« zusammen mit einer knappen Einleitung des Herausgebers Aland nur die zwei Gedenkreden nachgedruckt, die

---

Steglitz kannte (A. Salomon, Sehen wir den Tatsachen ins Auge. Ein Zeitzeuge des Kirchenkampfs berichtet [Calwer Taschenbibliothek 22], Stuttgart 1991, 20–23, und jetzt ausführlich A. Beutel, Erich Klapproth – Kämpfer an den Fronten. Das kurze Leben eines Hoffnungsträgers der Bekennenden Kirche, Tübingen 2019, 5–35).

203 Brief Klotz an Aland vom 16.6.1952 (Aktenordner Prof. Aland vom Januar 1950 bis März 1953, EVA Leipzig): »Den Rückblick darf ich Sie aber bitten, ein klein wenig zu ändern, denn Lietzmann konnte keinen ›Auftrag‹ erteilen. Lietzmann stand mir, nachdem ich Walter Bauer gekündigt hatte, für das weitere Schicksal der ThLZ neben Professor Schaeder beratend zur Seite. Beide Herren haben mir dann Opitz empfohlen. Das war im Frühjahr 1939. Man ahnte noch nichts vom Krieg und erst recht nicht, dass Opitz eingezogen werden konnte. Als dieses Pech dann eintrat, hat sich Lietzmann vorübergehend ein halbes Jahr ›in Vertretung‹ zur Verfügung gestellt, schickte mir aber dann Herrn Wendt, der nur eine Nummer, 1940 Nr. 11, bauen konnte, weil er dann ebenfalls eingezogen wurde. Zum Glück wurden dann Sie vom Militär entlassen und konnten mir von Lietzmann zur weiteren vorläufigen Vertretung von Opitz empfohlen werden, um dann nach dessen Tod selbst als Herausgeber, vorläufig noch zusammen mit Mensching, zu zeichnen. Es würde missverständlich sein, wenn jetzt bei diesem Rückblick gesagt würde: ›dass der Unterzeichnete von Hans Lietzmann den Auftrag erhalten habe, an seiner Stelle die ThLZ zu redigie-

Hans Lietzmann und Dietrich Bonhoeffer bei der Gedächtnisfeier der Kaiser Wilhelm-Gesellschaft zur Förderung der Wissenschaften für den am 10. Juni 1930 verstorbenen Gründungsherausgeber eine knappe Woche später in Berlin gehalten hatten.[204] Aland war davon überzeugt, »daß wir vielleicht nicht vor einer Harnackrenaissance, wohl aber vor einer Wiederkehr der Fragen stehen, welche seine Zeit bewegt haben«.[205]

Alands engagierte Tätigkeit für die Zeitschrift unter zunehmend schwierigen politischen Umständen fand ein abruptes Ende, als er sich 1958 einer weiteren Verhaftung nach einer öffentlichen Kampagne gegen ihn und der Entlassung aus dem Ordinariat in Halle durch Flucht in den westlichen Teil Berlins

---

ren‹, denn formal war ja nicht Lietzmann in dieser Eigenschaft Ihr Vorgänger, sondern Opitz. Er hätte auch nie daran gedacht, offizieller Herausgeber werden zu wollen, sondern begnügte sich damit, in den Uebergangsjahren nach Walter Bauer mit als Helfer und Berater zu dienen, denn die ganze Sache stand ja damals auf Spitz und Knopf«. – Gemeint ist *Hans Heinrich Schaeder* (1896–1957), Iranist und Orientalist, der seinerzeit an der Berliner Universität lehrte und bereits bei Hinrichs veröffentlicht hatte: Goethes Erlebnis des Ostens, Leipzig 1938.

204 Adolf v. Harnack zum Gedächtnis, Berlin 1930, 5–11 (Lietzmann) und 15 f. (Bonhoeffer) = ThLZ 76 (1951), 246–250 (Lietzmann) und 250 (Bonhoeffer).

205 Aland, Adolf von Harnack (7. Mai 1851 – 10. Juni 1930), ThLZ 76 (1951), (246 f.) 246. – Aland veröffentlichte aber bei Hinrichs (und also in Lizenz bei der EVA) die Reden der Gedenkfeier der Berliner Fakultät: Adolf Harnack in memoriam: Reden zum 100. Geburtstag am 7. Mai 1951, gehalten bei der Gedenkfeier der Theologischen Fakultät der Humboldt-Universität, Berlin, mit Beiträgen von K. Aland, W. Elliger u. O. Dibelius, Berlin 1951. – Eltester äußert sich viel deutlicher in seiner Rezension von A. von Zahn-Harnack, Adolf von Harnack, 2., verb. Aufl. Berlin 1951, in: ThLZ 76 (1951), 736–740: Harnacks » Eintreten für die Weimarer Republik gegen die Rechtsparteien, für Ebert und Marx gegen Hindenburg muß heute in einem andern Lichte erscheinen, als es 1925 unserm deutschen Bürgertum sich darstellte, von 1936 ganz zu schweigen, wo man derartige Häresien allen-

entzog.[206] Schon bei seiner ersten Verhaftung 1953 (einem Jahr schwerer politischer Auseinandersetzungen) war zunächst von Klotz daran gedacht, die »Theologische Literaturzeitung« Alands Berliner kirchenhistorischem Kollegen *Walter Elliger* (1903–1985)[207] zu übergeben, wie wir aus einem Brief an den ehemaligen Herausgeber Hermann Schuster wissen, mit dem der Gothaer Verleger korrespondierte und immer noch Pläne hatte.[208] Da Aland 1952 wieder freigelassen wurde, kam es le-

---

falls einem Toten durchgehen ließ. Auch diejenigen, die damals glaubten, aus vaterländischem Gefühl heraus sich anders stellen zu müssen, werden heute die tiefe politische Weisheit Harnacks bewundern, die eine einzigartige Stunde für den bürgerlichen Liberalismus gekommen sah. Diese Stunde für die Kräfte der Mitte hat heute in einer andern Welt und unter gänzlich veränderten Verhältnissen noch einmal geschlagen. Das ist die Chance unserer Zeit«.

206 Bräuer, »... dass die Zeitschrift eine progressivere Tendenz erhält«. Der Herausgeberwechsel bei der Theologischen Literaturzeitung 1958–1960 (wie Anm. 3), 577–600; Petzoldt, Gründung und Entwicklung der »Theologischen Literaturzeitung« und die Mitarbeit von Leipziger Universitätstheologen (wie Anm. 3), 361; Stengel, Die Theologischen Fakultäten in der DDR als Problem der Kirchen- und Hochschulpolitik des SED-Staates bis zu ihrer Umwandlung in Sektionen 1970/71 (wie Anm. 195), 260–294.

207 S. Bräuer, »Kein Feind unserer Republik, sagt aber, was er meint«. Der Berliner Kirchenhistoriker Walter Elliger (1903–1985), ZThK 102 (2005), 435–471, sowie N. Friedrich, Walter Elliger als Kirchenhistoriker in drei politischen Systemen, in: Vom Ertrag der neueren Kirchengeschichte für Kirche und Gesellschaft, hg. v. J.-Ch. Kaiser, Marburg 2008, 105–120.

208 Brief Klotz an Schuster vom 29.4.1953 (Aktenordner Hinrichs Autoren – Mitarbeiter O – Z, EVA Leipzig): »Dass Sie sich wegen der ThLZ in Unruhe befinden, kann ich gut verstehen. Ich hatte grosse Sorge um dieses Unternehmen gehabt. Die vorläufige Behinderung des bisherigen Herausgebers wurde aber dadurch behoben, dass sein Berliner Kollege, Herr Professor Walter Elliger, sich bereit erklärte, stellvertretend die Herausgabe zu übernehmen. Es ist dies eine sehr willkommene Lösung, für die insbesondere die Herren Eissfeldt, Rost und Sommerlath eintraten. Selbstverständlich

diglich zu erneuten Verzögerungen beim Erscheinen, aber noch nicht zu einem regelrechten Herausgeberwechsel von Aland zum Kirchenhistoriker Elliger und dem Alttestamentler *Leonhard Rost* (1896–1976). Leider lässt sich nicht genau aufhellen, was sich hinter Gerüchten verbirgt, die drei mitteldeutschen Alttestamentler *Albrecht Alt* in Leipzig (1883– 1956), *Otto Eißfeldt* in Halle (1887–1973)[209] und *Rudolf Meyer* in Jena (1909–1991) hätten versucht, die »Theologische Literaturzeitung« in ihre Hand zu bekommen, um sie als Organ der Evangelischen Theologie in der DDR zu retten. Alt und Eißfeldt hatten seit Vorkriegszeiten (Alt durchaus konfliktreiche) Beziehungen zum Hinrichs-Verlag, fungierten auch als Herausgeber von Zeitschriften des Leipziger Hauses, während Meyer sich vor dem Krieg eher in Richtung des Eisenacher Instituts orientiert hatte, obwohl er in Leipzig bei Alt (aber auch bei *Johannes Leipoldt* [1880–1965]) ausgebildet worden war.[210]

war es nicht zu vermeiden, dass eine Unterbrechung im Weitererscheinen eintrat. ... Im Übrigen besteht begründete Aussicht, dass dieses Interregnum nicht allzu lange dauert, und der bisherige Herausgeber seine Aufgabe wieder bald wird aufnehmen können.« Eine entsprechende Bestätigung von Sommerlath ist in einem Brief vom 7.4.1953 (s. o. S. 110 mit Anm. 181) erhalten; Eißfeldt und Rost wurden eingeschaltet, um mit Elliger zu sprechen (Brief Klotz an Sommerlath vom 25.3.1953, s. o.). Vorher war Sommerlath angefragt worden, gemeinsam mit Alands Assistent die Vertretung zu übernehmen (Brief Klotz an Sommerlath vom 20.3.1953, s. o.), hatte aber offenbar abgelehnt. – Die ganze Angelegenheit kann hier natürlich nicht erschöpfend dargestellt werden.

209 Für beide Alttestamentler existiert Korrespondenz mit dem Verlag Hinrichs: StA-L, 22208 J. C. Hinrichs Verlag, Leipzig, Nr. 006–008 (Alt) sowie 071–073 und 490 (Eißfeldt); zu den Wissenschaftlern vgl. R. Smend, Kritiker und Exegeten. Portraitskizzen zu vier Jahrhunderten alttestamentlicher Wissenschaft (wie Anm. 90), 648–677 (Alt) sowie 691–707 (Eißfeldt).

210 Dazu ausführlich D. Schuster, Die Lehre vom »arischen« Christentum. Das wissenschaftliche Selbstverständnis im Eisenacher »Entjudungsinstitut«

Der schon 1952 drohende Herausgeberwechsel wurde indes nach der »Republikflucht« von Aland fünf Jahre später unausweichlich. Obwohl der Herausgeber nach seinem mit Otto Dibelius abgesprochenen »Grenzübertritt« versuchte, mit Manuskripten, die zum Druck in kommenden Nummern vorgesehen waren, die traditionelle Zeitschrift im westlichen Teil Deutschlands fortzusetzen,[211] gelang in Leipzig mit Kopien eben dieser Manuskripte die Konsolidierung un-

(Kirche – Konfession – Religion 70), Göttingen 2017, 199–208. Im Krieg erschien eine Monographie, die aus den Forschungen zum Artikel προφήτης für das ThWNT hervorgegangen war: Der Prophet aus Galiläa. Studie zum Jesusbild der drei ersten Evangelien, Leipzig (Lunkenbein) 1940 = Darmstadt 1970. Das Buch wurde in der ThLZ durch Walter Grundmann und also gleichsam innerhalb des Eisenacher Instituts rezensiert: ThLZ 67 (1942), 219–221. Der Artikel erschien deutlich später: ders., Art. προφήτης κτλ., C. Prophetentum und Propheten im Judentum der hellenistisch-römischen Zeit, ThWNT VI, Stuttgart 1959, 813–828. Die implizit gesetzte Grundthese, Jesus sei ein Galiläer (und kein Jude) gewesen, wurde von Albrecht Alt mit einem präzisen Vortrag ins Reich ideologischer Legenden verwiesen: A. Alt, Galiläische Probleme, PJb 35 (1939), 4–82 = ders., Kleine Schriften zur Geschichte des Volkes Israel Bd. 2, München ²1964, 407–423; zur Sache auch R. Deines, Jesus der Galiläer. Traditionsgeschichte und Genese eines antisemitischen Konstrukts bei Walter Grundmann, in: Walter Grundmann. Ein Neutestamentler im Dritten Reich, hg. v. R. Deines, V. Leppin u. K.-W. Niebuhr (AKThG 21), Leipzig 2007, 43–131. – In meinem Dienstzimmer in der Theologischen Fakultät der Friedrich-Schiller-Universität Jena, wo ich ab 1994 einen Lehrstuhl für Kirchengeschichte bekleidete, befanden sich noch wissenschaftliche und private Nachlassmaterialien von Leipoldt, die von den Erben seinem Schüler Meyer übergeben worden waren. Auch Leipoldt engagierte sich im Eisenacher Institut.

211 Da Aland bis kurz vor seinem Tod 1994 als Nachfolger seines Lehrers Lietzmann De Gruyter bei seinem theologischen Programm beriet, spricht manches dafür, dass er eine Neugründung mit diesem Verlag plante. Es ist mir allerdings noch nicht gelungen, entsprechende Dokumente im Archiv des Verlages zu finden.

ter den bisherigen Verhältnissen und der verbliebene Mitherausgeber Sommerlath übernahm (im Alter von siebzig Jahren), unterstützt von seinen Schülern Ernst-Heinz Amberg und Ulrich Kühn sowie weiteren Mitherausgebern, die Fortführung.

Damit sind wir mit den historischen Informationen zu kirchenhistorischen Herausgebern der »Theologischen Literaturzeitung« fast schon in der Gegenwart angekommen, denn nach der Flucht von Aland wurde das Organ von Systematikern und einem Neutestamentler herausgegeben. Nach unseren Anmerkungen zu den bisher als geschäftsführende Herausgeber tätigen Kirchenhistorikern können wir nun die Programmatiken analysieren, die unter ihrer jeweiligen Herausgeberschaft die Zeitschrift prägten oder mindestens prägen sollten. Am Ende werden einige Schlussüberlegungen zu Gegenwart und Zukunft des traditionsreichen Rezensionsorgans stehen.

2 Zur Programmatik der kirchenhistorischen Herausgeber

Harnack, Hirsch, Lietzmann, Opitz und Aland: Über die genannten Kirchenhistoriker als Herausgeber der »Theologischen Literaturzeitung« könnte man nun in sehr verschiedener Weise im Zusammenhang des gerade erfolgten Wechsels von einem systematischen Theologen und Religionsphilosophen auf einen Kirchenhistoriker in der Herausgeberschaft der »Theologischen Literaturzeitung« handeln. Im folgenden Abschnitt soll es allerdings, wie gesagt, nicht um das individuelle Profil der vier Kirchenhistoriker als Rezensenten gehen und auch nicht um einzelne Rezensionen – vor allem der lange Jahre überaus fleißige Rezensent Harnack,[212] der sehr pointierte Hirsch[213] und der vor 1945 stark als Rezensent en-

---

212 Allein im ersten Jahrgang der ThLZ 1 (1876) fanden sich fünfzehn Rezensionen von *Harnack*, achtunddreißig in 11 (1886), lediglich zwei in 21 (1896), zehn in 31 (1906), fünf in 41 (1916) und keine für die ThLZ in 51 (1926): F. Smend, Adolf von Harnack. Verzeichnis seiner Schriften bis 1930, mit einem Geleitwort und bibliographischen Nachträgen von J. Dummer, Leipzig 1990.

213 *Hirsch* rezensierte in der ThLZ erstmals 1914, dann auch in den folgenden Jahren. In dem Jahr, in dem er die Herausgeberschaft antrat, erschien eine programmatische Rezension: Holls Lutherbuch, ThLZ 46 (1921), 317–319 = Der Durchbruch der reformatorischen Erkenntnis bei Luther hg. v. B. Lohse, (Wege der Forschung CXXIII), Darmstadt 1968, 91–101, darauf erst wieder 1926, 1928, 1929, 1930, 1935 u. s. w.: Ich folge der auf eine Veröffentlichung von H. W. Schütte zurückgehenden, aber leider sehr unvollständigen Online-Bibliographie von Hirsch (https://emanuel-hirsch.net/onewebmedia/Bibliographie.pdf; letzter Zugriff am 20.12.2020).

gagierte Aland würden solche Studien verdienen.[214] Vielmehr sollen grundlegende Probleme eines Rezensionsorgans an einigen wenigen Beispielen expliziert werden. Diese Problemanzeige kann allerdings nur eine vorläufige sein; zur Ge-

214 Für *Lietzmann* vgl. Glanz und Niedergang der deutschen Universität. 50 Jahre deutscher Wissenschaftsgeschichte in Briefen an und von Hans Lietzmann (1892–1942) (wie Anm. 62), 1194–1222 (erste Rezension für die ThLZ im Jahre 1905, letzte 1940); für *Aland* fehlen in der entsprechenden Zusammenstellung die Rezensionen, vgl. B. Köster/Ch. Uhlig †, Bibliographie Kurt Aland, in: Kurt Aland in memoriam (wie Anm. 124), 41–71. Er hat aber, wie die digitalisierte ThLZ zeigt, nach 1945 praktisch nie selbst in dieser Zeitschrift rezensiert und nach 1958 natürlich erst recht nicht. Vgl. aber: Aland, Rez. E. Schweizer, Ego Eimi. Die religionsgeschichtliche Herkunft und theologische Bedeutung der johanneischen Bildreden, zugleich ein Beitrag zur Quellenfrage des vierten Evangeliums (FRLANT 56), Göttingen 1939/E. Percy, Untersuchungen über den Ursprung der johanneischen Theologie. Zugleich ein Beitrag zur Frage nach der Entstehung des Gnostizismus, Lund 1939, in: ThLZ 66 (1941), 84–86; ders., Rez. K. Reuter, Wilhelm Amesius, der führende Theologe des erwachenden reformierten Pietismus (BGLRP 4), Neukirchen 1940, in: ebd. 150 f.; ders., Rez. Th. J. Scherg, Das Schulwesen unter Karl Theodor von Dalberg, besonders im Fürstentum Aschaffenburg 1803–1813 und im Großherzogtum Frankfurt 1810–1813, München-Solln 1939, in: ebd., 204–206; ders., Rez. Handbuch der Archäologie, hg. v. W. Otto (HAW Abt. 6), München 1939, in: ThLZ 67 (1942), 169 f.; ders., Rez. G. Rhode, Brandenburg-Preußen und die Protestanten in Polen 1640–1740. Ein Jahrhundert preußischer Schutzpolitik für eine unterdrückte Minderheit (Deutschland und der Osten 17), Leipzig 1941, in: ebd., 232–234; ders., Rez. H. Boehmer, Der junge Luther, mit einem Nachwort v. H. Bornkamm, Leipzig ^{3}1940, in: ThLZ 68 (1943), 153 f.; ders., Der Herrenbruder Jakobus und der Jakobusbrief, ThLZ 69 (1944), 97–104 (eine Sammelbesprechung von einschlägigen Arbeiten von M. Dibelius, G. Kittel u. A. Meyer), und ders., Zur Liste der griechischen neutestamentlichen Handschriften, ThLZ 78 (1953), 465–496. – Traugott Holtz, seinerzeit Neutestamentler in Halle, weist erstmals wieder in ThLZ 107 (1982), 177, darauf hin, dass Aland »wichtige Jahre hindurch … Herausgeber auch der ›Theologischen Literaturzeitung‹« war.

schichte des Rezensionswesens der in sich hoch differenzierten deutschen protestantischen Theologie fehlen noch wichtige Vorarbeiten.[215] Auch wenn sich immer wieder (auch im Umfeld der »Theologischen Literaturzeitung«) Hinweise zur Abfassung einer guten Rezension mit entsprechenden Kriterien finden,[216] liegt bisher eine umfassende Geschichte des Genres oder eine ausführliche soziologische Beschreibung der damit verbundenen Mechanismen der Produktion, Distribution und Hierarchisierung von Wissen nicht vor.[217]

---

215 Vgl. allgemein: F. W. Graf, Art. Zeitschriften III. Christentum 2. Theologische Zeitschriften, in: RGG[4], Bd. 8, Tübingen 2005, 1825–1827; ders., Theologische Zeitschriften, in: Von Almanach bis Zeitung. Ein Handbuch der Medien in Deutschland 1700–1800, hg. v. E. Fischer, W. Haefs u. Y.-G. Mix, München 2000, 356–373, sowie ders., Einleitung, in: Ernst Troeltsch, Rezensionen und Kritiken (1901–1914) (Kritische Gesamtausgabe 4), (wie Anm. 6), (1–70) 11–17 (die ThLZ und Troeltsch), und den Exkurs »Rezensierende theologische Zeitschriften vor und neben der Theologischen Literaturzeitung« bei Karpp, Theologische Literaturzeitung (wie Anm. 3), 12–14.

216 Vgl. dazu insbesondere A. Weidhas, Was ist eine gute Rezension? (elektronisch zugänglich auf der Homepage der Zeitschrift: http://www.thlz.com/rezensenten_wie-verfasst-man-eine-rezension.php; letzter Zugriff am 20.12.2020). Frau Weidhas schreibt: »Ich jedenfalls zog zu meiner Studienzeit großen Gewinn aus einem permanent angebotenen Kolloquium meiner Lehrer Kurt Nowak und Martin Petzoldt mit dem nüchternen, aber sehr klaren Titel »Neue Theologische Literatur«. Jeder Teilnehmer hatte pro Semester ein mehr oder weniger umfangreiches wissenschaftliches Buch so vorzustellen, dass daraufhin dessen Hauptthesen sinnvoll von allen diskutiert werden konnten. ... Manches dessen, das uns damals an die Hand gegeben wurde, kehrt hier wieder.« – Eine Stimme aus der Literaturwissenschaft: G. Jäger, Von Pflicht und Kür im Rezensionswesen, IASL. Online (http://www.iasl.uni-muenchen.de/discuss/lisforen/jaerezen.html, letzter Zugriff am 20.12.2020).

217 Vgl. aber F. Bardelle, Formen der kritischen Auseinandersetzung oder: Wie man Urteile über wissenschaftliche Neuerscheinungen verhängt. In: Zeitschrift für Soziologie 18 (1989), 54–64; H. Hartmann/E. Dübbers, Kritik in

Für unsere Problembeschreibung nehmen wir den Ausgang bei der von Harnack und Schürer (wie von anderen Schülern und Anhängern Albrecht Ritschls) pointiert vorgetragenen Behauptung, die »Theologische Literaturzeitung« sei nicht positional angelegt, sondern nur der freien Forschung und kritischen Wissenschaft verpflichtet. Wir hatten diese Profilierung weiter oben als »nichtpositionale Positionalität« bezeichnet.[218] Sie findet sich sowohl im oben zitierten Gründungsaufruf des Jahres 1876 als auch im Rückblick, den Harnack 1925 zum Jubiläum vornimmt.[219] Georg Pfleiderer hat vor einiger Zeit in dieser Zeitschrift etwas ketzerisch gefragt, ob das Zurücktreten des Gründungsherausgebers Emil Schürer hinter seiner dreibändigen »Geschichte des jüdischen Volkes im Zeitalter Jesu Christi«, die gewöhnlich als »der Schürer« bezeichnet wird, nicht gleichsam die natürliche Konsequenz einer solchen nichtpositionalen Positionalität darstellt.[220] Nun analysierten wir allerdings bisher pro-

der Wissenschaftspraxis. Buchbesprechungen und ihr Echo, Frankfurt am Main 1984; P. Strohschneider (gemeinsam mit M. Huber und H. Vögel), Rezensionen und Rezensionswesen. Am Beispiel der Germanistik, in: Geist, Geld und Wissenschaft. Arbeits- und Darstellungsformen von Literaturwissenschaft. Hg. von Peter J. Brenner (Suhrkamp-Taschenbuch Wissenschaft 2118), Frankfurt am Main 1993, 271–295; A. Urban, Kunst der Kritik. Die Gattungsgeschichte der Rezension von der Spätaufklärung bis zur Romantik (Jenaer Germanistische Forschungen.NF 18), Heidelberg 2004, und die Beiträge in: Rezensionswesen. Erkundungen in einer Forschungslücke, hg. v. Th. Winkelbauer (MIÖG 121/1), Wien 2013.

218 S. o. S. 38 f.

219 S. o. S. 34 f.

220 Pfleiderer, Theologie im Fachmenschenzeitalter. Eine Erinnerung an Emil Schürer (wie Anm. 42), 6 f. – Zu dem Werk Schürers und einer auf den Stand der Forschung gebrachten Neubearbeitung in englischer Sprache vgl. M. Hengel (mit H. Bloedhorn), Der alte und der neue »Schürer«, JSS 35 (1990),

grammatische Aussagen, zum Teil sogar aus der Retrospektive, über herausgeberische Arbeit und nicht die Praxis dieser herausgeberischen Arbeit. Können auch die Rezensionen, Literaturberichte und Aufsätze, die zunehmend in der »Theologischen Literaturzeitung« erschienen,[221] unter dem Stichwort der »nichtpositionalen Positionalität« beschrieben werden?

Bereits in einer von Harnack und Schürer zum fünfundzwanzigsten Jahrgang im Jahre 1900 formulierten Notiz wird zugegeben, dass eine dezidiert nichtpositionale Position eines Herausgebergremiums einer Rezensionszeitschrift nicht gerade einfach durchzuhalten ist:

> »Die entsagungsvolle Aufgabe, über die Arbeiten Anderer zu berichten, wird immer nur annähernd befriedigend gelöst werden können. Wir hoffen aber, man werde uns das Zeugnis nicht versagen, daß wir uns bemüht haben, unsere Leser über den Gang der theologischen Arbeit, ihre Fortschritte und Rückschritte, möglichst vollständig und objectiv zu unterrichten. Man kann es bei einem solchen Unternehmen niemals Allen recht machen, am wenigsten auf theologischem Gebiete. Denn hier kommt noch mehr als bei anderen Wissenschaften die eigene Überzeugung in Frage. Dieses subjective Moment haben auch wir nicht verleugnen wollen. Bei allem Streben, jeder redlichen Arbeit die gebührende Anerkennung zu verschaffen, mußte dem Blatte doch eine bestimmte Haltung gegeben werden; und zwar in derjenigen Richtung, nach welcher hin die Entwickelung der evangelischen Theologie und Kirche mit innerer Nothwenigkeit von selbst uns zu weisen schien. Aber wir haben in dem Bewußtsein, daß wir alle irren, die Grenzen möglichst weit gesteckt, und gewiß viel öfter durch zu weitherzige Anerkennung als durch unbegründeten Tadel gefehlt.«[222]

19–72 = ders., Judaica, Hellenistica et Christiana. Kleine Schriften II (WUNT 109), Tübingen 1999, 157–199.

221 Karpp, Die Theologische Literaturzeitung (wie Anm. 3), 41–44.

222 A. Harnack/E. Schürer, Zum Schlusse des fünfundzwanzigsten Jahrganges, ThLZ 25 (1900), (697–700) 697 f.

Hier wird also im Vergleich zur nichtpositionalen Positionsbeschreibung, die Harnack 1925 für die Gründung 1876 gegeben hat (»die wissenschaftlichen Kräfte des deutschen Protestantismus aus allen Lagern zusammenzufassen und die theologische Arbeit unter strenge historisch-kritische Beurteilung zu stellen«), die Praxis der ersten fünfundzwanzig Jahre deutlich positionaler beschrieben. An die Stelle der Kritik von Position als »Parteistandpunkt« und »Richtung« tritt eine klare *theologische* Positionierung: Harnack und Schürer führen eine mit Notwendigkeit ablaufende innere Fortschrittsdynamik in der Geschichte von Theologie und Kirche als inhaltlichen theologischen Maßstab ein.[223]

Es liegt nahe, diese in die Öffentlichkeit getragene stärkere theologische Positionierung mit der Etablierung einer theologisch positionalen Konkurrenz in Verbindung zu bringen, dem ersten Erscheinen einer Gegengründung zur »Theologischen Literaturzeitung«. Denn offenkundig hatte man in Kreisen bekenntnisorientierter lutherischer Theologen die programmatische nichtpositionale Positionalität in der herausgeberischen Praxis von Schürer und Harnack für eine ebenso eindeutige wie als problematisch empfundene Position genommen. Jedenfalls erschien seit 1880 in einem anderen Leipziger Verlag mit recht ähnlicher optischer Aufmachung das »Theologische Literaturblatt«, begründet und zunächst herausgegeben von einem Leipziger Lehrer Harnacks,

223 Wenn ich recht sehe, gibt es keine begriffsgeschichtliche Untersuchung zum Gebrauch der Begriffe »Fortschritt« und »Fortentwicklung« in der Theologie des langen neunzehnten Jahrhunderts; ich verweise daher nur beispielhaft auf den Titel eines Sammelbandes: Beiträge zur Weiterentwicklung der christlichen Religion, hg. v. A. Deissmann, München 1905, der auch separat als Hefte abgegebene Beiträge zu den einzelnen theologischen Disziplinen enthält.

dem Systematiker *Christoph Ernst Luthardt* (1823–1902).[224] Luthardt besaß im Unterschied zu der jungen Gruppe der Gründer der »Theologischen Literaturzeitung« viel Erfahrung als Herausgeber der »Allgemeinen Lutherischen Kirchenzeitung« und man merkt den Heften seiner Zeitschrift an, dass sie durch knappere und weniger fachwissenschaftlich gehaltene Rezensionen stärker auf den Gemeindepfarrer als Abonnenten abzielten. Schnell gewann das konservative Gegen-Organ daher auch eine beträchtliche Zahl an Abonnenten.[225] Harnack war sichtlich darum bemüht, es nicht zu einem endgültigen Bruch mit dem Lehrer kommen zu lassen, aber die Verständigung über basale theologische Sachverhalte blieb schwierig. Dazu kam, dass bereits 1880/1881 scharf gegeneinander pointierte Besprechungen ein und derselben Veröffentlichung in der »Theologischen Literaturzeitung« und im »Theologischen Literaturblatt« gedruckt wurden. Harnack polemisierte beispielsweise in einer Rezension eines Buches, über das er sich nach eigenem Bekunden geärgert hatte, indirekt gegen eine sehr freundliche Anzeige desselben Werks bei der Konkurrenz. Obwohl er keinen direkten Bezug auf die Rezension oder ihren Erscheinungsort nahm, sprach er von »Parteifanatismus«, der so weit gediehen sei, »daß man

224 Vgl. die knappe Einleitung mit Literaturhinweisen bei: Moderne Theologie. Der Briefwechsel Adolf von Harnack – Christoph Ernst Luthardt 1878–1897, hg. u. eingel. v. U. Rieske-Braun, Neukirchen-Vluyn 1996, 1–4.

225 Leider fehlt bisher Sekundärliteratur zu den konfessionell-lutherischen wissenschaftlichen Zeitschriften; vgl. dazu einstweilen den knappen Überblick bei F. W. Graf, Einleitung, in: Ernst Troeltsch, Rezensionen und Kritiken (1901–1914) (Kritische Gesamtausgabe 4), (wie Anm. 6), 10 f. Aber da das ThLBl von 2000 Abonnenten bezogen wurde und sich einen Redakteur leisten konnte (Karpp, Theologische Literaturzeitung [wie Anm. 3], 10), dürfte es die ThLZ überflügelt haben.

bei offener Vergewaltigung der Gegner nur noch ein schadenfrohes Lächeln hat«.[226] Luthardt, der sich persönlich angegriffen fühlte, suchte noch brieflich die Verständigung und Harnack bestritt, seinen Lehrer mit den Zitaten gemeint zu haben. Allerdings machte er ihn als Herausgeber für die in seinen Augen unangemessen positive Rezension verantwortlich und fuhr fort:

> »Wenn in unserer Theol. Lit. Zeitung eine Recension von irgend einem N. N. erscheint, so weiß jeder, daß nur dieser N. N. sie vertritt; denn hinter der Zeitung steht keine Parthei. Bei Ihrem Literaturblatt ist das anders: die Anzeigen dort, wie sie im Ganzen einen einheitlichen Character tragen, sprechen das Urtheil der bestimmten theologischen und kirchlichen Richtung über die wissenschaftlichen Erscheinungen aus. Sie mögen nun diese Annahme für berechtigt oder unberechtigt halten – sie wird in weiten Kreisen gemacht. Entspricht dieser

226 A. Harnack, Rez. H. J. Bestmann, Geschichte der christlichen Sitte. I. Tl.: Die sittlichen Stadien in ihrer geschichtlichen Entwickelung, Nördlingen 1880, in: ThLZ 6 (1881), (148–153) 153:
»Es bedarf einer Erklärung, weshalb diese Recension überhaupt so umfangreich ausgefallen ist, und sie mag hier stehen. Das vorliegende Werk ist bei seinem Erscheinen von einem Theile der Fachgenossen gepriesen worden; selbst ein Mann, dem sonst Gerechtigkeitsliebe und wissenschaftlicher Sinn nicht abgeht, hat es ein geist- und kenntnisreiches Buch genannt. Für den Schwindel, der sich hier breit macht und ungezogen wird, hatte man also keine Augen. Sollte es unter uns bereits soweit gekommen sein, daß solch' ein Gebaren nachgesehen wird, weil man den ›Glauben‹ des Verf.'s als correct befindet? Ist die Vertretung gewisser theologischer Thesen auch ein Mittel, um das Absurde vernünftig, das Unanständige anständig zu machen, da ja ›das Wunder‹ solche Wunder thun soll? Ist der Parteifanatismus bereits soweit gediehen, daß man bei offener Vergewaltigung der Gegner nur ein schadenfrohes Lächeln hat?«
Die wie üblich im ThLBl nicht namentlich gezeichnete Rezension stammte von einem Pastor, der Jugendfreund des Autors Bestmann war (Nachweise bei Rieske-Braun, Moderne Theologie [wie Anm. 224], 43 Anm. 3).

Annahme in der That nichts, so liegt es allein in Ihrer Hand, sie zu zerstören.«[227]

Harnack griff mit diesen Zeilen nicht nur die (bereits 1886 abgestellte) Praxis des »Theologischen Literaturblatts« an, die meisten Anzeigen und Aufsätze nicht namentlich zu zeichnen. Er kritisierte den in seinen Augen parteilichen Standpunkt des Blattes – also die explizite *positionale Positionalität* des Konkurrenzblattes. Eine ganz besondere Note erhielt die Auseinandersetzung zwischen Harnack und Luthardt übrigens auch noch dadurch, dass Luthardt 1873, also wenige Jahre zuvor, Harnack gemeinsam mit Graf Baudissin und Kaftan dazu anregen wollte, eine Zeitschrift zu gründen, die das »feste bestimmte Gepräge der lutherischen Theologie tragen« sollte:

> »Indem sie auf diesem Gebiete bleibt, soll sie zeigen, wie lutherische genuine Theologie sich vor keinen wirklichen und gewissen Resultaten weder auf philosophischem noch auf historischem Gebiete zu fürchten braucht, und soll 1. den Gegnern beweisen, daß unsere Theologie lebensfähig und gesund ist und 2. den Gesinnungsgenossen zeigen, was man fahren lassen muß und kann, ohne dem Glauben zu nahe zu treten oder feststehenden wissenschaftlichen Resultaten ins Gesicht zu schlagen. Letztere Aufgabe halte ich – nach eigenster hiesiger Erfahrung – für die notwendigste.«[228]

227 Brief Adolf Harnack an Christoph Ernst Luthardt, Gießen, 5.4.1881, zitiert nach: Moderne Theologie (wie Anm. 224), 44–47, hier 45.

228 Zahn-Harnack, Adolf von Harnack (wie Anm. 24), 84 f. – Aus dem Kontext ergibt sich, dass die nicht nachgewiesenen Zitate vermutlich aus einem Brief Harnacks an seinen kirchenhistorischen akademischen Lehrer *Moritz von Engelhardt* (1828–1881) in Dorpat stammten, der zu der im Gefolge des Zweiten Weltkriegs verlorenen Privatkorrespondenz Harnacks zählt, die nicht an die Preußische Staatsbibliothek abgegeben wurde. Nach Angaben der Tochter (a. a. O. 85) riet Engelhardt vom Plan ab (so auch Karpp, Die Theologische Literaturzeitung [wie Anm. 3], 9).

Man könnte also vermuten, dass das pointierte Bekenntnis zu einer nichtpositionalen Positionalität auch ein Zeichen dafür war, dass sich ein Nachwuchswissenschaftler, der in Dorpat wie Leipzig als große Hoffnung einer bekenntnisorientierten lutherischen Theologie galt, von dieser Position abgewendet hatte und mit ihm auch seine Freunde Graf Baudissin und Kaftan.[229] Nun erst stieß Emil Schürer zu dieser Runde und alle miteinander setzten 1876 eine von den ursprünglichen Plänen ganz und gar unterschiedene Rezensionszeitschrift ins Werk. Als dann das anfängliche Vorhaben einer positionalen, am lutherischen Bekenntnis orientierten Zeitschrift doch 1880 von Luthardt umgesetzt wurde und gar noch 1881 die Übertragung der Herausgeberschaft der »Theologischen Literaturzeitung« auf den konservativen Erlanger Theodor von Zahn drohte,[230] präsentierte sie sich unter dem geschäftsführenden Herausgeber Harnack nun deutlich positionaler. Auf der einen Seite verwundert diese Reaktion nicht, auf der anderen Seite überrascht doch, wie weit beispielsweise ein Harnack 1880 entfernt war von der präzisen Analytik, mit der Max Weber in seinem berühmten Grundlagenbeitrag zur Objektivität aus dem Jahre 1904 arbeitete.[231]

---

229 Wenn man freilich Luthardt mit F. W. Graf als »konservativen Kulturlutheraner« deutet (vgl. ders., Konservatives Kulturluthertum. Ein theologiegeschichtlicher Prospekt, ZThK 85 [1988], 31–76), dann könnte sich besser erklären lassen, warum sich eine Gruppe seiner Studenten in den Jahren nach 1873 vergleichsweise schnell neu orientieren konnte.

230 So ein Hinweis in einer Postkarte von Harnack an Ritschl vom 12.1.1881: »Die Theologische Literaturzeitung habe ich *leider* – zunächst auf *ein* Jahr – übernehmen müssen« (ediert in: Albrecht Ritschls Briefwechsel mit Adolf Harnack 1875–1889, [wie Anm. 24], 260; dazu Karpp, Theologische Literaturzeitung [wie Anm. 3], 184 Anm. 16a).

231 M. Weber, Die »Objektivität« sozialwissenschaftlicher und sozialpolitischer Erkenntnis, Archiv für Sozialwissenschaft und Sozialpolitik, 19 (1904),

Ähnliches gilt im Vergleich mit Überlegungen, die (vermutlich maßgeblich von Werner Sombart formuliert) anlässlich des Wechsels der Redaktion des »Archivs für Sozialwissenschaft und Sozialpolitik« auf Max Weber, Edgar Jaffé und Werner Sombart im selben Organ wie Webers Aufsatz 1904 veröffentlich wurden.[232] Im Unterschied zu solchen Texten wirken die Bekenntnisse der Leipziger Theologen Harnack und Schürer zur nichtpositionalen Positionalität eher aus der jeweiligen Situation heraus geboren und sind jedenfalls nie in

---

22–87 = ders., Gesammelte Aufsätze zur Wissenschaftslehre, hg. v. J. Winckelmann, Tübingen [6]1988, 146–214. – Selbstverständlich betreffen die Überlegungen von Weber geisteswissenschaftliche Disziplinen, nicht nur Sozial- wie Gesellschaftswissenschaften und natürlich auch die Theologie, vgl. neben den grundlegenden Arbeiten von D. Henrich, Die Einheit der Wissenschaftslehre Max Webers, Tübingen 1952, sowie G. Oakes, Die Grenzen der kulturwissenschaftlichen Begriffsbildung. Heidelberger Max Weber-Vorlesungen 1982 (suhrkamp taschenbuch wissenschaft 859), Frankfurt am Main 1990; Max Weber und die »Objektivität« der Kulturwissenschaften, in: Max Weber. Ein Symposion, hg. v. C. Gneuss u. J. Kocka (dtv-Wissenschaft Nr. 4475), München 1988, 184–194, sowie M. Murrmann-Kahl, Die entzauberte Heilsgeschichte. Der Historismus erobert die Theologie 1880–1920, Gütersloh 1992, passim.

232 E. Jaffé, W. Sombart u. M. Weber, Geleitwort, Archiv für Sozialwissenschaft und Sozialpolitik 19 (1904), I*–VII*; vgl. dazu P. Ghosh, Max Weber, Werner Sombart and the Archiv für Sozialwissenschaft: The authorship of the »Geleitwort« (1904), History of European Ideas 36 (2009), 71–100 = ders., Max Weber in Context. Essays in the History of German Ideas c. 1870–1930 (Kultur- und sozialwissenschaftliche Studien/Studies in Cultural and Social Sciences 14), Wiesbaden 2016, 133–195. – Sehr herzlich danke ich Friedrich Wilhelm Graf an dieser Stelle für wichtige Hinweise. Er weist mit Recht darauf hin, dass sich nur einzelne Kulturwissenschaftler auf Webers Argumentation einzulassen versucht haben, und fragt: »Wer in der Theologie hat denn das ›Archiv‹ und dessen Neuorientierung überhaupt zur Kenntnis genommen? Troeltsch doch nur wegen seiner persönlichen Nähe zu Weber und aufgrund der Diskussionen im Heidelberger Gelehrtenmilieu.«

mehr als knappen Schlagworten expliziert. Die Formulierungen verraten durch ihre impliziten und expliziten Abgrenzungen (»über den Parteien«) auch, dass die meisten aus der Gruppe sehr junger Wissenschaftler, die sich zu dieser Position bekannte, wenige Jahre zuvor eine sehr positionale Positionalität als bekenntnisorientierte lutherische Theologen vertreten hatten. Wenn man nachträglich versuchen wollte, etwas präziser zu bestimmen, was bei der von Harnack und Schürer für die Literaturzeitung intendierten nichtpositionalen Positionalität »nichtpositional« und was »positional« war, dann müsste man es wohl so formulieren: *Nichtpositional* war das dezidierte Bemühen, »über den Parteien« der damaligen theologischen und kirchlichen Landschaft zu stehen, *positional* war die Vorstellung, es gebe so etwas wie eine strenge wissenschaftliche Objektivität, zu erreichen durch eine präzise historisch-philologische Methodik, und die »Theologische Literaturzeitung« sei an diesem Ideal einer strengen wissenschaftlichen Objektivität orientiert. Nur mit jener sehr besonderen *coincidentia oppositorum* von Positionalität und Nichtpositionalität konnten die Gründungsherausgeber vermeiden, lediglich einen weiteren Standpunkt neben anderen Standpunkten zu formulieren.[233] Gerade weil die Position von Schürer und Harnack so offen und ohne explizite Bezüge auf entsprechende Theoriebildungen formuliert wurde, war es ihren Nachfolgern möglich, die

233 Vgl. für die hier angespielten Formulierungen von Herausgebern oben die S. 36 und 38; ich danke Friedrich Wilhelm Graf dafür, dass er mehrfach nach einer präzisen Erklärung der Formel »nichtpositionale Positionalität« gefragt hat. Es ist hoffentlich deutlich geworden, warum eine nichtpositionale Positionalität keine implizite Positionalität ist, sondern ein Versuch, zwei gegensätzliche Orientierungen (nämlich am Ideal der Nichtpositionalität und am Ideal der Positionalität) zusammenzuhalten.

nichtpositionale Positionalität durchaus unterschiedlich zu akzentuieren: Harnack, Lietzmann und Aland sprachen gern von ›offener wissenschaftlicher Aussprache‹ als einem Charakteristikum der Zeitschrift[234] und interpretierten dadurch »nichtpositional« eher als »pluripositional«, Sommerlath dokumentiert »bipositional« die Abendmahlsdebatten innerhalb der Evangelischen Kirche in Deutschland nach 1945[235]. Hirsch schließlich bezieht munter Positionen. Das Ideal der nichtpositionalen Positionalität war nicht sehr präzise abgegrenzt, damit durchaus unterbestimmt und wurde daher in der Praxis modifiziert, stark verändert oder sogar ignoriert.

Wir befinden uns mit diesen Überlegungen allerdings noch immer auf der Ebene der Selbstbeschreibung herausgeberischer Tätigkeit durch Herausgeber. Die Frage, ob *faktisch* in der herausgeberischen Tätigkeit von Harnack und Schürer seit 1880 die nichtpositionale Position der »Theologischen Literaturzeitung« aufgegeben wurde, können wir im Rahmen dieses kleinen Büchleins nicht erschöpfend behandeln. Sie würde sehr umfangreiche Analysen voraussetzen und zuvor Überlegungen zur Methodik einer solchen Analyse.[236] Außerdem müsste man sie wieder für jeden der hier behandelten kirchenhistorischen Herausgeber Harnack, Hirsch, Lietzmann, Opitz und Aland einzeln durchführen. Dabei würde dann schnell deutlich, dass neben der Ebene der programmatischen Erklärungen weitere Ebenen und deren Rationalitä-

234 S. o. S. 37.112; s. u. S. 147.

235 S. o. S. 120.

236 Immerhin hat Karpp, Die Theologische Literaturzeitung (wie Anm. 3), 15–21, umfangreiche Auswertungen der Mitarbeitenden der Zeitschrift vorgenommen und in vierzehn Tabellen festgehalten (a. a. O. 155–182). Das ist eine wichtige Voraussetzung entsprechender weiterer Untersuchungen.

ten für das herausgeberische Handeln in der Rezensionszeitschrift relevant waren.

In unserem Zusammenhang kann nur ein weiteres Beispiel für den Umgang mit dem Prinzip der nichtpositionalen Positionalität und seine unmittelbare Vorgeschichte analysiert werden:[237] Im Februar 1941 sendete der ehemalige Herausgeber Emanuel Hirsch das Manuskript einer Besprechung, die sich mit einer für Studenten bestimmten Einführung in die Theologie Luthers von Lietzmanns Berliner Kollegen Erich Seeberg befasste, an den geschäftsführenden Herausgeber Hans Lietzmann. Dabei stellte Hirsch seinem Freund Lietzmann für die Überlassung der Rezension zum Druck die Bedingung,

> »daß die Theol. Lit. Zeitg. mir für alle aus Reaktionen E. Seebergs oder seiner Schüler sich ergebenden Weiterungen unbegrenzt zur Verfügung steht. Kannst Du die Bedingung nicht zusagen, so mußt Du die Besprechungen zurückgeben. Mißbrauchen werd ich die Zusage nicht. Ich bin nie für Du- und Tripliken gewesen.«[238]

237 Aber vgl. auch die Konflikte um die Rezensionen von Büchern Karl Holls und Friedrich Buchholz': s. o. S. 45 f. und 54.

238 Brief Hirsch an Lietzmann vom 1.2.1941, zitiert nach: Glanz und Niedergang der deutschen Universität. 50 Jahre deutscher Wissenschaftsgeschichte in Briefen an und von Hans Lietzmann (1892–1942) (wie Anm. 62), Nr. 1173, S. 1015 f. Hirsch zögert in seinem Brief vom 3.9.1940 an Lietzmann noch, die Rezension zuzusagen, weil er eine persönliche Auseinandersetzung vermeiden will und das Buch für eine reine »Katalognummer« hält (Nr. 1158, S. 1005). Lietzmann antwortet und berichtet von der Einschätzung des Buches durch Hanns Rückert (1901–1974) und erklärt, dass die jüngeren Holl-Schüler (darunter Rückert) für die Rezension nicht in Frage kämen und Werner Elert (1885–1954) ihm abgesagt habe: »Wenn Du einen wirklichen Ersatzmann für Dich weißt, so präsentiere ihn mir[, andernfalls] mußt Du heran« (Nr. 1159, S. 1006). Die Besprechung wird mit dem Brief vom 1.2.1941 von Hirsch an Lietzmann geschickt. – Eine luzide

Lietzmann akzeptierte diese Bedingung und die Besprechung wurde als Aufsatz zu Beginn des Mai/Juni-Heftes 1941 gedruckt. Hirsch begann seine Rezension der Monographie »Grundzüge der Theologie Luthers« von Seeberg mit den Worten: »Es ist kein erfreuliches Geschäft, das unten angeführte Buch zu besprechen, und ich kann die Fachgenossen verstehen, die vor mir die Besprechung abgelehnt haben.«[239] Schon aus diesen Worten wurde für alle Lesenden erkennbar, dass es im Hintergrund der Rezension Absprachen zwischen dem Herausgeber und dem Rezensenten gegeben hatte. Angesichts der Tatsache, dass das persönliche, politische und wissenschaftliche Verhältnis zwischen den beiden Berliner kirchenhistorischen Kollegen Lietzmann und Seeberg seit langem schon zerrüttet war und dieser Konflikt das Fakultätsleben auch in der öffentlichen Wahrnehmung außerhalb Berlins belastete, wundert es auf den ersten Blick nicht, wie wenig hier vom Herausgeber Lietzmann Zurückhaltung geübt wurde.[240] Es war schließlich bereits vier Jahre

---

Analyse der Geschichte dieser Rezension findet sich bei Keßler, Luthers Schriften für die Gegenwart (wie Anm. 123), 79–82.

239 Hirsch, Zu Luthers Theologie (Rez. E. Seeberg, Grundzüge der Theologie Luthers [Theologische Wissenschaft IV/7], Stuttgart 1940), ThLZ 66 (1941), 129–134. – Es handelte sich, wie Lietzmann in einer Mitteilung ThLZ 67 (1942), 122 schrieb, insgesamt um *drei* angefragte Kollegen, von denen zwei abgelehnt hatten. Zu dem Buch von Seeberg, einer Art Epitome, im Kontext seiner Lutherforschung vgl. Th. Kaufmann, Der Berliner Kirchenhistoriker Erich Seeberg als nationalsozialistischer Theologieprofessor, in: Täter und Komplizen in Theologie und Kirchen 1933–1945, hg. v. M. Gailus, Göttingen 2015, 216–243.

240 Ein anderer Schüler von Lietzmann, *Wilhelm Schneemelcher* (1914–2003), erzählte mir 1993, dass man, um Begegnungen mit Seeberg und seinen Schülern zu vermeiden, als Teil des Netzwerks von Lietzmann stets die Hintertreppe des damaligen Fakultätsgebäudes in der Dorotheenstraße

zuvor zu einer literarischen Auseinandersetzung zwischen Seeberg und einem Schüler von Lietzmann gekommen: Der seinerzeit in Leipzig tätige Reformationshistoriker *Heinrich Bornkamm* (1901–1977) hatte Seebergs Deutung von Meister Eckhart einer scharfen Kritik unterzogen und Seeberg hatte darauf mit harschen Einwänden gegen die fachliche Kompetenz von Bornkamm reagiert.[241] Mit dem Ideal nichtpositionaler Positionalität, das den Gründungsherausgebern so

---

benutzte. (Kirchen-)politische Auseinandersetzungen zwischen Seeberg und Lietzmann seit 1933 analysiert Kaufmann, Der Berliner Kirchenhistoriker Erich Seeberg als nationalsozialistischer Theologieprofessor (wie in der voraufgehenden Anmerkung), 227–230. Aland berichtet nicht nur über diese Auseinandersetzungen und ihre Vorgeschichte (Glanz und Niedergang der deutschen Universität. 50 Jahre deutscher Wissenschaftsgeschichte in Briefen an und von Hans Lietzmann (1892–1942) [wie Anm. 62], 120–125), sondern auch, wie sehr sein eigenes Habilitationsverfahren in Berlin dadurch in Mitleidenschaft gezogen wurde (a. a. O. 153 f.).

241 H. Bornkamm, Das Eckhartbild der Gegenwart, Deutsche Theologie 3 (1936), 112–141.234–246; E. Seeberg, Eckhartiana I, ZKG 56 (1937), 87–105, und ders., Die verlorene Handschrift. Zur Geschichte der Meister Eckhart-Ausgabe, Nationalsozialistische Monatshefte 8 (1937), 386–397. Seeberg polemisierte indirekt auch gegen Lietzmann, den er im Hintergrund vermutete: »Hinter allen diesen Angriffen sitzt eine Kreuzspinne, die ihre Fäden ausgehen läßt, und die doch selbst sofort auf den Baum verschwindet, wenn man durch die Fäden, die doch leider an einem hängen bleiben, hindurchgeht. Wer ist wohl diese Kreuzspinne? Und welche Macht auf dem Gebiet der Wissenschaft habe ich damit wohl charakterisiert?« (a. a. O. 396; Bornkamm reagierte darauf mit: In eigener Sache, Deutsche Theologie 4 [1937], 169–171; vgl. dazu Aland, Glanz und Niedergang der deutschen Universität. 50 Jahre deutscher Wissenschaftsgeschichte in Briefen an und von Hans Lietzmann (1892–1942) [wie Anm. 62], 120–125); K.-V. Selge, Heinrich Bornkamm (1901–1977) als Kirchenhistoriker und Zeitgenosse, Heidelberger Jahrbücher 23 (1979), 101–122, und K. Nowak, Zeiterfahrung und Kirchengeschichtsschreibung. Heinrich Bornkamm im Dritten Reich, ZKG 103 (1992), 46–80, bes. 66–69.

wichtig war, hatte die 1941 publizierte Rezension von Hirsch bereits ausweislich der Vorgeschichte wenig zu tun. Es handelte sich – um die Metaphorik der Zeit zu wählen – eher um einen weiteren Waffengang im Krieg zwischen Lietzmann und Seeberg, der dieses Mal nicht von Bornkamm, sondern von Hirsch für Lietzmann ausgefochten wurde. Die Rezension war daher nicht zuerst eine um Objektivität bemühte Kritik einer ebenso pointierten wie unter den Zeitgenossen umstrittenen Sicht Martin Luthers, die Erich Seeberg vertrat. Trotzdem finden sich entsprechende Elemente im Text: Hirsch bemängelte in der Rezension die (aus seiner Sicht) ebenso beliebige wie abwegige assoziative geistesgeschichtliche Parallelen-Suche von Seeberg und bemerkte: »Es ist der schlechthinnige Gegensatz zur Methode Holl's.«[242] Außerdem war er, wie er schon bei der Übernahme der Rezension brieflich Lietzmann mitteilte, der Ansicht, man könne gar keine systematische Darstellung der Theologie Luthers liefern, sondern müsse ihn in der Art seines Lehrers Karl Holl »in geistes- und religionsgeschichtlichen Einzelstudien, die von Luther bis zu uns hingehen«, behandeln (Seebergs für Studenten bestimmtes Lehrbuch folgt weitestgehend der klassischen Gliederung einer Dogmatik: Gottesanschauung, Christus, Sünde, Rechtfertigung, Wort und Sakrament, Kirche,

---

242 Hirsch, Zu Luthers Theologie (wie Anm. 239), 131. Kaufmann zeigt (Der Berliner Kirchenhistoriker Erich Seeberg als nationalsozialistischer Theologieprofessor [wie Anm. 239], 227–230), dass Seeberg mit Hilfe dieser Methode der Kontextualisierung letztlich auch die innere Affinität zwischen Christentum und Nationalsozialismus nachweisen wollte.

243 Hirsch, Brief an Lietzmann vom 12.9.1940, zitiert nach: Glanz und Niedergang der deutschen Universität. 50 Jahre deutscher Wissenschaftsgeschichte in Briefen an und von Hans Lietzmann (1892–1942) (wie Anm. 62), Nr. 1160, S. 1006 f. Im gleichen Jahrgang der ThLZ erscheint eine weitere

Ethik).[243] Man merkt trotz aller Polemik, dass zwischen der Holl-Schule, als deren Repräsentant Hirsch hier agiert, und Seeberg, dem sehr eigensinnigen Schüler und Berliner Nachfolger Holls, noch viel mehr strittig war als nur diese Punkte, beispielsweise auch, welche Bedeutung die nominalistische Prägung von Erfurter Theologen für den Erfurter Theologiestudenten Luther hatte und welche Relevanz die pseudodionysische Mystik für den Reformator besaß.[244]

Sofort nach Veröffentlichung der Rezension von Hirsch in der »Theologischen Literaturzeitung« setzte »ein Trommelfeuer auf die Redaktion ein« (so die spätere Darstellung von Aland, dem Lietzmann »sogleich, des Ärgers und der Sorgen müde, die Redaktion der ThLZ übertragen« haben

---

Rezension einer (posthum veröffentlichten, fragmentarischen) Theologie Luthers von Hirsch (Rez. J. v. Walter, Die Theologie Luthers, Gütersloh 1940, in: ThLZ 66 [1941], 147), in der der Rezensent diesmal nicht seine Vorbehalte gegenüber dem Zugriff, sondern nur die Nutzlosigkeit der in seinen Augen wertlosen Veröffentlichung zum Ausdruck bringt.

244 Seeberg, Grundzüge der Theologie Luthers (wie Anm. 239), 33–40 (»Die Beziehung Luthers zum Ockamismus«). Zum Zeitpunkt der Kontroverse war einschlägig: G. Ritter, Marsilius von Inghen und die okkamistische Schule in Deutschland (Studien zur Spätscholastik 1; SHAW.PH 1921/4), Heidelberg 1921, sowie ders., Via antiqua und via moderna auf den deutschen Universitäten des 15. Jahrhunderts (Studien zur Spätscholastik 1; SHAW.PH 1921/4), Heidelberg 1921 (ND Darmstadt 1963; in der ThLZ 48 [1923], 301 f., rezensiert von Otto Scheel). – Dazu vgl. Ch. Cornelißen, Gerhard Ritter. Geschichtswissenschaft und Politik im 20. Jahrhundert (Schriften des Bundesarchivs 58), Düsseldorf 2001, 126–129. Seeberg orientierte sich vor allem an O. Scheel, Martin Luther. Vom Katholizismus zur Reformation, 2. Bd. Im Kloster, Tübingen 3/41930, 128–132.161–182.216–227. Ritter geriet 1938 mit Scheel in eine Kontroverse, als dieser auf einem Kongress in Zürich über den »Volksgedanken bei Luther« vortrug, und kritisierte, was er als Anbiederung an nationalsozialistische Historiographie empfand (Details: Cornelißen, a. a. O. 254–261).

soll).[245] Aland und Lietzmann setzten allerdings noch vor der Übergabe der Schriftleitung gemeinsam ein formalisiertes, von Lietzmann und Aland gemeinsam unterzeichnetes Antwortschreiben auf. Aus diesem Schreiben geht hervor, dass die als Trommelfeuer charakterisierten »Briefe aus dem Kreise der Familie, Schüler und Freunde Prof. Seebergs« stammten, »die bei allen Unterschieden in Haltung und Ton sich in den Argumenten weithin berührten und sämtlich in die Forderung ausmünden, die Schriftleitung möge von jener Rezension öffentlich abrücken«.[246] In dem formalisierten Antwort-

245 Aland, Glanz und Niedergang der deutschen Universität. 50 Jahre deutscher Wissenschaftsgeschichte in Briefen an und von Hans Lietzmann (1892–1942) (wie Anm. 62), 124. Zu den näheren Umständen, die vor allem mit der Einberufung von Wendt zusammenhingen, s. o. S. 94–96. Vielleicht spielte aber auf Seiten Lietzmanns seine schwere Erkrankung eine Rolle, die Lietzmann im Laufe des Jahres dreimal zu Aufenthalten in der Charité nötigte: s. o. S. 98 mit Anm. 161. Ein Teil der Briefe ist im Seeberg-Nachlass in Kopie erhalten (Bundesarchiv Koblenz N1248/124, o. P.); ich danke meinem Kollegen Martin Keßler sehr herzlich, dass er mir den Zugang zu diesen Materialien erheblich erleichtert hat. Offenkundig wurde die Aktion vom Sohn Bengt Seeberg (mit) organisiert, weil nicht nur Kollegen im Amt des Marinepfarrers sich äußern, sondern sich im Konvolut auch Schreiben finden, die an ihn gerichtet sind und dies bestätigen. Der Althistoriker *Wilhelm Weber* (1882–1948) riet Erich Seeberg, dem er auch durch die zeitweilige Mitherausgeberschaft der ZKG verbunden war, in einem Brief vom 25.5.1941 dazu, die Attacke von Hirsch (»der alte Hollianer und vergreiste Liberale«) nicht zu ernst zu nehmen. »Der alte Fuchs Lietzmann aber, von dem Sie mir am Telefon sprachen, erscheint weder im Titel der Zeitschrift noch im Artikel selbst. Ob Anregungen von ihm aufgenommen sind, werden Sie sicherlich an den Einzelheiten feststellen können. Dass er davon gewusst hat, auch eingeflüstert hat, halte ich für möglich, ihn aber nicht für fassbar. An seine Adresse kann daher keiner von uns sich wenden: Er würde mit gewissem Recht den erstaunten, gekränkten Unschuldigen spielen« (Bundesarchiv Koblenz N1248/124, o. P.). Der Zusammenhang kann hier aber nicht umfassend behandelt werden.

brief bestanden Lietzmann und Aland auf dem »Grundsatz offener wissenschaftlicher Aussprache« als »Basis der ThLZ« und dem Recht eines kompetenten Gelehrten, »ein Buch, das er für verfehlt hält, auch als solches zu charakterisieren«. Gegenkritiken wollten sie nicht im Blatt sehen, sondern verwiesen auf andere Organe.[247] So ist dies heute noch in der Theologischen Literaturzeitung üblich: Gegendarstellungen wer-

246 *Rudolf Hermann* (1887–1962) schrieb am 25.5.1941 einen solchen, ebenfalls in Koblenz erhaltenen Brief, wie auch aus einem Brief von Seeberg an ihn vom 30.5.1941 hervorgeht (Rudolf Hermann – Erich Seeberg. Briefwechsel 1920–1945, hg. v. A. Wiebel [Greifswalder Theologische Forschungen 7], Frankfurt am Main 2003, 322 f.). Aus dem Briefwechsel erfährt man, dass auch Ernst Benz (1907–1978) an Aland geschrieben hatte, Erich Klostermann (1870–1963) dagegen nicht: Brief Seeberg an Hermann, 16.6.1941, a. a. O. 323 f. Der Brief Hermann unter Datum vom 16.5.1941 (»z. Hd. Herrn Lic. Aland, Berlin N. 4. Artilleriestr. 15« sowie »Sehr geehrter Herr Kollege«) ist im Nachlass Seeberg erhalten (Bundesarchiv Koblenz N1248/124, o. P.).

247 Brief [Aland/]Lietzmann an n. n. vom 24.6.1941 (a. a. O. Nr. 1185, S. 1024 f.): »Die Schriftleitung kann diesem Ersuchen nicht stattgeben. Der Grundsatz offener wissenschaftlicher Aussprache war stets die Basis der ThLZ und sie wird auch in Zukunft darüber wachen, daß einem kompetenten Gelehrten – und das ist E. Hirsch im vorliegenden Falle zweifellos – das Recht nicht verkümmert wird, ein Buch, das er für verfehlt hält, auch als solches zu charakterisieren. Wer diese Kritik nach Form oder Inhalt mißbilligt, hat die Möglichkeit das in anderen Organen vorzutragen, wobei er auch Gelegenheit finden wird, die von ihm bei E. Hirsch vermißten Eigenschaften der Sachlichkeit und des höflichen Tones vorbildlich zur Darstellung zu bringen, was in den uns zugegangenen Briefen nicht überall der Fall war.« – Die erhaltenen Ausfertigungen dieses Schreibens im Nachlass Seeberg zeigen, dass der Text gemeinsam von Lietzmann und Aland unterzeichnet wurde, wobei den Namen die Angabe »Schriftleiter der ThLZ bis 31.10.1940« bzw. »Schriftleiter der ThLZ ab 1.12.1940« beigefügt war. Wer im November die Geschäfte führte, blieb für Leser des Textes also offen. Die Typographie des Briefes entspricht aber den Schreiben, die Aland an die Redaktion schickte und die in der EVA Leipzig aufbewahrt werden.

den grundsätzlich nicht abgedruckt. Allerdings hatte, wie der Briefwechsel zwischen Hirsch und Lietzmann erkennen lässt, der Herausgeber Lietzmann seinem Freund Hirsch abweichend von dieser Regel pauschal das Recht zu Reaktionen eingeräumt.[248] Hirsch versicherte nicht nur, dieses Recht nicht missbrauchen zu wollen, er nahm es in den folgenden Nummern der »Theologischen Literaturzeitung« auch gar nicht in Anspruch.

Seeberg reagierte in der von ihm mitherausgegebenen »Zeitschrift für Kirchengeschichte« (die eigentlich als Parallelgründung zur »Theologischen Literaturzeitung« begonnen hatte und von einem ähnlichen theologischen Milieu aus dem Netzwerk von Albrecht Ritschl begründet worden war[249]) mit ähnlich schroffen Bemerkungen wie Hirsch, die aber deutlicher ins Persönliche gewendet waren. Er hielt Hirsch (wie schon zuvor Bornkamm) vor, lediglich ein epigonaler Schüler des gemeinsamen Lehrers Karl Holl zu sein.[250] Vor allem warf er aber der »Theologischen Literaturzeitung« vor, zum Tendenzblatt eines persönlichen Netzwerks und einer theologischen Position geworden zu sein:

---

248 S. o. S. 141.

249 So Harnack selbst 1925, oben zitiert auf S. 34 mit Anm. 38; vgl. aber auch F. W. Graf, Einleitung, in: Ernst Troeltsch, Rezensionen und Kritiken (1901–1914) (Kritische Gesamtausgabe 4), (wie Anm. 6), 11–17.

250 E. Seeberg, Ein neues Lutherbild aus der Sicht eines Epigonen, ZKG 60 (1941), 197 f.: »Die kollegiale Schätzung eines Professors vollzieht sich gewöhnlich in drei Phasen: Zuerst heißt es: Er hat noch nicht genug geschrieben; er hat nicht die wissenschaftliche Methode; es fällt ihm nichts ein. Kurz, in intellektueller Hinsicht bestehen Mängel. Auf der zweiten Stufe sagt man: Wissenschaftlich mag es ja mit ihm gehen; auch seine Vorlesungen sollen anregend sein. Aber menschlich ist nichts mit ihm los; er ist schillernd oder bösartig, und die reiferen Studenten gehen lieber zu seinen Kollegen. Die dritte und letzte Stufe der kollegialen Anerkennung ist

»Es ist merkwürdig, daß die Th. L.Z. eine in einem so absichtlich geringschätzigen Ton gehaltene Besprechung wie selbstverständlich und wortlos gebracht hat. Es ist doppelt merkwürdig, da Herr Prof. Lietzmann bis zum 31. Oktober 1940 Schriftleiter der Th. L.Z. gewesen ist und Herr Lic. Aland seit dem 1. Dezember 1940 Herausgeber dieser Zeitung ist. Herr Professor Lietzmann ist nämlich wie ich auch Professor der Kirchengeschichte an der Berliner Universität; Herr Lic. Aland ist Assistent an dem kirchengeschichtlichen Seminar, dessen Leiter Herr Prof. Lietzmann und ich sind. Ich weiß nicht, ob es der ältere oder der jüngere Herr Kollege gewesen ist, der es Herrn Prof. Hirsch zur ›Ehrensache‹ gemacht hat, mein Buch herunterzureißen. Ich möchte nun der Th. L.Z. ernstlich wünschen, daß sie kein Familienblatt wird, in dem die Mitglieder einer theologischen Familie samt pacati und amici die Besprechungen nach bestimmten familienpolitischen Gesichtspunkten vornehmen. Man könnte doch den Nutzen eines solchen Organs gerade heute in Zweifel ziehen, und man könnte fragen, ob es zweckmäßig ist, die Aufspaltung der wissenschaftlichen Theologie, die von vielen Seiten intra et extra muros angegriffen wird, in blinder Herrschsucht zu betreiben.«[251]

dadurch gekennzeichnet, daß man erklärt: Nun ja, er hat doch etwas geleistet; trotz seiner Mängel ist er eine Persönlichkeit. [...] Ich glaubte bisher auf der zweiten Stufe zu stehen. Durch Herrn Prof. Hirsch bin ich in seiner Besprechung meiner ›Grundzüge der Theologie Luthers‹ (Theol. Lit.Zeitung 5/6 1941) auf die erste Stufe zurückversetzt worden und kann das also als einen Akt der Verjüngung empfinden. Aber meine Freude darüber wird dadurch gemindert, daß Herr Prof. Hirsch sich in der von ihm beliebten Tonart vergriffen hat und daß er nicht imstande oder nicht gewillt gewesen ist, das erste Gesetz einer Besprechung zu erfüllen, nämlich die Gedanken eines Buches darzustellen und dem Leser zu vermitteln. In seiner Rezension findet sich überhaupt nur ein ernsthafter sachlicher Gesichtspunkt: Holl hat es verboten, Luthers Theologie aus einem Punkt abzuleiten, und er hat es dann doch ein für allemal festgelegt, daß das Wesentliche bei Luther die ›Gewissensreligion‹ ist.« – Im Nachlass Seeberg ist eine Manuskriptvorstufe dieses Artikels enthalten, die einen noch provokanteren Titel trägt: »Ein Papst der Epigonen, oder: Ein neues Lutherbild in der Kritik eines Epigonen« (Bundesarchiv Koblenz N1248/124, o. P.).

251 Seeberg, Ein neues Lutherbild aus der Sicht eines Epigonen (wie voraufge-

Lietzmann reagierte nun seinerseits in der bereits von Aland herausgegebenen »Theologischen Literaturzeitung« im März 1942 durch eine Mitteilung, in der er weitgehend den Inhalt seiner Korrespondenz als Herausgeber mit Hirsch offenlegte. Er habe nach den Ablehnungen angefragter Rezensenten

> »dem mir persönlich nächststehenden von ihnen, Herrn Hirsch, einen energischen Brief geschrieben und ihn auf den Schaden aufmerksam gemacht, den die wissenschaftliche Diskussion erleiden müsse, wenn sich die zu einem Urteil berufenen Forscher um ihre Rezensentenpflicht drückten. Das hat Herr Hirsch mit Recht als einen Appell an seine Ehre empfunden und sich zur Lieferung bereit erklärt. Er machte dabei einige Bedingungen, darunter auch die, daß sein Manuskript unverändert gebracht werden müsse. Diese Bedingungen sind ihm zugesagt worden und banden auch meinen Nachfolger in der Redaktion, Herrn Aland.«[252]

Interessanterweise machte Lietzmann also die Hirsch besonders wichtige und angesichts der Prägung der Zeitschrift problematische Bedingung, dass alle seine eventuellen Antworten auf Reaktionen auf seine Rezension auch gedruckt werden müssten, nicht explizit, sondern ließ offen, welche weiteren Bedingungen der Rezensent stellte. Hirsch stellte, wie wir sahen, aber keine weiteren Forderungen. Trotzdem druckte die »Theologische Literaturzeitung« im folgenden

---

hende Anmerkung), 198; gefolgt übrigens von: E. Grossmann, Erich Seebergs Lutherdeutung, ZKG 60 (1941), 198–207.

252 H. Lietzmann, Mitteilungen, ThLZ 67 (1942), 122. – Seeberg kommentierte diese Passage in einem Brief an Hermann vom 2.4.1942: »Nun hat Lietzmann noch in Th. L.Z. 3/4 eine abschließende Bemerkung gemacht, die meine Ansicht völlig bestätigt und den lieblichen Hirsch noch mehr hineinreitet« (Rudolf Hermann – Erich Seeberg. Briefwechsel 1920–1945 [wie Anm. 246], 335).

Jahr einen weiteren Beitrag, der sich mit Seebergs Lutherbuch beschäftigte. Er stammte von *Wilhelm Brachmann* (1900–1989), einem ehemaligen Pfarrer und promovierten Theologen, der seit 1937 die Hauptstelle Religionswissenschaft in der Reichsleitung der NSDAP (Dienststelle Rosenberg) geleitet hatte und seit 1942 in Halle das »Institut für Religionswissenschaft« der Hohen Schule der NSDAP aufbaute und gleichzeitig eine für ihn geschaffene Professur für Religionswissenschaft an der dortigen Martin-Luther-Universität vertrat.[253] Brachmann berührte sich an einigen Punkten mit der Argumentation von Hirsch, argumentierte jedoch im Ton deutlich freundlicher und äußerte sich trotz einzelner Kritikpunkte aufgeschlossener gegenüber der Grundthese einer Verbindung von Luthers Theologie und »dem Deutschen«. Man gewinnt den Eindruck, dass der geschäftsführende Herausgeber Aland sich bemühte, sich ein Stück auf den tief verletzten Seeberg zuzubewegen, ohne doch Hirsch und (den im Krankenhaus befindlichen) Lietzmann nachhaltig zu verärgern. Dabei spielte sicher auch eine Rolle, dass es in den De-

---

253 W. Brachmann, Luthers deutsche Sendung. Ein Beitrag zur Auseinandersetzung mit E. Seebergs Lutherbuch, ThLZ 67 (1942), 11–18. – Zu Brachmann vgl. H. Junginger, Wilhelm Brachmann, in: Handbuch der völkischen Wissenschaften: Akteure, Netzwerke, Forschungsprogramme, hg. v. M. Fahlbusch, I. Haar u. A. Pinwinkler, Bd. 1, Berlin/Boston ²2017, 71–75. Aus der Abschrift eines Briefes von Mensching an Klotz vom 24.10.1941, StA-L, 22208 J. C. Hinrichs Verlag, Leipzig, Nr. 227, Bl. 74, erfährt man, dass auch »Herr Brachmann, dessen merkwürdige Habil-Arbeit in Halle ich [Mensching] bekanntlich zu begutachten hatte, sich an ausgesprochen christl[iche] Theologen um Mitarbeit an seiner neuen Zeitschrift wendet«. Gemeint ist die Zeitschrift »Volk im Werden. Zeitschrift für Geistes- und Glaubensgeschichte«, die Brachmann ab 1943 herausgab; vgl. dazu auch unten S. 167 mit Anm. 279, und Keßler, Luthers Schriften für die Gegenwart (wie Anm. 123), 96 mit Anm. 213.

zembertagen 1941, als das Doppelheft Nr. 1/2 des Jahrgangs 1942 zusammengestellt wurde, schon um die Frage der universitären Vertretung des schwer erkrankten Ordinarius Lietzmann durch seinen Oberassistenten Aland ging und also auch institutionell um das Verhältnis von Seeberg zu dem potentiellen Vertreter im kirchengeschichtlichen Seminar der Theologischen Fakultät der Friedrich-Wilhelms-Universität in Berlin.[254]

Für unsere Analyse der hier referierten Kontroverse ist weniger die Frage einschlägig, ob nicht auch Seeberg seinerseits die »Zeitschrift für Kirchengeschichte« schon längst als »Organ ad maiorem gloriam von Haus und Schule Seeberg« führte, wie Hans von Soden im Zusammenhang der vorhin erwähnten Kontroverse zwischen Bornkamm und Seeberg über Meister Eckhart bemerkt hat.[255] Für den Rezensionsteil

---

254 Details und Nachweise zu der Geschichte der Lehrstuhlvertretung Aland auf der Basis der Quellen des Seeberg-Nachlasses und der Restüberlieferung der Fakultät bzw. Universität bei Keßler, Luthers Schriften für die Gegenwart (wie Anm. 123), 92–105.

255 Hans von Soden, Brief an Karl Heussi vom 31.1.1938, zitiert nach: Theologie und Kirche im Wirken Hans von Sodens: Briefe und Dokumente aus der Zeit des Kirchenkampfs 1933–1945, hg. v. E. Dinkler, bearb. v. M. Wolter (AKZG A 2), Göttingen 1986, Dok. 24 (246–249), 248: »Die Zeitschrift (sc. ZKG, C. M.) hatte, wie ich gern anerkenne, unter Erich Seebergs Leitung eine recht erhebliche Qualität. Den Schönheitsfehler, dass sie zugleich Organ ad maiorem gloriam von Haus und Schule Seeberg sein musste, habe ich mehr komisch als tragisch genommen, zumal die Leistungen von Haus und Schule Seeberg ja durchweg tüchtig und zum Teil ausgezeichnet sind. Sehr ernst muss ich es dagegen nehmen, wenn die Zeitschrift zum Organ persönlicher, wissenschaftlicher und politischer Diffamierung wird.« – Thomas Kaufmann zeigt (Der Berliner Kirchenhistoriker Erich Seeberg als nationalsozialistischer Theologieprofessor [wie Anm. 239], 223), dass das familiäre Netzwerk und insbesondere der Vater Reinhold Seeberg (1859–1935) seit Berliner Studienzeiten eine große Bedeutung für die Karriere von

der Zeitschrift (und übrigens auch für die Vergabe der Rezension über das Luther-Buch seines Vaters) zeichnete *Bengt Seeberg* (1914–1944), der gleichfalls kirchenhistorisch tätige Sohn von Erich Seeberg, verantwortlich. Er bereitete damals bei einem Schüler seines Vaters in Kiel eine Habilitationsschrift über die Predigten seines Großvaters Reinhold vor.[256] Auch die Tatsache, dass mit Hirsch und Seeberg zwei bekennende Nationalsozialisten die Klingen kreuzten (wie vorher schon Bornkamm und Seeberg) und Seeberg offenkundig vor wie hinter den Kulissen versuchte, die nationalsozialistischen Behörden auf seine Seite zu ziehen,[257] ist hier nicht von Be-

---

Erich Seeberg hatten, und führt das auf die familiäre Prägung durch die Verhältnisse an der Theologischen Fakultät der Universität Dorpat zurück, die er als Konservierung und Perpetuierung der vormodernen protestantischen »Familienuniversität« bezeichnet. Das könnte man übrigens auch durch eine Analyse der Jahre bestätigen, die Adolf von Harnack in Dorpat verbracht hat; ich hoffe, dies einmal an anderer Stelle tun zu können.

256 Rudolf Hermann an Seeberg, 22.5.1940 (in: Rudolf Hermann – Erich Seeberg. Briefwechsel 1920–1945 [wie Anm. 246], 307: »Ihr Sohn fragt soeben bei mir an, ob ich Ihr neues Lutherbuch in der Zeitschrift für Kirchengeschichte rezensieren will.« Hermann lehnt wegen Überlastung und drohendem Widerspruch gegen Grundthesen des Buchs ab.

257 Aland wurde im Zusammenhang der Rezension des Luther-Buches von Seeberg, wie er selbst schreibt, ins Propaganda-Ministerium zitiert: ders., Glanz und Niedergang der deutschen Universität. 50 Jahre deutscher Wissenschaftsgeschichte in Briefen an und von Hans Lietzmann (1892–1942) (wie Anm. 62), 124 Anm. 72. Aus dem Briefwechsel Hermann-Seeberg (wie Anm. 246) ergibt sich, dass Lietzmann (wie zuvor schon Klotz in einer anderen Sache: S. 102 mit Anm. 169) ins Reichskirchenministerium zitiert wurde und Seeberg über den Inhalt des Gespräches orientiert wurde (Brief vom 30.5.1941, a. a. O. 322 f.). Außerdem kündigte Seeberg an, ins Propagandaministerium gehen zu wollen (Brief vom 16.6.1941, a. a. O. 323 f.). Am 4.7.1941 schreibt er an Hermann, einen Referenten in diesem Ministerium vom Verbot der ThLZ abgehalten zu haben (a. a. O. 325). Aus einem Brief

deutung. Schließlich soll der Konflikt auch nicht psychohistorisch gedeutet werden.[258] Dazu müsste man auch die vierteljährlichen Berichte von Seeberg über die »Theologische Literaturzeitung« an die »Parteiamtliche Prüfungskommission zum Schutze des nationalsozialistischen Schrifttums« der NSDAP, soweit erhalten, analysieren und mit den erschienenen Heften vergleichen.[259] Natürlich würde es auch lohnen,

---

von Aland an den Verlag vom 5.1.1942 (im Aktenordner Redaktion ThLZ 1938–1945 der EVA Leipzig) wird deutlich, dass sich Dr. Wolfgang Kürzel, Referent Wissenschaftliche Presse von der Abteilung Zeitschriftenpresse des Progagandaministeriums, telefonisch bei Aland meldet, »alle alten Dinge wieder zur Sprache brachte« und Zusendung des Heftes mit dem Aufsatz von Wilhelm Brachmann über Seebergs Lutherbuch erbittet (s. o. 151 mit Anm. 253). – Man hat es hier mit unterschiedlichen Varianten der »fundamentalen Ambivalenzen« in der Haltung deutscher Wissenschaftler gegenüber dem Nationalsozialismus zu tun: H. Seier, Die Hochschullehrerschaft im Dritten Reich, in: Deutsche Hochschullehrer als Elite 1815–1945, hg. v. K. Schwabe, Boppard am Rhein 1988, (247–295) 247.

258 Lietzmann schreibt im Zusammenhang der Konflikte um Bornkamm an von Soden (am 25.5.1937, zitiert nach: Glanz und Niedergang der deutschen Universität. 50 Jahre deutscher Wissenschaftsgeschichte in Briefen an und von Hans Lietzmann (1892–1942) [wie Anm. 62], Nr. 1005, S. 887): »Seeberg ist schon stets gegen Kritik oder auch nur nicht genügendes Lob schwer empfindlich gewesen, er ist da erblich belastet. Das ist jetzt bei ihm rein pathologisch geworden und grenzt an Verfolgungswahn, der sich mit unstillbarem Ehrgeiz paart. Schade um den Menschen, der einst Gutes versprach.« Seeberg schreibt über Lietzmann (an Hermann am 25.8.1941, zitiert nach: Rudolf Hermann – Erich Seeberg. Briefwechsel 1920–1945 [wie Anm. 246], 329): »Er ist ein ebenso kalter wie böser Mensch.«

259 Auf diese Berichte weist hin: Meier, Die Theologischen Fakultäten im Dritten Reich (wie Anm. 58), 343, und gibt als Signatur im Nachlass Seeberg Bundesarchiv Koblenz N1248/23, Bl. 1–8. Natürlich müsste auch der Aktenbestand der PPK im Bundesarchiv Berlin-Lichterfelde durchgesehen werden: NS51 (alt 62 Ka 1). Eine Auswertung dieser Quellenüberlieferungen kann hier nicht geleistet werden.

die Auseinandersetzung einmal hinsichtlich ihrer sozialgeschichtlichen Dimension zu kommentieren: Erich Seeberg verfügte allein aufgrund der Entschädigungen, die seiner Familie wegen des Verlustes ihrer baltischen Heimat gezahlt worden waren, über genügend Finanzmittel, um sich neben einer vornehmen Villa in Berlin-Grunewald nach baltischem Brauch noch einen repräsentativen Zweitwohnsitz an der Ostsee in Ahrenshoop leisten zu können.[260] Sein Vater Reinhold Seeberg (1859–1935) stand mindestens vor dem Weltkrieg ökonomisch im Schatten des späteren baltisch-deutschen Kollegen Harnack, der schon als Dorpater Student in einer »besseren« Verbindung gemeinsam mit vielen Adligen Mitglied gewesen war.[261] Kurt Aland stammte hingegen aus ganz

---

260 Vgl. dazu Th. Kaufmann, Die Harnacks und die Seebergs. »Nationalprotestantische Mentalitäten« im Spiegel zweier Theologenfamilien, in: Nationalprotestantische Mentalitäten in Deutschland 1870–1970. Konturen, Entwicklungslinien und Umbrüche eines Weltbildes, hg. v. H. Lehmann u. M. Gailus (Veröffentlichungen des Max-Planck-Instituts für Geschichte 214), Göttingen 2005, 165–222, sowie ders., Der Berliner Kirchenhistoriker Erich Seeberg als nationalsozialistischer Theologieprofessor (wie Anm. 239), 221: »das Jagen, der Landlord-, Hundehalter-, Reiter- und Stiefelträgerhabitus«.

261 Es handelte sich um die »Livonia« (A. von Zahn-Harnack, Adolf von Harnack [wie Anm. 24]), 42–49; Ch. Nottmeier, Adolf von Harnack und die deutsche Politik 1890–1930. Eine biographische Studie zum Verhältnis von Protestantismus, Wissenschaft und Politik [BHTh 124], Tübingen 2004, 41–54). Seeberg war (wie Harnack) Mitglied im »Theologischen Verein zu Dorpat« und im »Corps Neobaltia« (vgl. Album des Theologischen Vereins zu Dorpat, hg. v. Verein unter der Redaktion v. A. Seeberg, Dorpat 1905, s. nn. [20.65], und F. W. Graf, Konservativer Kulturlutheraner. Ein Lebensbild Reinhold Seebergs, in: ders., Der heilige Zeitgeist. Studien zur Ideengeschichte der protestantischen Theologie in der Weimarer Republik [wie Anm. 33], [211–264] 221 f.). Noch heute hat das erhaltene, schlossartige Gebäude der Verbindung Harnacks in Tartu (13 Veski, Tartu) seine elegante

einfachen Verhältnissen einer Berliner Arbeiterfamilie (der Vater arbeitete als Packer bei Wertheim), während Hans Lietzmann, Sohn eines mittleren Finanzbeamten, der Aufstieg in die Berliner gutbürgerliche Gelehrtenwelt gelungen war.[262] Aber auch diese Dimension können wir hier nur andeuten.[263]

Die Auseinandersetzungen zwischen Aland, Hirsch, Lietzmann und Seeberg machen deutlich, dass neben mehr oder weniger expliziten theologischen Positionen und Annahmen über gute Wissenschaft auch sehr persönliche Dispositionen der Akteure das Herausgeber-Handeln in einer Rezensionszeitschrift bestimmen. Möglicherweise werden bestimmte Dispositionen in totalitären Systemen auch stärker gefördert als andere.[264] Außerdem werden die politischen wie sozialen Kontexte scheinbar rein binnentheologischer Auseinandersetzungen unter den Bedingungen einer Ordinarienuniversität in einem autoritären System wie im Schlaglicht erkennbar.[265] Und schließlich zeigt sich, dass man die meisten solcher komplexer Konfliktlagen einer »zankenden Zunft«[266]

Ausstattung mit Deckengemälden und Holzintarsien bewahrt und wirkt deutlich nobler als das der Neobaltia (1 Kastani, Tartu).

262 Hengel, Laudatio Kurt Aland (wie Anm. 124), 349.

263 Sie wäre aber bei einer umfassenden Analyse, die den Standards neuerer Geistes- und Ideengeschichte folgt, selbstverständlich zentral: Ch. Markschies, Vergangenheit, Gegenwart und Zukunft der Ideengeschichte. Zum Werk Hans von Campenhausens, in: Hans Freiherr von Campenhausen. Weg, Werk und Wirkung, hg. v. Ch. Markschies (Schriften der Philosophisch-historischen Klasse der Heidelberger Akademie der Wissenschaften 43/2007), Heidelberg 2008, 9–27.

264 So jedenfalls Bräuer, »Kein Feind unserer Republik, sagt aber, was er meint«. Der Berliner Kirchenhistoriker Walter Elliger (1903–1985) (wie Anm. 207), 469 f.

265 Dazu Graf, Einleitung: Protestantische Universitätstheologie in der Weimarer Republik (wie Anm. 33), 9–11.

nur unter Beachtung ihrer *longue durée* angemessen darstellen kann. Wie kann man aber in der Theologiegeschichtsschreibung diese unterschiedlichen Bereiche, Ebenen oder Dimensionen analytisch sauber trennen? Und wie lassen sich vereinfachende Deutungen vermeiden, beispielsweise die beliebte Erklärung, es sei in solchen Auseinandersetzungen doch nur um Macht und Einfluss gegangen und die theologischen Streitpunkte seien lediglich Camouflage akademischer Geltungskämpfe gewesen?

Zunächst einmal muss man die genannten Bereiche, Ebenen oder Dimensionen (theologische Positionen, Annahmen über gute Wissenschaft, persönliche Dispositionen, politische, soziale und wirtschaftliche Kontexte sowie Kontinuität bzw. Wandel unter der Perspektive einer *longue durée*) als *unterschiedliche und jeweils autonome Rationalitäten* begreifen. So gab es für einen Nachwuchswissenschaftler wie Aland im Rahmen einer segmentierten ökonomischen Rationalität gute Gründe, sich als Kind aus sehr einfachen Verhältnissen zunächst auf die Verfolgung der eigenen Karriere zu konzentrieren. Die unterschiedlichen, zunächst autonomen Rationalitäten werden von Akteuren jeweils in Verhältnisse gesetzt und dazu hierarchisiert: Ein Nachswuchswissenschaftler wie Aland entschloss sich dazu, den Widerspruch zwischen seiner theologischen Position und der Position von Seeberg im Interesse politischer und ökonomischer Rationalität nach dem Tode Lietzmanns nicht mehr so deutlich zur Geltung zu bringen wie vorher, und ordnete damit die Bedeutung der theologischen Rationalität bewusst oder unbewusst hinter die politischer und ökonomischer Rationalität.

266 K. Große Kracht, Die zankende Zunft. Historische Kontroversen in Deutschland nach 1945, Göttingen [2]2011.

Für solche individuellen Hierarchisierungsvorgänge sind viele Faktoren einschlägig, nicht zuletzt natürlich auch gesellschaftliche oder kirchliche Erwartungen an solche Hierarchisierungen, kulturelle Praktiken und Normen verschiedenster Art. Umgekehrt gilt natürlich auch, dass einzelne Handlungen durchaus von unterschiedlichen Rationalitäten geprägt sein können: Wenn Klotz bestimmte herausgeberische Handlungen von Opitz ins Leere laufen ließ oder unterband, könnten dafür gleichzeitig politische und wirtschaftliche Rationalitäten verantwortlich gewesen sein. Wie solche Rationalitäten genau hierarchisiert sind, lässt sich meist erst im Konfliktfall erkennen, wenn man beispielsweise der Rationalität seiner politischen oder theologischen Position nicht mehr ohne wirtschaftlichen Schaden folgen kann.

Wollte man in eine ausführliche theologiegeschichtliche Analyse der »Theologischen Literaturzeitung« zwischen nichtpositionaler Positionalität und positionaler Positionalität eintreten, dann müsste man zunächst die eben skizzierten unterschiedlichen Rationalitäten bei der Herausgabe einer solchen Rezensionszeitschrift präzise beschreiben und dann die Strategien und Normen der Hierarchisierung solcher Rationalitäten. In bestimmten Fällen dominiert die ökonomische Rationalität, in anderen Fällen eine politische Rationalität, in wieder anderen Fällen eine von Annahmen über gute Wissenschaft geprägte Rationalität oder eine theologisch positional grundierte Rationalität.[267] Solche Hierarchien können kurzfristig umorganisiert werden oder langfristig durchgehalten werden, insofern ist auch die Perspektive der *longue*

---

267 Mit dieser Aufzählung soll keineswegs behauptet werden, dass damit die für herausgeberisches Handeln in einer Rezensionszeitschrift einschlägigen Rationalitäten schon vollständig genannt wären.

durée von zentraler Bedeutung. Mit klassischen wissenschaftstheoretischen Modellen lassen sich die komplexen Phänomene der Hierarchisierung von Rationalitäten und die multiplen Konfliktlagen zwischen ihnen nicht präzise genug beschreiben.[268] Man müsste die hier entfaltete Beschreibung von unterschiedlichen, autonomen Rationalitäten und ihrer Verhältnisbestimmung durch Hierarchisierung nun ins Verhältnis setzen zu anderen Konzepten, vor allem dem Züricher Konzept der »Wissensordnungen« und dem Frankfurter Modell der »Wissenskulturen«;[269] das kann hier selbstverständlich nicht geschehen. Um individuelle und kollektive Hierarchisierungen von Rationalitäten in den Blick zu nehmen, müsste auch noch die Methode historischer Netzwerkanalyse umfassender auf die hier referierten Befunde angewendet werden.[270]

---

268 Die Einschätzung gilt m. E. auch für den Versuch, aus dem oben erwähnten Beitrag von Weber zur Objektivität (s. o. S. 137 f. mit Anm. 231) eine Kriteriologie zur Abwägung konkurrierender Werte, Interessen und Handlungsziele zu entwickeln; vgl. dazu beispielsweise die Debattenbeiträge von J. Kocka, Sozialgeschichte. Begriff, Entwicklung, Probleme (Kleine Vandenhoeck-Reihe 1434), 2., erw. Aufl., Göttingen 1986, 40–47, und ders., Legende, Aufklärung und Objektivität in der Geschichtswissenschaft: Zu einer Streitschrift von Thomas Nipperdey, GuG 6 (1980), 449–455, sowie Th. Nipperdey, Wozu noch Geschichte?, in: Die Zukunft der Vergangenheit. Lebendige Geschichte, klagende Historiker, hg. v. G.-K. Kaltenbrunner (Herderbücherei Initiative 8), Freiburg u. a. 1975, 34–57 = Über das Studium der Geschichte, hg. v. W. Hardtwig (dtv-Wissenschaft 4546), München 1990, 366–388 – zur Debatte zwischen Kocka und Nipperdey P. Nolte, Lebens Werk. Thomas Nipperdeys Deutsche Geschichte. Biographie eines Buches, München 2018, 201–205.

269 Zur Einführung: Ph. Sarasin, Was ist Wissensgeschichte?, IASL 36 (2011), 159–172, sowie W. Detel, Wissenskulturen und universale Rationalität, in: Wissenskulturen. Über die Erzeugung und Weitergabe von Wissen, hg. v. J. Fried u. M. Stolleis, Frankfurt/New York 2009, (181–214) 184–186.

270 Vgl. z. B. Handbuch Historische Netzwerkforschung. Grundlagen und

Ein solcher Versuch der Präzisierung analytischer Instrumente könnte dabei helfen, präzisere Fragen für eine künftige umfassende Darstellung der Geschichte der »Theologischen Literaturzeitung« zu formulieren, zunächst für den Vergleich programmatischer Äußerungen von Herausgebern mit ihrem herausgeberischen Handeln, wie wir es versucht haben. Anhand von welchen Indikatoren kann man die Positionalität einer Rezensionszeitschrift auf der programmatischen Ebene wie auf der des Alltagshandelns einer Redaktion oder eines Verlages messen? Welchen Einfluss haben unterschiedliche Rationalitäten und ihr jeweiliges hierarchisches Verhältnis auf solche Positionalität? Wie konzipiert man beispielsweise den Einfluss ökonomischer Rationalitäten, der spätestens dann sichtbar wird, wenn die Zahlen der Abonnements sinken, die Druckkostenzuschüsse der Forschungsgemeinschaft ausbleiben oder – wie im Falle des »Theologischen Literaturblatts« – eine erfolgreiche Konkurrenz am Markt aufkommt? Welche exakte Rolle spielen persönliche Dispositionen, welche präzise Bedeutung haben allgemeine wissens- und institutionensoziologische Zusammenhänge?

Unser Versuch, die Geschichte der »Theologischen Literaturzeitung« sowohl auf der Ebene der Selbstbeschreibung der herausgeberischen Tätigkeit durch ihre (kirchenhistorischen) Herausgeber als auch auf der Ebene der faktischen Präsentation durch Aufsätze, Rezensionen und Mitarbeiter zwischen den Extremen einer nichtpositionalen Positionalität und einer positionalen Positionalität zu verorten, steht noch am Anfang. Insbesondere für die praktische Seite haben wir nur wenige ausgewählte Beispiele in den Blick nehmen kön-

Anwendungen, hg. v. M. Düring, U. Eumann, M. Stark u. L. von Keyserlingk, Berlin/Münster 2016.

nen. Es wird noch eine Weile brauchen, bis sich aus den genannten Kategorien und Fragen eine Matrix für eine detaillierte Analyse entwickeln lässt.

Aber ist es hoffentlich schon deutlich geworden, dass klassische Duale wie die Rede von der »Theologischen Literaturzeitung« als einer »liberalen« Rezensionszeitschrift im Gegensatz zu einer bekenntnisgebundenen wie dem »Theologischen Literaturblatt« nicht nur von ihren Gründern für unangemessen gehalten wurden. Auch die duale Entgegensetzung von »Positionalität« und »Nichtpositionalität«, für die in einem einflussreichen Aufsatz vor vielen Jahren der emeritierte Tübinger praktische Theologe Dietrich Rössler geworben hat,[271] ist noch nicht ausreichend komplex, um die Befunde eigentümlicher Verschränkung von Positionalität und Nichtpositionalität sachgemäß zu interpretieren (aber doch eine entscheidende Voraussetzung, um das Problem überhaupt zu bemerken). Das analytische Instrument der Theologiegeschichtsschreibung muss, so können wir diesen Abschnitt beschließen, offenkundig noch weiter verfeinert werden, um aus den klassischen Schematisierungen herauszukommen. Die Geschichte einer Rezensionszeitschrift wie der »Theologischen Literaturzeitung« ist dafür ein vorzügli-

---

271 Dietrich Rössler unterscheidet zwischen einer Phase positionaler und einer weiteren Phase kritischer Theologie in der Geschichte der evangelischen Universitätstheologie; vgl. ders., Positionelle und kritische Theologie, ZThK 67 (1970), 215–231 = ders., Überlieferung und Erfahrung. Gesammelte Aufsätze zur Praktischen Theologie, hg. v. Ch. Albrecht u. M. Weeber (Praktische Theologie in Geschichte und Gegenwart 1), Tübingen 2006, 140–154. »Positionalität« verwendet als analytische Kategorie beispielsweise J. Wischmeyer, Theologiae Facultas. Rahmenbedingungen, Akteure und Wissenschaftsorganisation protestantischer Universitätstheologie in Tübingen, Jena, Erlangen und Berlin 1850–1870 (AKG 108), Berlin/New York 2008, 5–7 sowie 277–239.

ches Übungsfeld.[272] Diese Geschichte aber hat, sorgfältig analysiert, auch noch Bedeutung für die Gegenwart und Zukunft dieser Zeitschrift.

Für die Gegenwart und Zukunft der »Theologischen Literaturzeitung« bleibt die Kritik der Positionalität, die sich in den programmatischen Statements der Gründer findet, dann von Bedeutung, wenn sie hilft, zwischen begründeten Standpunkten, von denen aus gewertet wird, und bloß »gängigen Denkmilieus und Forschungsrichtungen« und »deren Selbstbezüglichkeitstendenzen« zu unterscheiden.[273] Begründete Standpunkte als Grundlage für Bewertungen sind in einer Rezensionszeitschrift unvermeidlich, Rezensierende aus selbstbezüglichen Milieus beschädigen die Qualität eines solchen Organs. Selbstbezügliche Milieus wären ja auch eben die Form von »Parteiungen« im schlechten Sinne des Begriffs, die Harnack und Schürer verhindern wollten. Eilert Herms hat vor einigen Jahren eine in seinen Augen sinnvolle und eine problematische Form von »Theologischer Schule« unterschieden und letztere als »ein Zitations- und Meinungskartell« expliziert.[274] Unter den Einfluss solcher Kartelle sollte das

272 Ähnlich wie eine Enzyklopädie, vgl. dazu beispielsweise R. Conrad, Lexikonpolitik. Die erste Auflage der RGG im Horizont protestantischer Lexikographie (AKG 97), Berlin/New York 2006; zur Methodik besonders 8–22.

273 Für diese Unterscheidung votiert I. U. Dalferth, Sind wir noch urteilsfähig? Gegenwärtige Herausforderungen der Theologischen Literaturzeitung (wie Anm. 1), 609.

274 E. Herms, Die »theologische Schule«. Ihre Bedeutung für die Selbstgestaltung des evangelischen Christentums und seine sozialethische Praxis, MJTh 2: Theologische Gegenwartsdeutung (MThS 24), Marburg/Lahn 1988, (84–110) 86 = ders., Erfahrbare Kirche. Beiträge zur Ekklesiologie, Tübingen 1990, (157–189) 159. Seine eigene, positive Definition von »theologischer Schule« verbindet Herms mit dem Begriff »theologische Kompetenz«: Sie ist deren Vermittlungsinstanz und damit »derjenigen Fähigkeiten …, die

Projekt einer nichtpositionalen Positionalität von Schürer und Harnack tunlichst nicht geraten. Das in einer sehr spezifischen Interpretation der Theologie Albrecht Ritschls verwurzelte Konzept einer nichtpositionalen Positionalität der Gründungsherausgeber der »Theologischen Literaturzeitung« wird man heute nicht mehr einfach fortsetzen können oder wollen. Es war, so zeigte sich an den von uns dargestellten Kontroversen um einzelne Rezensionen, theoretisch zu wenig gegen Missbrauch im Sinne einer positionalen Positionalität abgesichert. Als Hans-Georg Opitz in den Jahren 1938 bis 1940 nach eigenem Bekunden versuchte, die alte Grundorientierung der nichtpositionalen Positionalität durch eine klare Positionierung in politischer wie kirchen- und theologiepolitischer Hinsicht zu ergänzen, war er offenbar der subjektiven Ansicht, dabei die von Schürer und Harnack grundgelegte Linie für die »Theologische Literaturzeitung« fortzusetzen. Man wird heute diese Selbstwahrnehmung nur sehr kritisch kommentieren können. Die Alternative für die gegenwärtige und zukünftige Orientierung der »Theologischen Literaturzeitung« kann gerade angesichts dieses kirchenhistorischen Herausgebers in schwieriger Zeit natürlich nicht in der erneuten Orientierung an einer bestimmten theologischen Position unserer Gegenwart oder gar umgekehrt in der aggressiven Ablehnung jeder Position bestehen. Vielmehr dürfte *eine zeitgemäße Interpretation der Kritik der Gründungsher-*

für die auftragsgemäß professionelle Führung des Pfarramtes erforderlich sind und zusammen die Fähigkeit begründen« (a. a. O.). Man könnte zeigen, dass diese Definition aus dem Kontext der Diskussion um die Reform des Theologiestudiums in den achtziger Jahren stammt und ihr dies auch deutlich anzusehen ist: Th. Meireis, Theologiestudium im Kontext (Arbeiten zur Praktischen Theologie 11), Berlin/New York 1997, 327–331 (Referat mit kritischer Tendenz).

ausgeber an Positionalität vor dem Hintergrund eines weiterhin strengen Maßstabs von wissenschaftlicher Methodik und inhaltlicher Exzellenz auch nach 144 Jahren ein guter Kompass für eine Rezensionszeitschrift sein.

In diesem Sinne einer zeitgemäßen Interpretation hat auch Kurt Aland mit der (ursprünglich aufgrund einer Verfügung der Reichspressekammer 1943 vollzogenen[275]) Integration des ursprünglich als bekenntnisorientierte lutherische Konkurrenz gegründeten »Theologischen Literaturblatts« die Gründungsidee einer nichtpositionalen Positionalität fortgesetzt.[276] Gleiches gilt unter gänzlich gewandelten kirchen-

---

275 Dazu oben S. 30 f. mit Anm. 30. Die letzte Nummer Nr. 7 von ThLB 64 (1943) enthielt Sp. 59 f. eine Mitteilung, die wesentlich deutlicher als die entsprechende Nachricht der ThLZ die wahren Umstände der »Zwangsvereinigung« ansprach: »Im Zuge der erneuten Vereinfachungen im Zeitschriftenwesen ist auf behördliche Anweisung hin unser Theologisches Literaturblatt von nächster Nummer ab mit der Theologischen Literaturzeitung (Verlag J. C. Hinrichs, Leipzig C 1, Scherlstr. 2) zusammenzulegen. Durch den Verlag Hinrichs werden die Fortsetzungen in Zukunft geliefert werden. Allen Mitarbeitern und Beziehern unseres Theologischen Literaturblattes bringen wir unseren verbindlichsten Dank für den Beistand und die Treue hiermit zum Ausdruck. Der Verlag: Dörffling & Franke – Der Herausgeber: D. Sommerlath – Leipzig, am 26. März 1943«. In der Mai/Juni-Nummer 5/6 von ThLZ 68 (1943) las man dagegen nur: (Sp. 129 f.): »Von diesem Heft ab erscheint die ›Theologische Literaturzeitung‹ vereinigt mit dem bisher im Verlag Dörffling & Franke, Leipzig, erschienenen ›Theologischen Literaturblatt‹, dessen bisherigen Herausgeber, Herrn Professor D. Ernst Sommerlath, wir als Mitherausgeber unserer ThLZ begrüßen.« Der Leitaufsatz »Luther und die Dogmatik. Zu H. Stephans Glaubenslehre« von Georg Wehrung (eine Rezension von H. Stephan, Glaubenslehre. Der evangelische Glaube und sein Weltverständnis [Sammlung Töpelmann. 1. R. Die Theologie im Abriß 3], 3., neubearb. Aufl., Berlin 1941), ThLZ 68 (1943), 177–188, war aus dem Stehsatz des ThLB übernommen.

276 In seinem Brief vom 22.3.1943, in dem Leopold Klotz Aland über die Vereinigung von ThLZ und ThLB orientiert (im Aktenordner Redaktion ThLZ

und theologiepolitischen Umständen und gesellschaftlich-politischen Verhältnissen von seinem Versuch, unter den Bedingungen der alten DDR in deren einziger international verbreiteter theologischer Fachzeitschrift eine Vielfalt theologischer Positionen abzubilden.

Zunächst zur erzwungenen Fusion der beiden Zeitungen: Es gelang Aland bei der Fusion mit dem »Theologischen Literaturblatt«, wie Klotz ihn 1943 bat, sich »in dieser Hinsicht taktvoll und respektvoll ... zu äußern, ohne sich aber starke Bindungen aufzuerlegen«.[277] Aland präsentierte Sommerlath, dem Herausgeber des Literaturblatts, wie sein Bericht über

---

1938–1945 der EVA Leipzig), skizziert der Geschäftsführer Konsequenzen für Aland und nennt als erste: »Verständigung mit Herrn Professor Sommerlath. Bei der Verhandlung spielte der theologische Richtungsunterschied doch noch eine mich etwas überraschende Rolle. Es wird erforderlich sein, dass wir diesen taktvoll respektieren. Dem Verlag war noch nicht bekannt, ob S. Wert darauf legt, selbst noch aktiv mitzuwirken. Wahrscheinlich wird S. sich nun an Sie wenden, vielleicht z. Zt. vorliegende Manuskripte vorlegen. Soweit diese nicht untergebracht werden können, wird es sich empfehlen, dass man sie den Verlagen der betreffenden Bücher zuweist, für die ja solche Beurteilungen doch einen gewissen Wert haben, selbst wenn die Kritik in der Zeitschrift selbst nicht erscheint.« Der Brief schließt: »Danach haben diese Zwangsmassnahmen (sc. der Reichspressekammer) wenigstens zu einer Hinüberrettung der ThLZ überhaupt geführt. Es ist ja für den Verleger D. & F. kein erhebendes Erlebnis, ein wenn auch kleines aber doch eigenständiges Unternehmen, das mit der Tradition des Hauses zusammenhängt, aufgeben zu müssen. Bei Ihren vermutlich bevorstehenden Besprechungen oder Briefwechsel mit Herrn Professor Sommerlath empfiehlt es sich deshalb, diesen Gesichtspunkt rücksichtsvoll wahrzunehmen. Mit schönstem Gruß Ihr« (*Klotz vermeidet erkennbar in seiner Korrespondenz den Hitler-Gruß*).

277 Brief Klotz an Aland vom 23.3.1943 mit der Ankündigung eines Besuchs von Sommerlath in Berlin am Montagnachmittag, 29.3.1943 und dem Hinweis, dass »für etwa sechs weitere Nummern Stehsatz vorliege« (im Aktenordner Redaktion ThLZ 1938–1945 der EVA Leipzig).

das erste Treffen zeigt, die nichtpositionale Positionalität der »Theologischen Literaturzeitung« als eine gemeinsame Basis für ein Zusammengehen ursprünglich zweier positionaler Organe. Er stellte sie Sommerlath aber nicht als Programm der Gründungsherausgeber vor, sondern als allmähliches Ergebnis des Verschwindens der positionalen Gegensätze des langen neunzehnten Jahrhunderts:

> »Als die ThLZ noch ein eindeutiges Organ der liberalen Theologie war und die wissenschaftliche Theologie so gegliedert war, wie vor einem Menschenalter, hätte das Literaturblatt eine innere Berechtigung gehabt. Seitdem sich aber das Gesicht der wissenschaftlichen Theologie so einschneidend geändert habe und vor allem, seit die ThLZ nicht das Organ einer Richtung mehr sei, sondern die Rezensionszeitschrift der gesamten wissenschaftlichen Theologie ohne Unterschied der Person und der Richtung, läge keine innere Notwendigkeit für zwei Rezensionszeitschriften mehr vor, die im wesentlichen doch verwandte Ziele verfolgten.«[278]

---

278 Bericht über das Treffen zwischen Sommerlath und Aland in Berlin am 29.3.1943, brieflich von Aland an Klotz vom selben Tag (im Aktenordner Redaktion ThLZ 1938–1945 der EVA Leipzig, unpaginiert, Bl. 1^r). Man vereinbarte, dass Sommerlath »die Systematische und Praktische Theologie (mit Ausnahme des Kirchenrechts und der Liturgiewissenschaft) übernehmen« sollte. Liturgiewissenschaft gehörte zu den bevorzugten Interessen von Hans Lietzmann, so dass es nicht verwundert, dass Aland sich dieses Feld reservierte und nicht Sommerlath überlassen wollte. Vorher war schon deutlich, dass Klotz nicht daran interessiert war, Sommerlath gleichsam in der Redaktion der ThLZ zu trainieren und ihm dann zu erlauben, das ThLB mit diesen Kenntnissen als gestärktes Konkurrenzblatt aufleben zu lassen (Brief von Klotz an Aland vom 27.3.1943). Daher versuchten Klotz und Aland, den Verlag und Sommerlath zum Verzicht auf das Recht zu bewegen, das ThLB wieder zu beleben, und hatten offenkundig Erfolg. Aland am 29.3.1943: »Wenn die endgültige Schliessung des Literaturblattes erreicht werden könnte, hätten wir jedenfalls einen grossen und bleibenden Erfolg erzielt.« Gedanken, sich auch mit der katholischen »Theolo-

Mit anderen Worten: Aland präsentierte Sommerlath das Programm der nichtpositionalen Positionalität der Gründungsherausgeber als das natürliche Ergebnis einer jüngeren Entwicklung (und nicht als das ursprüngliche Programm der Gründungsherausgeber), um ihm das Zusammengehen mit dem einstigen Konkurrenzblatt zu erleichtern. Leider erfahren wir aus den erhaltenen Quellen nicht, wie genau Aland die von ihm als »einschneidend« bezeichnete Veränderung der wissenschaftlichen Theologie wahrnahm: War er wie manche Theologen dieser Zeit der Ansicht, dass die zunehmend heftigen Auseinandersetzungen mit den antikirchlichen und antichristlichen Attacken des Nationalsozialismus bisherige innerkirchliche und innertheologische Gegensätze hätten weitgehend bedeutungslos werden lassen? Oder sah er als nach damaligen Maßstäben illegaler Vikar der Bekennenden Kirche schon durch die innerkirchlichen und innertheologischen Entwicklungen nach 1933 die Kontroversen des langen neunzehnten Jahrhunders entwertet bzw. überformt?[279] Natürlich gab es auch andere Rationalitäten

gischen Revue« zusammenzuschließen, tauchen eher am Rande des Briefwechsels Aland-Klotz auf und werden nicht weiterverfolgt.

279 Barbara Aland fragt mich (brieflich, 12.6.2020): »Ist eigentlich das, was Sie ... als Alternative beschreiben, ... wirklich eine Alternative? Kann nicht beides zugleich gelten?« – An dieser Stelle wäre es wichtig, Klarheit über Alands Beziehungen zum Leiter des Instituts für Religionswissenschaft der Hohen Schule der NSDAP in Halle, Wilhelm Brachmann, zu bekommen. Aland hatte einen Aufsatz von Brachmann zur Lutherdeutung von Seeberg gedruckt (s. o. S. 151 mit Anm. 253) und berichtete Klotz brieflich aus dem Urlaub in Alt-Döbern über das Vorhaben Brachmanns, die Herausgabe der Zeitschrift »Volk im Werden« von dem nationalsozialistischen Erziehungswissenschaftler *Ernst Krieck* (1882–1947) zu übernehmen und zu einem Organ »für Geistes- und Glaubensgeschichte« zu verändern (13.4.1943; im Aktenordner Redaktion ThLZ 1938–1945 der EVA Leipzig). Entsprechend

in dieser Situation: Leopold Klotz sah in der Zwangsvereinigung der beiden Rezensionszeitschriften die Chance, »wenn die beiden bisher richtungsmäßig verschiedenen Organe sich nunmehr verbinden«, einen guten Eindruck zu machen und nach der »Ueberwindung der Papierbeschränkungen usw.« (also nach Kriegsende) »die ThLZ mit dem ›Blatt‹ nun als grosses, gemeinsames, dominierendes Organ erst richtig auszubauen«.[280] Eine Mitteilung an Aland zeigt, dass dieser gute Eindruck selbstverständlich auch eine ökonomische Seite hatte: Durch die Fusion hatte sich die Abonnentenzahl auf 400 erhöht und man hielt sogar 600 für möglich und konnte daher auf den Druckkostenzuschuss der Forschungsgemeinschaft verzichten. Doch damit nicht genug: Aland spielte mit dem Gedanken, auch die nach wie vor bei Hinrichs erscheinenden »Theologischen Blätter« mit der »Theologischen Literaturzeitung« zu fusionieren. Dagegen erhoben

lautete auch der neue Untertitel von »Volk im Werden« für die wenigen Monate, in denen Brachmann die Zeitschrift von März 1943 bis zur Einstellung im November desselben Jahres noch herausgab. Vgl. zu der Zeitschrift und ihrem ersten Herausgeber H. Giesecke, Hitlers Pädagogen. Theorie und Praxis nationalsozialistischer Erziehung, Weinheim/München ²1999, 31–73.

280 Brief Klotz an Aland vom 26.3.1943 mit einer Charakterisierung von Sommerlath: »Er scheint mir im Grunde ein sehr verträglicher Mann zu sein, dessen außerordentlich liebenswürdiges und verbindliches Auftreten gleich für ihn einnimmt. Damit ist natürlich nicht gesagt, dass er in der Sache seinen Standpunkt nicht zu wahren und zu retten sucht, was noch zu retten ist« (im Aktenordner Redaktion ThLZ 1938–1945 der EVA Leipzig). Am 12.4.1943 teilt Klotz Aland mit, dass Mensching gerade geschrieben habe: »Es ist ihm nicht wohl in der Nachbarschaft von Sommerlath. Aber das war ja anzunehmen. Wollen Sie ihm zur Beruhigung ein paar Zeilen schreiben, dass Sie aufpassen werden?« (ebd.; leider ist der rückerbetene entsprechende Brief von Mensching, den Klotz mitschickt, verloren).

aber sowohl deren Gründer Karl Ludwig Schmidt wie der Verleger Leopold Klotz Einspruch.[281]

Weiter könnte man ausführlicher zeigen, wie Kurt Aland unter den Bedingungen der alten DDR natürlich ein Interesse daran haben musste, in deren einziger international verbreiteter theologischer Fachzeitschrift eine gewisse Vielfalt theologischer Positionen abzubilden. Zum einen repräsentierte diese Vielfalt nach außen den trotz staatlicher Beschränkungen lebendigen Kosmos theologischer Wissenschaft im östlichen Teil Deutschlands, zum anderen vermittelte die »Theologische Literaturzeitung« diese Vielfalt aber auch nach innen. Schließlich war die Verbreitung außerhalb der DDR gedruckter theologischer Literatur zwischen Ostsee und Erzgebirge mancherlei Beschränkungen unterworfen und ihr Besitz konnte – wie das Gedächtnisprotokoll einer Hausdurchsuchung in Halle 1953 (also im Jahr, als der Herausgeber erstmals verhaftet wurde) zeigt – durchaus Verdacht erregen und bei Verhaftung bereits bestehenden Verdacht verschärfen.[282]

---

281 Der Verlag teilt Aland am 6.4.1943 mit, dass er das monatliche Honorar deswegen von 85,- RM auf 125,- erhöht habe, und stellt eine weitere Erhöhung bei Erreichen der Zahl von 600 Abonnenten in Aussicht (im Aktenordner Redaktion ThLZ 1938–1945 der EVA Leipzig). Ein Brief des Verlages vom 21.7.1943 an Aland lässt erkennen, dass dieser unterdessen weitere Honorarforderungen gestellt hatte (ebd.). Der Verlag erhöhte, obwohl die Abonnentenzahl nur 580 betrug, daraufhin auf 150,- RM.

282 Renata Hamel, Bericht über das Verschwinden des Studentenpfarrers Johannes Hamel, Halle/S., und die Haussuchung in seiner Wohnung am 12. Februar 1953, als Faksimile abgedruckt in: Gerstengarbe/Hennig, Opposition, Widerstand und Verfolgung an der Martin-Luther-Universität Halle-Wittenberg 1945–1961. Eine Dokumentation (wie Anm. 177), 347–352. – Zu Johannes Hamel (1911–2002) vgl. F. Winter, Johannes Hamel (1911–2002), HdC 31 (2007), 127–142.

Auch für die Epoche der Herausgeberschaft von Aland kann man also (wie bei seinen Vorgängern) von einer schöpferischen Weiterentwicklung des Paradigmas der nichtpositionalen Positionalität sprechen – wobei allerdings deutlich zwischen einer ersten Periode vor 1945 und einer zweiten ab 1947 bis 1958 zu unterscheiden ist. In diesen beiden Perioden setzte Aland, wie wir sahen, sehr unterschiedliche positionale Akzente und interpretierte damit die nichtpositionale Positionalität durchaus unterschiedlich. Ausführlichere Rechenschaft über diese Interpretationen, ihr Verhältnis und eine methodologisch reflektierte Begründung sind nicht erhalten, wenn es sie denn je gab.

Blickt man auf die Kirchenhistoriker als Herausgeber zurück, so wird deutlich, dass das Ideal der Gründungsherausgeber, die Zeitschrift nichtpositional zu positionieren, stets durch unreflektierte oder aber sehr bewusste Einbrüche von Positionalität bedroht war. Es verwundert kaum, dass solche Einbrüche von Positionalität in Zeiten verschärfter innertheologischer oder allgemeiner weltanschaulicher Auseinandersetzungen in bestimmten theologiepolitischen und sonstigen politischen Kontexten zu beobachten sind. Die Geschichte der »Theologischen Literaturzeitung« kann, entsprechend analytisch und kritisch betrachtet, ihr auch für Gegenwart und Zukunft den Weg weisen, das Gründungsparadigma der nichtpositionalen Positionalität überzeugend weiterzuentwickeln. Es gewinnt unter den Bedingungen einer »neuen Unübersichtlichkeit« sogar eher mehr an Bedeutung.[283] Davon ist nun in einem letzten Abschnitt zu handeln.

283 Vgl. J. Habermas, Die neue Unübersichtlichkeit (Kleine politische Schriften 5 = Edition Suhrkamp 1321), Frankfurt am Main 1985.

3 Schlussüberlegungen

Schlüsse aus der Vergangenheit für die Gegenwart oder gar für die Zukunft abzuleiten, ist ein ebenso problematisches wie reizvolles Geschäft. Aber bei aller hier notwendigen Vorsicht drängt sich doch der Eindruck auf, dass der Kirchenhistoriker Adolf von Harnack in seinen nun schon mehrfach erwähnten Bemerkungen anlässlich des fünfzigsten Jahrgangs der »Theologischen Literaturzeitung« knapp auf Probleme Bezug genommen hat, die auch heute noch nicht gelöst oder erledigt sind.[284] Wenn heute beispielsweise über den Reputationsverfall der theologischen Wissenschaft geklagt wird, lohnt es, sich daran zu erinnern, dass schon Harnack diesen Verfall für das Gründungsjahr 1876 beklagte – und dagegen mit einer Gruppe Gleichgesinnter die »Theologische Literaturzeitung« gründete (so jedenfalls im Rückblick von 1925):

> »... es waren jene Tage, da man, wenn man sich als Theologe vorstellte, die Antwort zu hören bekam: ›Was? Gehören Sie auch zu jener Unglücksbande?‹ –, aber ganz unverdient war die Mißachtung nicht.«[285]

Gilt also, dass sich nichts Neues unter der Sonne findet? Es scheint eher, dass sich die Probleme vergangener Herausgebergenerationen in unseren Tagen in verwandelter Gestalt wieder neu stellen. Das gilt nicht nur für die Herausgeber-

---

284 Harnack, Ein Wort der Erinnerung, ThLZ 50 (1925), 4 f. – Zitiert oben S. 36 in Anm. 40.

285 Harnack, Ein Wort der Erinnerung, ThLZ 50 (1925), 1 f.

schaft Harnack. Gleiches könnte man für die Probleme behaupten, die auf den Schreibtischen seiner kirchenhistorischen Nachfolger Hirsch, Opitz, Lietzmann und Aland lagen.

Harnack verwies 1925 darauf, dass die wirtschaftliche Lage der Zwanzigerjahre die Herausgabe anspruchsvoller theologischer Literatur nicht eben einfacher mache und die Einwerbung zusätzlicher Geldmittel nötig sei. Er machte weiter darauf aufmerksam, dass die zunehmend längere Zeit, die der wissenschaftliche Nachwuchs benötige, um sich auf den Stand der Forschung zu bringen und in Debatten einzuarbeiten, für das Niveau kritischer Wissenschaft ebenso wenig günstig sei wie die nicht nur rhetorischen Aufgeregtheiten seiner Tage. Alle diese Problemanzeigen aus dem Jahre 1925 könnte man im Jahr 2020 (und im zeitlichen Kontext von Harnacks neunzigstem Todestag) wenig modifiziert wiederholen (mein Vorgänger im Amt des Herausgebers hat dies in seinem Beitrag zum Herausgeberwechsel ja bereits getan[286]): Eine deutschsprachige Rezensionszeitschrift für das »gesamte Gebiet der Theologie und Religionswissenschaft« existiert unter den Bedingungen eines schrumpfenden Marktes für deutschsprachige wissenschaftliche Theologie und Religionswissenschaft. Dazu kommen die ökonomischen Herausforderungen durch die Digitalisierung und die Open-access-Bewegung.[287] Die Zeit, die der Nachwuchs für die Ausbildung

286 S. o. S. 5 mit Anm. 1.

287 Die Berliner Erklärung zum Open access vom 22.10.2003, ein Meilenstein der entsprechenden Bewegung (https://openaccess.mpg.de/Berliner-Erklaerung; letzter Zugriff am 20.12.2020), wurde auf Initiative eben der Max-Planck-Gesellschaft formuliert, deren Gründung sich wie die der ThLZ nicht zuletzt Adolf von Harnack verdankt: B. vom Brocke, Die Kaiser-Wilhelm-Gesellschaft im Kaiserreich. Vorgeschichte, Gründung und Entwicklung bis zum Ausbruch des Ersten Weltkriegs, in: Forschung im Span-

bis zu den ersten beruflichen Positionen braucht, ist noch einmal länger geworden und vor allem im zweiten Abschnitt auf dem Weg zur Professur schwer zu finanzieren (insbesondere dann, wenn auch Bedürfnisse der Familienplanung berücksichtigt werden sollen). Die perniziöse Spezialisierung[288] erschwert nicht nur denen, die am Anfang stehen, den Gebrauch der theologischen Urteilskraft; wie in Zeiten eines zunehmenden Populismus weiter ein differenziertes kritisches Denken seinen Einfluss behalten kann, steht noch dahin.[289]

Die Probleme, vor die sich *Opitz* und *Aland* gestellt sahen, lassen sich einerseits indirekt aus ihrem institutionen-

---

nungsfeld von Politik und Gesellschaft. Geschichte und Struktur der Kaiser-Wilhelm-/Max-Planck-Gesellschaft, aus Anlaß ihres 75-jährigen Bestehens hg. v. R. Vierhaus und B. vom Brocke, Stuttgart 1990, 17–162, sowie ders., Im Großbetrieb der Wissenschaft. Adolf von Harnack als Wissenschaftsorganisator und Wissenschaftspolitiker – zwischen Preußischer Akademie und Kaiser-Wilhelm-Gesellschaft. Auch ein Beitrag zur vergeblichen Reform der deutschen Akademien seit 1900, in: Sitzungsberichte der Leibniz-Sozietät 45/2 (2001), 61–144 (online zugänglich: http://leibnizsozietaet.de/wp-content/uploads/2012/11/02_brocke_vom.pdf; letzter Zugriff am 20.12.2020).

288 Erstmals habe ich diesen Begriff von einem meiner Tübinger Lehrer in den späten achtziger Jahren des letzten Jahrhunderts gehört, er stammt ursprünglich aus der Medizin: Vgl. z. B. M. Hengel, Die Aufgaben der neutestamentlichen Wissenschaft [Presidential Address, vorgetragen auf der 48. Jahrestagung der »Studiorum Novi Testamenti Societas«, Chicago, 15.–18.8.1993], NTS 40 (1994), 321–357 = ders., Theologische, historische und biographische Skizzen. Kleine Schriften VII (wie Anm. 124), 242–278. – Hengel bezieht sich einleitend auf den schönen Satz von Lichtenberg »Wer nichts als Chemie versteht[,] versteht auch die nicht recht« (G. Ch. Lichtenberg, Sudelbücher Heft J Nr. 860, in: ders., Schriften und Briefe, 1. Bd. Sudelbücher I, hg. v. W. Promies, München 1968, 772).

289 P. Strohschneider, Zumutungen. Wissenschaft in Zeiten von Populismus, Moralisierung und Szientokratie, Hamburg 2020.

bezogenen Handeln erschließen, im Falle von Opitz steht andererseits, wie wir sahen, eine Art Herausgeber-Manifest zur Verfügung.[290] Wie ihr Lehrer Lietzmann versuchten die beiden Kirchenhistoriker, die von Harnack noch stark hochgehaltene disziplinäre Trennung von Theologie und Religionswissenschaft[291] zu perforieren und ganz zu überwinden. Offenkundig sahen sie nach 1939 für die klassische Gestalt der Theologischen Fakultäten an deutschen Universitäten im nationalsozialistischen Staat keine Zukunft mehr und suchten Zuflucht in religionswissenschaftlichen Instituten. Nach 1945 hat Kurt Aland sofort eine Revision dieses Kurses vorgenommen und sich nicht nur erneut für die konfessionell geprägten Theologischen Fakultäten stark gemacht, sondern in vielfacher Hinsicht den Kirchenbezug der Theologie (und auch der »Theologischen Literaturzeitung«) wieder gestärkt. Nun war, wie wir sahen, ein Beitrag von Dibelius wichtig, ganz egal, worüber der noch bei Harnack ausgebildete, aber nicht von ihm theologisch geprägte Kirchenführer zu

290 Vgl. dazu S. 79 mit Anm. 125. Der Text ist unten als Anhang 1 ediert (S. 181–195).

291 A. Harnack, Die Aufgabe der Theologischen Fakultäten und die allgemeine Religionsgeschichte, nebst einem Nachwort, in: ders., Reden und Aufsätze 2. Bd., Gießen 1904, 159–187 (ursprünglich die Rede zum Stiftungstag der Berliner Universität am 3.8.1901), bzw. ders., Die Bedeutung der Theologischen Fakultäten, Preußische Jahrbücher 175 (1919), 362–374 = ders., Erforschtes und Erlebtes. Reden und Aufsätze. NF Bd. 4, Gießen 1923, 199–217; dazu: C. Colpe, Bemerkungen zu Adolf von Harnacks Einschätzung der Disziplin »Allgemeine Religionsgeschichte«, NZSTh 5 (1963), 51–69 = ders., Theologie, Ideologie, Religionswissenschaft (ThB 68), München 1980, 18–39, und H. Rollmann, Theologie und Religionsgeschichte: Zeitgenössische Stimmen zur Diskussion um die religionsgeschichtliche Methode und die Einführung religionsgeschichtlicher Lehrstühle in den theologischen Fakultäten um die Jahrhundertwende, ZThK 80 (1983), 69–84.

schreiben gedachte. Der Name des religionswissenschaftlichen Mitherausgebers Gustav Mensching war (im Unterschied zu dem beibehaltenen Untertitel »Monatsschrift für das gesamte Gebiet der Theologie und Religionswissenschaft«), wie wir ebenfalls sahen, kommentarlos entfallen, als 1947 die »Theologische Literaturzeitung« wieder zu erscheinen begann.[292] Auch wenn sich Aland meines Wissens zu Lebzeiten nie explizit zu diesen Revisionen erklärt hat, spricht manches dafür, dass seine Erfahrungen aus den Auseinandersetzungen vor 1945 ihn zu solchen Revisionen brachten und nicht bloßer Opportunismus. Es scheint, dass gegenwärtig kritische Stimmen über die Zukunft der Theologie in den konfessionell geprägten Fakultäten wieder zunehmen und nach neuen institutionellen Formen für Theologie und Religionswissenschaft hierzulande verstärkt gesucht wird.[293] Man könnte auch fragen, ob theologische Positionen, die durch die institutionelle Verschmelzung des »Theologischen Literaturblattes« mit der »Theologischen Literaturzeitung« spätestens seit 1947 in einer Zeitschrift zusammengehalten wurden, gegenwärtig wieder stärker in Positionalitäten auseinandertreten und sich Fraktionierungen (selbstverständ-

292 Mensching war in den Jahren 1946 bis 1948 die Lehrerlaubnis in Bonn entzogen; vgl. H. R. Yousefi/I. Braun, Gustav Mensching – Leben und Werk. Ein Forschungsbericht zur Toleranzkonzeption, mit einem Vorwort von K. Fischer (Bausteine zur Mensching-Forschung 1), Würzburg 2002, 72–78. Der erste Beitrag des wieder in seine Rechte eingesetzten Wissenschaftlers erschien acht Jahre nach Kriegsende: ders., Toleranz, eine Form der Auseinandersetzung der Religionen, ThLZ 78 (1953), 717–724.

293 Zu Geschichte und Gegenwart der Debatte habe ich jüngst Stellung genommen: Ch. Markschies, Theologische Fakultäten an staatlichen Universitäten in Deutschland heute, in: Reformation der Kirche – Reform der Bildung. Die Universität Marburg und der reformatorische Bildungsauftrag, hg. v. W.-F. Schäufele (Acta Marburgensis 16), Münster 2020, 255–291.

lich in transformierter Gestalt) wiederherstellen könnten, die Mitte des letzten Jahrhunderts für endgültig überwunden galten.[294] Solche Entwicklungen wären zwar für die von Anfang an charakteristische Grundorientierung der Zeitschrift an der nichtpositionalen Positionalität eine nicht geringe Herausforderung, würden zugleich aber auch für die Beibehaltung dieses alten Ideals sprechen. Im Alltag einer Rezensionszeitschrift unter gegenwärtigen Bedingungen wird das klassische, schwer erreichbare Ideal nichtpositionaler Positionalität vermutlich am leichtesten dann zu realisieren sein, wenn im Herausgeberkreis (den es, wie gezeigt, in dieser Form erst seit 1983 gibt) möglichst unterschiedliche theologische und disziplinäre Positionen vertreten sind, aber die Vergabepolitik der Rezensionen nicht vor diesem Hintergrund erfolgt und die Rezensionen in den jeweiligen Fachbereichen nicht von diesen unterschiedlichen Positionen her werten, sondern sich der Kreis im Gegenteil bemüht, in der Unterschiedlichkeit der Positionen gleichsam unparteilich die inhaltliche Einheit und die gemeinsamen methodischen Standards der evangelischen Theologie deutlich zu machen und von daher zu werten.[295]

---

294 Einige Beobachtungen habe ich in einem Essay gesammelt (Ch. Markschies, Aufbruch oder Katerstimmung? Zur Lage nach dem Reformationsjubiläum, Hamburg 2018) und etwas ausführlicher in dem Aufsatz zu begründen versucht, der in der voraufgehenden Anmerkung bibliographiert ist.

295 Entsprechende Selbstverständigungsprozesse des Herausgeberkreises wurden mehrfach unternommen, seitdem ich der Gruppe angehöre, ich nenne nur eine Publikation: Eine Wissenschaft oder viele? Die Einheit evangelischer Theologie in der Sicht ihrer Disziplinen, hg. v. I. Dalferth (Forum Theologische Literaturzeitung 17), Leipzig 2006; darin vom Autor: Kirchengeschichte Theologisch – einige vorläufige Bemerkungen, a. a. O. 47–75.

Wenn man zum Abschluss nochmals auf die Problemanzeigen schaut, die Harnack 1925 dem ersten Heft des fünfzigsten Jahrgangs der »Theologischen Literaturzeitung« mitgab (s. o. S. 36), dann fällt der zwar nüchterne, aber doch verhalten optimistische Ton auf. Der längst emeritierte Berliner Kirchenhistoriker war sichtlich bemüht, nicht in den apokalyptischen Ton der zeitgenössischen Krisen-Rhetorik zu verfallen. Er hoffte auf die Lösung der Probleme und glaubte an die Zukunft der Zeitschrift, weil er an die Zukunft der wissenschaftlichen Theologie glaubte. Harnack konnte nicht wissen, in welche Katastrophe schon drei Jahre nach seinem Tod das Land, die Wissenschaft und letztlich auch die »Theologische Literaturzeitung« stürzen würden. Sie hat sich, wenn auch in gewandelter Gestalt, 1947 trotzdem wieder aus den Trümmern des zerstörten Leipziger Verlagsviertels und in vielfacher Hinsicht ruinierter theologischer Fakultäten erhoben. Der entsprechende Band war als zweiundsiebzigster gezählt, als sei seit dem letzten, 1944 erschienen, nichts geschehen und als seien seither zwei weitere Jahrgänge erschienen. Der Ton war kirchlicher geworden als vor der Katastrophe,[296] man wollte zudem internationaler und ökumenischer werden, als man es in den vergangenen Kriegsjahren sein konnte.[297]

---

296 Die Notiz von Herausgeber und Verleger der Theologischen Literaturzeitung zum fünfundsiebzigsten Jahrgang schließt erstmals mit einer traditionellen religiösen Formel in lateinischer Sprache: *Quod Deus bene vertat!* (75 Jahre Theologische Literaturzeitung, ThLZ 75 [1950], 1 f.). Demgegenüber klingt deutlich zurückhaltender, was Harnack und Schürer unter dem Titel »Zum Schlusse des fünfundzwanzigsten Jahrganges« in ThLZ 25 (1900), 697 f. schreiben: »Mit der gegenwärtigen Nummer beschließt die Theologische Literaturzeitung ihren fünfundzwanzigsten Jahrgang. Beim Rückblick auf die durchmessene Strecke Weges dürfen wir zunächst mit Dank gegen Gott es aussprechen, daß das einst mit jugendlichem Muthe begonnene Werk fröhlich gediehen ist und Früchte getragen hat.«

Solche Absichtserklärungen nach 1945 entsprachen ein gutes Stück ebenso dem Zeitgeist wie voraufgehende programmatische Erklärungen der Herausgeber. Wir müssen sie an dieser Stelle nicht weiter ausführlich analysieren; es besteht nach wie vor theologiegeschichtlicher Forschungsbedarf zur Geschichte der »Theologischen Literaturzeitung« in den Umbrüchen des zwanzigsten Jahrhunderts.[298] Die Geschichte dieser Rezensionszeitschrift gibt allerdings Anlass zur Hoffnung, dass dieses Organ auch die Umbrüche des einundzwanzigsten Jahrhunderts meistern kann, am Ende

---

297 Entsprechend allgemeiner Tendenzen der Zeit heißt es in der Mitteilung von Redaktion und Verlag, die den neuen Jahrgang eröffnet: »Ende 1944 wurde die Theologische Literaturzeitung gezwungen, ihr Erscheinen einzustellen. Dank dem Entgegenkommen und der Unterstützung der zuständigen Stellen ist es ihr möglich, jetzt wieder zu erscheinen, und zwar in verstärktem Umfang und vergrößerter Auflage (monatliche Erscheinungsweise, in Heften von möglichst je 32 Seiten Umfang). Die Theologische Literaturzeitung wird dabei bemüht sein, nach besten Kräften den ihr in der gegenwärtigen Situation zufallenden Aufgaben gerecht zu werden. Neben den Buchbesprechungen und zusammenfassenden Sammel- und Leitaufsätzen bringt sie jetzt auch Aufsätze ohne Rezensionscharakter zu wichtigen Problemen der theologischen Wissenschaft wie des kirchlichen Lebens. Dabei sollen auch aktuelle theologische und kirchliche Fragen in der Form einer Aussprache behandelt werden. Der Nachrichtenteil, die Zeitschriftenschau wie die Bibliographie sollen erheblich ausgebaut werden. Bei allen diesen Absichten werden Herausgeber und Verleger der Theologischen Literaturzeitung bemüht sein, die Zeitschrift unter Wahrung ihres bisherigen Charakters noch mehr als früher zu einem Bindeglied zwischen der deutschen und internationalen Theologie zu machen« (ThLZ 72 [1947], 1 f.).

298 Eine Schwestergründung hat sich bereits ausführlicher mit der Zeit unmittelbar nach 1945 beschäftigt: J. Wallmann, Die Wiedergründung der Zeitschrift für Theologie und Kirche nach dem Zweiten Weltkrieg, ZThK 100 (2003), 497–519. Für die »Zeitschrift für Kirchengeschichte« steht diese Aufarbeitung noch aus.

sicher in veränderter Gestalt,[299] aber doch treu ihrem Grundprinzip unbestechlicher und zugleich unparteilicher wissenschaftlicher Kritik von Neuerscheinungen auf dem Gebiet der Theologie und Religionswissenschaft. Um dieses Ideal möglichst oft in einem Heft oder Jahrgang zu realisieren, bedarf es der Mithilfe vieler – derer, die theologische und religionswissenschaftliche Neuerscheinungen rezensieren und nicht zuletzt derer, die diese Rezensionen lesen.

---

299 In diesem Sinne gilt die 1950 von Kurt Aland aufgegriffene, »aus Anlass des 25. Jahrgangs von A. Harnack und E. Schürer für die Zeitschrift ausgegebene Losung: *numquam retrorsum!*« natürlich auch im 146. Jahrgang fort. – Vgl. (Aland), 75 Jahre Theologische Literaturzeitung, ThLZ 75 (1950), 1 f., mit Bezug auf Harnack/Schürer, Zum Schlusse des fünfundzwanzigsten Jahrganges, ThLZ 25 (1900), 699 f.: »Wir schließen mit der Bitte an unsere Leser, uns auch ferner ihr Wohlwollen zu erhalten. Wir werden uns bemühen, dasselbe durch immer vollkommenere Erfüllung unserer Aufgabe zu rechtfertigen. Numquam retrorsum.« Man wüsste allerdings gern, ob Aland 1950 die Verbindung dieses Mottos mit Bismarck (und daher bis heute mit vielen Studentenverbindungen) noch klar war – Harnack und Schürer dürften das zwei Jahre nach seinem Tode noch gewusst haben und spielten vielleicht ironisch mit diesem Bezug. Nachdem allerdings Erich Honecker am 7. Oktober 1989 in seiner Festansprache zum 40. Jahrestag der DDR den Satz »Vorwärts immer, rückwärts nimmer!« zitierte und als »in der Gründerzeit der DDR geprägte Losung« bezeichnete, obwohl das Motto des Eisernen Kanzlers schon über hundert Jahre vorher beispielsweise im Titel eines Marschs verdeutscht worden war, eignet sich der Spruch für die ThLZ nicht mehr als Losung, sondern höchstens noch als Gegenstand eines Aufsatzes. Um einem solchen möglichen Beitrag nicht vorzugreifen, wurde für diese Anmerkung auf Nachweise verzichtet.

Abb. 9: Lucie Geist an ihrem hundertsten Geburtstag 2002 (Elke Blumenthal, Leipzig)

Anhang

Nr. 1: Überlegungen des designierten Herausgebers Hans-Georg Opitz (1938)[300]

Lic. Hans-Georg Opitz	Berlin-Friedenau, den 31.7.38.
Dozent a. d. Universität	Jänischallee 5.
	Tel.: 833309[301]

Sehr geehrter Herr Klotz!

Ich bitte Sie zunächst darum, mir nicht verargen zu wollen, dass ich erst heute nach über 6 Wochen in Sachen der Theol. Lit. Ztg. von mir hören lasse. Doch ich wollte mir den die Zeitung betreffenden Fragenbereich so reiflich überlegen, dass ich Ihnen eine sorgfältig erwogene Antwort geben kann. Ich habe lange und eingehend die alten und die letzten Jahrgänge der ThLZ durchstudiert und glaube jetzt ein Bild nicht nur über die Verhältnisse der ThLZ gewonnen zu haben, sondern auch die besonderen Bedingungen zu begreifen[,] unter denen die Zeitung eine so weitreichende Wirkung entfaltet hat und jetzt so wenig Erfreuliches zu bieten hat.

Unter Schürer und Harnack, aber auch noch in der Nachkriegszeit unter Titius und Hirsch stand den Herausgebern

300 Ediert aus dem oben S. 14 Anm. 4, beschriebenen Aktenordner, z. Zt. in der EVA in Leipzig.

301 Handschriftlich hinzugefügt. – Offensichtliche Schreibversehen und typographische Irrtümer wurden korrigiert. Die Rechtschreibung folgt dem Original.

ein ziemlich geschlossener Kreis von Mitarbeitern zur Verfügung. Dieser setzte sich aus den besten der Universitätstheologen und den zahlreichen Schülern dieser Herren im Pfarramte zusammen, die die theologisch-wissenschaftliche Literatur ebenso wie die erscheinenden mehr praktischen kirchlichen Bücher mit ihren Lehrern und Freunden zu verarbeiten bereit und dazu in der Lage waren. In den 90ziger Jahren und nach der Jahrhundertwende war die kritische Arbeit der Mitarbeiter von dem Grundsatz bestimmt, immer die besseren Gedanken zu einem Buch niederzuschreiben, die dem wohl unterrichteten Rezensenten bei der Lektüre einfielen. Dadurch war eine scharfe Kritik der schlechten Bücher und eine literarische Form für die Anzeige der guten Bücher gegeben. In der Tat darf eine Literaturzeitung niemals ein blosses Anzeigenblatt im eigentlichen Sinne des Wortes sein. Es genügt nicht die erscheinenden Bücher der Reihe nach durch ein Referat des Inhaltes dem interessierten Leserpublikum mitzuteilen. Jedenfalls war ein solches Unternehmen niemals das Ziel

[S.] 2.

der ersten Herausgeber. Eine Literaturzeitung muss durch die Kritik produktiv wirken. Das wollten Harnack und seine Freunde. Die Mitarbeiter waren in der Lage, aus einem bedeutsamen Buch die förderlichen Gedanken und neuen Erkenntnisse weiter zu entwickeln und jede überzeugende Erscheinung von sich aus durch die Resonanz der Rezensionen in den Fluss der weiterdrängenden Forschung zu stellen. Die Kritik nahm den zugeworfenen Ball auf und gab ihn weiter. Bei unzulänglichen Büchern wurde Mass genommen, indem man rücksichtslos den Mangel an förderlicher Forschung anprangerte, weil man Unwissenheit, unentschlossenen Willen zur Wahrheit und ein Fehlenlassen an scharfgeschliffener Methode feststellen musste. Doch das betrifft nur die zu literarischer Form gewordene Gesamthaltung des Kritikers. Noch wichtiger sind die sachlich-wissenschaftlichen Voraussetzungen, die bei der Leitung eines kritischen Organs massgebend sein müssen. Doch davon nachher.

Das Fehlen jeder produktiven Kritik in den letzten Jahren macht die ThLZ leider völlig belanglos. Darüber begegnet man immer wieder Klagen. Nun darf man ja nicht verkennen, dass zwei wesentliche Voraussetzungen heute nicht mehr wie damals gegeben sind. 1. Es scheint so, dass die Buchanzeige nicht mehr eine literarische Form ist, in der sich auszudrücken vielen Gelehrten erwünscht ist. Ich für meine Person bedaure das. Mir ist es erstrebenswert ein gutes oder ein schlechtes Buch so anzuzeigen, dass man an ihm ein produktives Verhältnis entwickelt, indem man einmal den Inhalt umreisst, diesen aber nicht bloss referiert – so wird es zum überwiegenden Teil gegenwärtig in der ThLZ gemacht – sondern auf Grund der durch das Buch in widersprechendem oder beifälligem Sinne angeregten Erkenntnisse und Gedanken. 2. Fehlt heute ein geschlossener Kreis von akademischen Theologen, die nicht so sehr in ihrer wissenschaftlichen Tätigkeit eines Sinnes sind, als vielmehr von dem Streben geleitet werden, Erkenntnisse kritisch zu verarbeiten, und neben allen anderen Hervorbringungen ins Leben der Nation der Wahr-

[S.] 3.

heitserforschung einen ebenbürtigen Gehalt zu geben. Einzelne die sich daran abmühen gibt es gewiss. Wer die gegenwärtige Lage der evangelischen Theologie in Deutschland kennt, weiss das hinlänglich. Der grössere Teil jedoch begrenzt sieh damit, esoterischen Erkenntnissen eine sehr subjektive Form zu geben, überhaupt auf die Mitarbeit und die Teilnahme von »wenigen Glücklichen«[302] zu rechnen. Im übrigen räsonniert man mehr oder weniger beteiligt bei sich und verfährt nach dem Grundsatz: Schlägst Du meinen Esel nicht, schlag ich Deinen nicht. Dieses Bild gewinnt man, wenn man die ThLZ liest. Weiter ist man bemüht seiner wissenschaftlichen Produktion einen solchen Ausdruck zu geben, dass sie ohne beschwerliches tätiges Mitarbeiten kirchlich für die Partei einer Glaubensbewegung verwertbar ist. Beim Lesen vieler Bücher und der kritischen Organe vermisst man ein Bewusstsein der obersten Maxime für wissenschaftliche Produktion: Erkenntnisse und Gedanken sind erst dann wert wiedergegeben zu werden, wenn sie so von dem Willen zur Wahrheit überhaupt durchglüht sind, dass erkannte und gestaltete Wahrheit mit den sittlichen Wirklichkeiten unseres gegenwärtigen Lebens zusammentreffen. Darum ist der Religionswissenschaftler oder der Theologe daran gebunden inmitten der Geschichte zu schaffen, deren er sich erinnert und die er miterlebt. Die Ueberzeugungskraft seiner Hervorbringungen erwächst nicht aus der selbstgewissen Beharr-

302 Opitz spielt hier auf ein geflügeltes englisches Wort an. Dabei handelt es sich um ein wörtliches Zitat aus der Nachgestaltung der berühmten Rede des englischen Königs Heinrich V. zum Tag der Heiligen Crispinus und Crispianus vor der Schlacht von Azincourt am 25. Oktober 1415 im Rahmen des hundertjährigen Krieges bei William Shakespeare, Henry V., vierter Aufzug, erste Szene: »We few, we happy few, we band of brothers«, zu Deutsch »Wir wenigen, wir wenigen Glücklichen, wir Schar von Brüdern«. Bei Schlegel und Tieck heißt es prosaischer: »uns wen'ge, uns beglücktes Häuflein Brüder«.

lichkeit im Behaupten eines Einfalls, selbst in Sachen des Glaubens, sondern aus der Gemüt, Willen und Verstand zum sittlichen Handeln erregenden Gestalt der Erkenntnis der Wahrheit. Von solcher Einsicht muss die Arbeit eines kritischen Organs der gesamten Religionswissenschaft getragen sein. Fort und fort muss die Kritik bejahend und verwerfend die erscheinenden Bücher mustern, ob sie in diesem Sinne die Erkenntnis der Geschichte der Religion, insbesondere des Christentums in seiner Verflechtung mit der die Gegenwart bewegenden Fragen fordern. Rücksicht auf eine kirchliche Observanz ist dem kritischen Organ unbekannt. Nur eins: Weil wir täglich genötigt sind, die ge-

[S.] 4.

schichtliche Wirklichkeit unserer Tage auszuschöpfen und in der Tat und Erkenntnis zu gestalten, suchen wir im Glauben die Vergangenheit und Gegenwart der Geschichte erkennend zu begreifen.

Nun ist mir nicht bekannt, dass ein Kreis von Gelehrten vorhanden ist, der den Wunsch hätte in einem wissenschaftlichen Organ von solchem Willen einen gemeinsamen Ausdruck zu geben. Doch daran braucht die Neugestaltung eines so bewährten Organes wie die ThLZ keineswegs zu scheitern. Gerade durch die gemeinsame Arbeit an dieser Aufgabe könnten sich sachlich näher stehende jüngere Herren zusammenfinden. Ich kann mir denken, dass dies Ziel durch eine geschickte Leitung und Heranziehung von Mitarbeitern erreichbar wäre. Diese sollten sich durch bestimmte von der Leitung der Zeitung aufgestellte Rezensionsaufgaben in einem wissenschaftlichen Ziele zusammenfinden, um unter der Arbeit die Massstäbe für die weitreichenden Aufgaben der

Religionswissenschaft und der wissenschaftlichen Theologie zu gewinnen und aufzustellen.

Die Leitung und die Anzeigetätigkeit müsste folgendermassen ausgerichtet werden. Die ThLZ hat nicht die Aufgabe, rein rezeptiv die erscheinenden Bücher zur Anzeige und zur Besprechung zu bringen. Die ThLZ hat vielmehr eine positiv kritische Aufgabe innerhalb der gesamten Theologie. Sie muss das[303] Organ sein, wo diejenigen Theologen gleich welcher Schule und Richtung oder kirchlicher Haltung sich zusammenfinden, die mit weitausgebreiteten wissenschaftlichen Kenntnissen und mit einem entschlossenen Willen zu religionsgeschichtlicher Arbeit, mit Gründen scharf wertend, kritisch fördernd auf die gesamte Theologie zu wirken bestrebt sind. Junge Talente sind besonders herauszustellen, Leistungen älterer schon bewährter Gelehrter in ihrer Vorbildlichkeit aufzuweisen. Dann aber als grundlegende Richtschnur für die Anzeigentätigkeit: an der Herauslösung der Theologie aus der Verkümmerung in ein völlig esoterisches Gespräch zu helfen. Ich sehe

[S.] 5.

keine wissenschaftliche theologische Zeitschrift in Deutschland, die auch nur den Anschein erweckt in dieser Richtung zu arbeiten. Wie vor 40 Jahren muss hier die ThLZ einsetzen. Hier liegt ihre traditionelle Aufgabe. Dieses Ziel ist aber vor allem – wie grosse vergangene Vorbilder es beweisen – gerade durch ein kritisches Organ zu erreichen. Es gibt doch keine theologische Zeitschrift, die nicht an dem Mangel an Energie und Entschlossenheit krankt. Aber ich sehe, dass eine ganze

303 Opitz schreibt: »der«; Klotz korrigiert handschriftlich zu: »das«.

Reihe von sehr zielbewussten älteren und jüngeren keinen Ort haben, an dem sie sich kritisch äussern können, oder von dem sie eine sie selbst fördernde Kritik ausgehen sehen. Man muss eine Zeitung gewinnen, um unumwunden sagen zu können, was eine abgestandene theologische Produktion ist. Man muss irgendwo mit klaren Gründen und eindeutigem Willen aussprechen können, dass die gewissenhaft wissenschaftliche Entscheidung nicht nur aus einer rechnenden wissenschaftlichen Technik sondern ebenso aus dem Miterleben der grossen geistigen Fragen der Gegenwart gewonnen werden. Das Unternehmen ist – wenn man Kollegen hier und dort fragt (übrigens nicht gerade die übervorsichtig sind) äusserst unpopulär – populär ist heute in der Theologie, sich ohne allzu grosses Risiko zu äussern.[304] Aber hier wieder einmal die Initiative aufnehmen, wäre Aufgabe der ThLZ. Es gibt hoffentlich genug, die [–] das Vertrauen erwecken, dass eine solche Aufgabe durchführbar ist. Doch ein solches Unternehmen muss von einem Kreis jüngerer aktiver Gelehrter und weitsichtiger Pfarrer getragen werden. So war es vor 40 und 50 Jahren.

Es wäre gewiss verkehrt und rein organisatorisch allzu radikal – etwa mit Aufstellung von Programmen zu beginnen. Man muss es zunächst ohne Proklamationen versuchen,

304 An dieser Stelle markiert Klotz die Überlegungen seines künftigen Herausgebers Opitz mit einem großen Fragezeichen. Die eigentlich notwendige geistes- und ideengeschichtliche Herleitung dieser pointierten Gegenüberstellung des risikoreichen Urteils wagemutiger Einzelner gegen die konsensorientierte, urteilslose Menge im Überschneidungsbereich konservativer und nationalsozialistischer Ideologien der zwanziger und dreißiger Jahre des letzten Jahrhunderts ist hier nicht zu leisten, würde aber auch aus Interesse an gegenwärtigen Argumentationsmustern die Weiterarbeit lohnen.

Leute zu sammeln, auf die man rechnen kann. Man muss deshalb an die[305] vorhandenen Mitarbeiter anknüpfen, allerdings mit dem entschiedenen Vorsatz, radikal den Mitarbeiterstab zu erneuern – doch ohne jedes Aufheben. Man wird tunlichst mit einem kleinen, aber unbedingt zuverlässigen Mitarbeiterkreis beginnen. Ich denke mir

[S.] 6.

die Sache so: Ein Herausgeber hat die unbedingte Verantwortung; ihm zur Seite stehen Mitarbeiter für die wichtigsten Gebiete, deren Tätigkeit darin besteht, den Redakteur bei der Verteilung der Anzeigen zu beraten. Dazu erhalten diese Herren von dem Herausgeber jeweils die Liste der anzuzeigenden Bücher, zu denen sie das Vorschlagsrecht haben. Der Herausgeber ist an diesen Vorschlag nicht gebunden. Ich würde an folgende Herren denken: Mensching für das äusserst wichtige Gebiet der Religionsgeschichte, übrigens nicht nur im Bereich der blossen Tatsachenforschung sondern auch der Religionsphilosophie, dem Fragenkreis der Weltanschauung und Religion in der Gegenwart. Reformationsgeschichte und Mittelalter: Prof. Vogelsang in Giessen. (Seebergianer sollen wohl nicht gänzlich übergangen werden). NT und alte Kirchengeschichte: Opitz. AT: Hempel oder einer seiner Schüler. Syst. Theol.: Helmuth Kittel – Münster. Ich würde es für wichtig halten Hirsch in Göttingen von Fall zu Fall zu befragen.[306]

---

305 Klotz kreist das Wort »die« ein und schreibt an den Kreis mit Bindestrich »einige!«.

306 *Erich Vogelsang* (1904–1944) war eigentlich Schüler von Holl und Hirsch (und studierte auch bei Reinhold Seeberg), 1928 arbeitete er einige Monate als Assistent bei Lietzmann. Damit konnte man ihn sicher nicht als »See-

(307 Der Fall liegt hier besonders schwierig: ich würde auch vielleicht an Gogarten und einen der konservativeren wie: Haehnchen-Giessen[308] oder Schumann-Halle[309] denken. Prakt. Theol.: a) wiss. Fendt und ein jüngerer. b) ein Kirchenmann oder Pfarrer. Mir liegt daran, gerade in dieser Sparte auch die jüngeren zu Worte kommen zu lassen. Ich empfehle auch mit Herrn Grundmann-Jena oder Eisenhuth-Jena in Verbindung zu treten.[310] Archäologie und Kunst: Gerke-Berlin, Thulin-

bergianer« bezeichnen. Seit 1937 bekleidete er als Nachfolger von Heinrich Bornkamm eine Professur in Gießen und näherte sich durch Veröffentlichungen partiell den Thesen von Erich Seeberg über die Bedeutung der Mystik für Luther an: ders., Luther und die Mystik, LuJ 19 (1937), 32–54, und Die unio mystica bei Luther, ARG 35 (1938), 63–80; vgl. J. Wolff, Art. Vogelsang, Erich Paul Friedrich, BBKL 17, Herzberg 2000, 1507–1521. Insofern ist er eine Art Kompromisskandidat der Holl-Schule mit Verbindungen zu Lietzmann. – Zu *Helmuth Kittel* (1902–1984) vgl. F. Rickers, Art. Kittel, Helmuth, BBKL 20, Herzberg 2002, 844–863; Kittel hatte 1925 bei Holl über Oliver Cromwell promoviert und blieb von seinem Lutherbild geprägt.

307 Die zugehörige weitere Klammer fehlt im Brief.

308 Gemeint ist: *Ernst Haenchen* (1894–1975), seit 1933 Systematiker und Dekan in Gießen, heute eher nur noch als Verfasser neutestamentlicher Bibelkommentare bekannt.

309 *Friedrich Karl Schumann* (1886–1960), seit 1932 Ordinarius in Halle für systematische und praktische Theologie. – Mein Vater hat mir überliefert, dass Schumann nach 1945 das Vaterunser im Gottesdienst mit der Variante »und vergib uns unsere Blutschuld« sprach.

310 Zu diesen Kollegen, mit denen Opitz dann auch im Eisenacher »Entjudungsinstitut« zusammenarbeitete, vgl. Walter Grundmann. Ein Neutestamentler im Dritten Reich (wie Anm. 210), sowie O. Arnhold, Walter Grundmann und das »Institut zur Erforschung und Beseitigung des jüdischen Einflusses auf das deutsche kirchliche Leben«, in: Clemens Vollnhals: Für ein artgemäßes Christentum der Tat. Völkische Theologen im »Dritten Reich«, hg. v. M. Gailus u. C. Vollnhals, Göttingen 2016, 203–217, und M. Wolfes, Art. Eisenhuth, Heinz Erich, BBKL 16, Herzberg 1999, 437–451.

Wittenberg.[311] Diese besonderen Mitarbeiter werden dadurch verpflichtet, dass ihnen die ThLZ gratis geliefert wird. Der Leiter der ThLZ hat sich fortlaufend eine genaue Rechenschaft über die Gestalt der einzelnen Nummern der Zeitung zu geben. Es ist ein unmöglicher Zustand, dass die Zeitschrift praktisch von den Mitarbeitern und ihren Beiträgen redigiert wird. Gewiss werden sich immer Schwierigkeiten ergeben, aber der Grundsatz muss gewahrt bleiben, dass die Zeitschrift in jeder Nummer

[S.] 7.

ein Gesicht hat. Aus diesem Grunde empfiehlt es sich die etwas starre Ordnung und Disposition der einzelnen Nummer

311 *Friedrich Gerke* (1900–1966), in Berlin ausgebildet und nicht zuletzt auch vom Netzwerk um Lietzmann geprägt, amtierte seit 1935 im Rang eines außerordentlichen Professors als Direktor des Instituts für Christliche Archäologie und Kunstgeschichte, das er aus der Theologischen Fakultät in die Philosophische führte. Im Weltkrieg war er beurlaubt und arbeitete im Dienst des »Einsatzstabes Reichsleiter Rosenberg« (vgl. H. Ch. Löhr, Kunst als Waffe – der Einsatzstab Reichsleiter Rosenberg. Ideologie und Kunstraub im »Dritten Reich«, Berlin 2018, 67–75.127 u. ö., und vorher schon N. Gutsul, Der Einsatzstab Reichsleiter Rosenberg und seine Tätigkeit in der Ukraine (1941–1944). Inaugural-Dissertation zur Erlangung des Doktorgrades der Philosophie des Fachbereichs 04 Geschichts- und Kulturwissenschaften der Justus-Liebig-Universität Gießen, Gießen 2013, im Internet zugänglich unter: http://geb.uni-giessen.de/geb/volltexte/2014/11002/pdf/GutsulNazarii_2013_07_02.pdf (letzter Zugriff am 20.12.2020). – Die Tätigkeiten von mehreren Schülern Lietzmanns für den Einsatzstab und bzw. oder die damit zusammenhängende »Hohe Schule« der NSDAP bedürfen einmal einer gründlichen Untersuchung, zumal sie nach 1945 verschwiegen wurden. – Der Name von *Oskar Thulin* (1898–1971), seit 1930 Direktor des staatlichen Museums Lutherhalle in Wittenberg, ist von Opitz handschriftlich nachgetragen.

zu durchbrechen und die wichtigen Anzeigen und Bücher aus den einzelnen Fachgebieten voranzustellen und dann blosse Vorlagen und Mitteilungen über Bücher folgen zu lassen. Deshalb steht es dem Herausgeber frei, den Rezensenten Anweisungen für die Buchanzeige zu geben, ob jeweils einem Buch eine kritische Besprechung oder lediglich eine Mitteilung über das Erscheinen und den Inhalt zuteil werden soll.

Die äussere Gestaltung.

Die ThLZ sollte eine angemessene Verbindung von Kritischem Organ und Mitteilungsblatt aus dem Gebiete der Religionswissenschaft und Theologie sein. Der redaktionelle Teil des Blattes ist auf jeden Fall auszubauen. Man findet immer wieder dass auf Mitteilungen aller Art vom Leserkreise ein grosses Gewicht gelegt wird. Ich weiss z. B. von der Deutschen Literatur Zeitung, dass bei der Umgestaltung nach Hinnebergs Tode[312] die Frage erwogen wurde, die Bibliographie und die Personalia fallen zu lassen. Aus dem Leserkreise kamen aber die entschiedensten Proteste dagegen. Und in der Tat, ich höre immer wieder, dass die Leser zuerst nach dem Personalteil und der Bibliographie greifen. In dieser Hinsicht muss auch die ThLZ aufgelockert werden. Daher muss die Redaktion mitteilen: 1. Wissenschaftliche Ereignisse aller Art. Neue Entdeckungen von Urkunden, Monumenten, Publikationen usw. 2. Personalia aller Art soweit sie die wissenschaftliche Welt interessieren. Also nicht die Ernennung von Kirchen-

312 *Paul Hinneberg* (1862–1934) hatte die bis 1993 fortgesetzte DLZ zunächst als Privatunternehmen geführt, sie wurde aber seit 1923 gemeinsam von den Akademien zu Berlin, Göttingen, Heidelberg, Leipzig, München und Wien unter Leitung der Preußischen Akademie der Wissenschaften herausgegeben und man kann nahezu sicher sein, dass die hier referierten Kenntnisse von Opitz auf das Berliner Akademiemitglied Lietzmann zurückgingen.

männern etc. 3. Hinweise auf in Vorbereitung befindliche grössere Arbeiten. Es muss wissenschaftlich Tätigen die Möglichkeit gegeben werden Umfragen, Anfragen, Aufforderungen usw. in die ThLZ einzurücken. Es muss wieder die gute alte Sitte aufgenommen werden, dass Mitteilungen möglichst in jeder Nummer vorgelegt werden, kurz eine Art

[S.] 8.

von wissenschaftlichem Sprechsaal ist einzurichten. Die äussere Gestalt des Blattes ist zu ändern, um der inneren Auflockerung einen sichtbaren Ausdruck zu geben. Dazu gehört a): Das Blatt erscheint nur alle vier Wochen, ohne dass sein Umfang erheblich eingeschränkt wird. b) die Bibliographie ist getrennt von der Zeitschrift zu beziehen. c) der Preis kann daher gesenkt werden, um die Anschaffung einem weiteren Kreis von Theologen und Pfarrern wünschenswert zu machen. 46 Rm.[313] kann heute kein Mensch anwenden. Ich verweise hier wieder auf die Massnahme der DLZ, die allerdings den Herausgeber nicht zu tragen braucht.[314] d) Ich gebe zu erwägen, ob nicht das Format der Zeitung zu ändern ist und der äussere Charakter als Zeitung beseitigt wird; doch bekenne ich, dass ich darin nicht eine conditio sine qua non sehe. Zu a): Durch ein monatliches Erscheinen des Blattes sind sicher Einsparungen im Versand, im Porto mit der Druckerei zu erzielen. Die einzelnen Nummern können sorgfältiger vorbereitet werden und sind bei einem grösseren Umfang für die verschiedenen Bedürfnisse der Leser gehaltvoller. Man kann dann grössere Anzeigen besser einrücken, ohne den Raum für

313 Klotz korrigiert handschriftlich: »45-«.

314 Vgl. zur Kalkulation der ThLZ oben S. 63 mit Anm. 92.

andere beschneiden zu müssen. Mir schwebt bei der Umgestaltung der ThLZ wohl unser bestes wissenschaftliches Rezensionsorgan vor: der bei Weidmann erscheinende »Gnomon«, das kritische Organ der gesamten Altertumskunde. Doch könnte ich mir den Aufbau einer Nummer noch gelockerter vorstellen als es beim »Gnomon« ist. Schliesslich würde bei der ThLZ doch noch mehr der Charakter eines grossen Mitteilungsblattes gewahrt werden müssen. Der »Gnomon« bespricht in dem Hauptteile grundsätzlich die wichtigen Bücher, die der Herausgeber verteilt, während in dem gespaltenen hinteren Teil Vorlagen gegeben werden. Bei der ThLZ würde ich ein anderes Verfahren empfehlen. Die wichtigsten Bücher werden im ersten Teil gesetzt und gehaltvolle Anzeigen in dem bisher gewohnten Borgisdruck.[315]

[S.] 9.[316]

Alle Vorlagen, also alle nicht im besonderen kritischen Buchanzeigen, – die auf jeden Fall vermehrt werden müssen, – werden in einem zweiten Teile zusammengestellt. Dann folgt der dritte, der redaktionelle Teil mit Nachrichten aller Art wie oben gekennzeichnet.

Soweit meine Vorschläge. Ich weiss nicht wie weit Sie meine Mitarbeit erwarten. Ich sehe nur die grossen Schwierigkeiten und die dringenden Aufgaben für die Umgestaltung der ThLZ. Die notwendigste Voraussetzung für eine gedeihliche Arbeit an der ThLZ ist ein ziemlich festgefügter Kreis von Mitarbeitern. Nur eine engere persönliche Füh-

315 Kleine Schriftgröße für den Bleisatz, etwas über 3 Milimeter.

316 Handschriftlich von Klotz korrigiert, von Opitz fehlerhaft als »8.« paginiert.

lungnahme mit den aktiveren Gelehrten wird wirklich die Zeitschrift beleben können. Daher scheint es mir auch notwendig zu sein, dass ein Kreis von Interessenten unter den akademischen Theologen für ThLZ gewonnen wird. Bei einer Neugestaltung wird man ihr Urteil, ihre Kritik, ihre Wünsche hören müssen und vor allem versuchen, sich ihrer Mitarbeit zu vergewissern. Ich glaube nicht, dass eine Konferenz viel helfen wird, als vielmehr eine persönliche Fühlungnahme des neuen Herausgebers mit diesen Herren. Auch Rundschreiben o. ä. werden wenig Erspriessliches bewirken. Im Ganzen scheint mir ein Neuaufbau von den Grundlagen her nötig zu sein. Die geistige Lage hat sich auch in der Theologie so vollkommen geändert, zur Zeit wird aber die ThLZ nach Gesichtspunkten geleitet, die nicht mehr die Elastizität verraten, durch die die ThLZ seinerzeit vor allen europäischen Rezensionsorganen sich auszeichnete. Ich glaube auch, dass die publizistische Methode und die Bedürfnisse der Leser heute eine Auflockerung verlangen. Der Wille zu einer einheitlichen wissenschaftlichen Linie muss das Grundgesetz für die Leitung der ThLZ sein. Und die Gestaltung dieses wissenschaftlichen Wollens ist bedingt von einer persönlichen Prägung, der man lieber Subjektivis-

10.

mus zum Vorwurf machen sollte als Langeweile einer objektiven Berichterstattung. Nochmals: Das Problem der ThLZ ist gelöst wenn sich ein noch so kleiner Kreis von aktiven Gelehrten und Pfarrern findet, der aus dem Erleben unserer Zeit heraus auf dem Gebiet der theologischen und religionsgeschichtlichen Forschung und der Bemühung um kirchlich-praktische Gestaltung des religiösen und weltanschaulichen

Fragens und Suchens ein produktives kritisches Organ schaffen will. Dieses kritische Organ soll nichts anderes als aus den Kreisen der Theologen eine öffentliche Antwort geben auf die Bemühungen zu den religionswissenschaftlichen und religiösen Fragen die die Wissenschaft neu aufstellt, durcharbeitet und die auch ausserhalb der engeren Forschungskreise gestellt werden oder zu lösen versucht werden. Im Augenblick sollte die ThLZ durch ihre Kritik die Lähmung der Theologie paralysieren.

Am besten wäre es sicher, dass wir irgendwie persönlich zusammentreffen und im Gespräch manches weiter spinnen und klären, wenn Sie nach meinem Brief eine weitere Erörterung für wünschenswert halten. Ich verspreche mir selber durch Ihre Eindrücke und Ideen zu weiteren Gedanken angeregt zu werden.

Heil Hitler!

Ihr ergebener
Hans-Georg Opitz

P.S. Ich lege Ihnen ein paar Buchanzeigen von mir bei; ich hoffe in diesen wenigstens eine etwas aufgelockerte Darstellung sehr spröder Stoffe gegeben zu haben.[317]

317 Das Postscriptum ist handschriftlich hinzugefügt, die mitgesandten Besprechungen sind nicht erhalten.

Anhang 2: Abrede über den redaktionellen Geschäftsgang der ThLZ (1939)[318]

Abrede über den redaktionellen Geschäftsgang der ThLZ Berlin, den 3. Jan. 1939 zwischen den Herren Lic. Hans-Georg Opitz, Professor Dr. Gustav Mensching und Herrn Verlagsbuchhändler Leopold Klotz für J. C. Hinrichs Verlag.

Auf der Grundlage der in dem Vertrag zwischen *dem* Verlag und Herrn Lic. Opitz festgelegten Rechte *und der* für die Redaktion der ThLZ massgebenden Richtlinien, wird zwischen den Anwesenden für den zukünftig*en* laufenden Geschäftsgang im besonderen über jeweilige Zuständigkeiten folgendes vereinbart:

1. Die Bücher der religionswissenschaftlichen Abteilung werden in Zukunft alle in derselben Kartei geführt und zuerst Herrn Lic. Opitz gemeldet. Von dort werden die Titelzettel, deren zugehörige Werke der RW-Abtlg. zuzuzählen sind, von Herrn Opitz an Herrn Professor Mensching weitergeleitet. Die Verteilung wird also nicht mehr im Verlag vorgenommen.

2. Die Manuskripte laufen in Zukunft von de*n* Mitarbeitern an den Verlag. *D*ieser leitet sie alle an Herrn Lic. Opitz zur Durchsicht weiter. Herr Lic. Opitz gibt die Manuskripte der R. W.-Abteilung auf dem Wege über Professor Mensching *und*

---

318 Ediert aus StA-L, 22208 J. C. Hinrichs Verlag, Leipzig, Nr. 224, Bl. 2 f. mit den handschriftlichen Korrekturen in Bl. 4 f. in *kursiver* Type. Eine endgültige Fassung ist m. W. nicht in den Akten erhalten, aber viel spricht dafür, dass die handschriftlich korrigierte Version vom Verlag für endgültig gehalten wurde.

seine eigenen auf direktem Wege an den Verlag zurück. *Die von Professor Mensching durchgesehenen Manuskripte werden von ihm das Zusatzzeichen M erhalten (am besten neben die laufende Nummer des Mskr.), damit er von diesen Beiträgen auch die Fahnen erhält.*

A) Die Fahnen aller Artikel gehen an Herrn Opitz, die Fahnen der R. W.-Abteilung *mit dem Zeichen »M«* ausserdem an Herrn Mensching.

B) Vorschläge für die Aufnahme der einzelnen R. W.-Artikel in die einzelnen Nummern macht *Herr* Mensching, indem er die dafür in Betracht kommenden Fahnen an *Herrn* Opitz leitet, *oder diesem einfach die Fahnennummern meldet.*

C) Korrektur erfolgt *einerseits* durch die Autoren und im Umbruch durch *die Herren* Opitz und Mensching jeder für seinen Teil. Der Gesamtumbruch ist an *die Herren* Opitz und Mensching zu senden.[319]

D) Das Imprimatur erteilt jeder der Herren Opitz und Mensching für seinen Teil *und sendet seine Vorlage an den Verlag*. Das für die Druckerei gültige Endimprimatur erteilt der Verlag.[320]

---

319 In der handschriftlich korrigierten Fassung ist der zweite Satz des Abschnitts an dessen Anfang versetzt.

320 Entsprechend sah der Hauptherausgeber Opitz nicht mehr die Korrekturen seines Mitherausgebers.

Anhang 3: Brief von Leopold Klotz an Kurt Aland vom 10. Februar 1944[321]

Leipzig C 27, Marienbrunnenstr. 8

xxxx
63 184

-/W Leipzig, 10. Febr. 1944

Herrn
Lic. habil. Kurt Aland
Berlin NW 7
-.-.-.-.-.-.-.-.-.-
Bauhofstr. 5

Lieber Herr Aland!

Sie glauben nicht, welche Freude Sie mir mit Ihrer Karte vom 7. d. M. bereitet haben, aus der ich vor allem die Hauptsache erfahre, dass Sie gesund geblieben sind. Das ist heute immer die erste und wichtigste Sorge, die einen bewegt. Freilich, was sonst alles an Unheil angerichtet ist, ist ja schlimm genug und beinahe über der Grenze des Erträglichen. Die Ehre, auch das Berliner akademische Viertel zu zerstören und die deutschen kulturellen geistigen Traditionsstätten dem Erdboden gleichzumachen, verbleibt für die »Wilden« als Schande auf Kindern und Kindeskindern.[322] Wenn später ein-

321 Ediert aus dem oben S. 14 Anm. 4, beschriebenen Aktenordner, z. Zt. in der EVA in Leipzig.

322 Klotz bezieht sich auf den Nachtangriff der britischen RAF vom 27.1.1944, bei dem starke Zerstörungen an den Universitätsgebäuden entstanden. Das praktisch direkt neben dem Gebäude der Theologischen Fakultät gelegene Haus in der Bauhofstraße, in dem Aland damals wohnte, wurde erst im Sommer 1944 beschädigt, worauf Aland in das Nachbarhaus zog (Brief

mal einer dieser Bande hierher kommt, ich hatte manchen guten Freund darunter, so freue ich mich schon heute darauf, dem Burschen den Kopf waschen zu können. Hoffentlich erlebe ich es!

Langsam fangen wir hier an, Ordnung in den übrig gebliebenen Salat zu bringen, leider aber mit dem Ergebnis der Feststellung, dass die Verluste eben doch viel, viel grösser sind, als wir anfänglich befürchteten. Letzten Endes ist eben so gut wie alles verloren, so die grossen wissenschaftlichen Reihen, von wenigen Resten einzelner Stücke abgesehen.[323]

Es gehört Mut dazu, ja eigentlich so etwas wie Leichtsinn, wieder anfangen und weiterarbeiten zu wollen. Aber wir wollen es mit Gottes Hilfe versuchen. Zu diesem Zweck besteht nun der Plan, die Leitung für beide Verlage aus dem Leipziger Gefahrenzentrum in die Gefahrenperipherie, und zwar nach Gotha zu verlegen, wo ich ja früher meinen Verlag hatte und noch über mancherlei behördliche Verbindungen verfüge. Hier bleibt der Rest der Verlagsvorräte zur weiteren langsamen Auslieferung. Diese Arbeit wird dann von Herrn Kunze besorgt, der dabei auch vorläufig die ThLZ betreuen soll, soweit dies nicht von mir persönlich von Gotha aus geschehen wird. Da man ja nun, nachdem das ganze Leipziger Buchgewerbe kaputt ist, in Leipzig sowieso nicht mehr drucken und buchbindern kann, wird der Verkehr mit den Herstellerfirmen von mir von Gotha aus erfolgen. Ausserdem wird natürlich der gesamte Autorenverkehr von mir persönlich in Gotha in der Hand behalten. Es bleibt sich ja schliesslich gleich, ob man die Briefe von Leipzig oder von Gotha aus schreibt.

Aland vom 12.8.1944 an den Verlag, im Aktenordner Redaktion ThLZ 1938–1945, EVA Leipzig), vgl. Die Berichte der Hauptluftschutzstelle 1940–1945, hg. v. L. Demps, Berlin 2012, 356.

Gotha hat übrigens von altersher den Ruf eines wichtigen Verlagsplatzes, schon allein durch die beiden Firmen, der geographischen Anstalt Justus Perthes und des früheren von mir 12 Jahre geleiteten Verlages Friedrich Andr. Perthes und andere Firmen.[324] Gotha verfügt ausserdem über eine der reichhaltigsten Provinzbibliotheken, die Herzogliche Bibliothek, die noch heute sehr verständig geleitet und auf dem laufenden gehalten wird. Diese zählt etwa 450.000 Bände, 7.700 Handschriften, darunter 3.000 arabische, persische usw., 1.500 Incunabeln und anderes. Diese Bibliothek und das ebenfalls zugehörige, mit dem Münchner stark konkurrierende Münzkabinett ist bis zur Gegenwart ein Anziehungspunkt für viele Gelehrte aus aller Welt. Das haben die zahllosen Besucher, die ich während meiner 23jährigen früheren Gothaer Tätigkeit empfing, immer wieder dankbar empfunden und reich-

323 Bei dem Angriff in der Nacht vom 3. zum 4.12.1943 wurden ca. 80 % der Gebäude des Leipziger Buchgewerbes zerstört, es verbrannten ca. 50 Millionen Bücher, so die Schätzung von R. Riese, Die Zerstörung des Buchhändler- und Buchgewerbeviertels im Zweiten Weltkrieg, in: Das Literarische Leipzig. Kulturhistorisches Mosaik einer Buchstadt, hg. v. A. Herzog, Leipzig 1995, 296 f. Die Korrespondenz macht deutlich, dass außer einigen Belegexemplaren des Verlages 90 % des Lagers und darunter auch die Exemplare der bedeutenden kirchenhistorischen Editionsreihen GCS und TU praktisch vollständig verbrannt waren, dazu auch die Werke Harnacks, soweit sie bei Hinrichs verlegt worden waren: Brief Klotz an Sommerlath vom 17.8.1945, im Aktenordner Hinrichs Autoren – Mitarbeiter O – Z, EVA Leipzig.

324 Die spannende Geschichte der theologischen Produktion der Verlage von Friedrich Christoph Perthes (1772–1843) und Andreas Hansa Traugott Perthes (1813–1890) in den Jahren 1840 bis 1937 ist noch zu schreiben, vgl. einstweilen D. Moldenhauer: Geschichte als Ware. Der Verleger Friedrich Christoph Perthes (1772–1843) als Wegbereiter der modernen Geschichtsschreibung (Veröffentlichungen der Historischen Kommission für Thüringen. Kleine Reihe 22), Köln u. a. 2008.

lich davon Gebrauch gemacht. Ich hoffe auch Sie dann recht oft dort zu sehen. Es gibt auch dort Menschen, die für unsere Aufgaben Interesse haben. Ich brauche ja dort nur ein paar Räume, nehme lediglich den Rest des erhaltenen Autorenarchivs[325] und die Handbibliothek mit. Als Helfer wird mich mein bisheriger Prokurist Hauser begleiten. Bereits habe ich passende Büroräume gemietet. Ich warte jetzt nur noch darauf, bis die Bemühungen um eine Wohnung Erfolg haben. Das kann vielleicht in ganz kurzer Zeit schon der Fall sein.

Sind Sie darüber unterrichtet, dass auf Veranlassung der Akademie (Grapow[326]) das Propaganda-Ministerium führende Vertreter einzelner Disziplinen aufgefordert hat, ein Sofort-Programm für die Wiederbeschaffung verlorener wissenschaftlicher Werke aufzustellen? Für die Orientalistik ist Prof. Hartmann, für die Aegyptologie Prof. Kees, Göttingen, bestellt.[327] Noch weiss ich aber nicht, ob und wer für die

---

325 Damit ist exakt der Restbestand beschrieben, aus dem die heute im Staatsarchiv in Leipzig und in der EVA Leipzig aufbewahrten Stücke stammen, vgl. oben S. 14 mit Anm. 4.

326 Der Ägyptologe *Hermann Grapow* (1885–1967) war seit 1943 Vizepräsident der Preußischen Akademie der Wissenschaften und Prorektor der Berliner Friedrich-Wilhelms-Universität; vgl. zuletzt Th. L. Gertzen, Die Berliner Schule der Ägyptologie im Dritten Reich. Begegnung mit Hermann Grapow, Berlin 2015, passim, sowie H. Franzmeier/A. Weber: »[…] andererseits finde ich, dass man jetzt nicht so tun soll, als wäre nichts gewesen.« Die deutsche Ägyptologie in den Jahren 1945–1949 im Spiegel der Korrespondenz mit dem Verlag J. C. Hinrichs, in: Ägyptologen und Ägyptologien zwischen Kaiserreich und Gründung der beiden deutschen Staaten. Reflexionen zur Geschichte und Episteme eines altertumswissenschaftlichen Fachs im 150. Jahr der Zeitschrift für Ägyptische Sprache und Altertumskunde, hg. v. S. Bickel u. a. (ZÄS. Beiheft 1), Berlin/New York 2013, 113–152.

327 Zum »Sofortprogramm« vgl. die Korrespondenzen von Klotz mit Grapow: StA-L, 22208 J. C. Hinrichs Verlag, Leipzig, Nr. 643; auch die einschlägige Korrespondenz mit dem Orientalisten *Richard Hartmann* (1881–1965) und

Theologie berufen ist. Vielleicht könnten Sie dies durch Prof. Eltester erfahren, den ich herzlich zu grüssen bitte?

Ausserdem sind wir vom Propaganda-Ministerium bereits aufgefordert, ein Programm einzureichen, damit dieses daraufhin geprüft werde, was jetzt während des Krieges gebracht werden soll. Es ist also eine Doppelaktion im Gange. Für unsere theologische Gruppe habe ich in dieses Sofort-Programm zunächst die Ersatzbeschaffung für Hauck, »Kirchengeschichte«, Eichrodt, »Altes Testament«, Feine, »Neues Testament«, Harnack, »Marcion«[328] und – erschrecken Sie nicht – unsere Luther-Ausgabe aufgenommen.[329] Es bleibt abzuwar-

---

dem Ägyptologen *Hermann Kees* (1886–1964) sind erhalten (Nrr. 108 sowie 658).

328 Kurt Nowak, zeitweilig als Mitherausgeber in der ThLZ tätig (s. o. S. 15 mit Anm. 5), hielt Harnacks »Marcion« für dessen (systematisch-theologisches) Hauptwerk: ders., Theologie, Philologie und Geschichte. Adolf von Harnack als Kirchenhistoriker, in: Adolf von Harnack. Theologe, Historiker, Wissenschaftspolitiker, hg. v. K. Nowak u. O. G. Oexle (Max-Planck-Institut für Geschichte: Veröffentlichungen des Max-Planck-Instituts für Geschichte 161), Göttingen 2001, 189–238. – An die Publikation des »Marcion« war in Ostdeutschland offenbar zunächst nicht zu denken, es erschien als letzter Nachdruck in der Reihe: A. von Harnack, Marcion. Das Evangelium vom fremden Gott. Eine Monographie zur Geschichte der Grundlegung der katholischen Kirche. Neue Studien zu Marcion, unveränd. photomech. Nachdr. der 2., verb. u. vermehrten Aufl. 1924 und Nachdr. der Ausgabe v. 1923, Berlin (Akademie) 1960.

329 Alle diese Werke erschienen dann, zum Teil in Lizenz, in den ersten Nachkriegsjahren: A. Hauck, Kirchengeschichte Deutschlands, 5 Tle. in 6 Bden., Berlin/Leipzig (Akademie/Hinrichs) 1952/1953; W. Eichrodt, Theologie des Alten Testaments, Berlin (EVA) 1948; P. Feine, Einleitung in das Neue Testament, Leipzig (Harrassowitz) 1950. – Zur Luther-Ausgabe, die dann ab 1948 als »Luther Deutsch: Die Werke Martin Luthers in neuer Auswahl für die Gegenwart« bei Klotz in Stuttgart und Hinrichs in Leipzig verlegt wurde, vgl. Keßler, Luthers Schriften für die Gegenwart (wie Anm. 123), 105–111.

ten mit welchem Erfolg. Es scheint, dass diese ganzen Aktionen auf die persönliche Anregung von Prof. Grapow zurückzuführen sind.[330]

Ich habe Ihnen nun das Wichtigste berichtet, bitte Sie jedoch, Dritten gegenüber davon nur gewählten und vertraulichen Gebrauch zu machen.

Die ThLZ November/Dezember lassen wir jetzt hinausgehen. Damit wäre der Anschluss erreicht, und die Fortsetzung kann von unserer Seite ungestört weiter erfolgen.

Glücklich; Sie gesund zu wissen, und hoffend, dass Ihnen kein weiteres Unglück zustösst, grüsst herzlich

Ihr

---

330 Der Akademie-Verlag realisierte nach dem Kriege ein umfangreiches Nachdruckprogramm insbesondere der Bände der »Griechischen Christlichen Schriftsteller« aus dem Hinrichs-Verlag, die durch die Zerstörung des Lagers Ende 1943 nicht mehr lieferbar waren. Einzelne Restexemplare hatte Aland angefordert und erhielt sie im März 1944, wie ein Brief des Verlages vom 27.3.1944 ankündigt (im Aktenordner Redaktion ThLZ 1938–1945 der EVA Leipzig). Auch für das Nachdruckprogramm trug zunächst Kurt Aland als Leiter der Kommission für spätantike Religionsgeschichte an der Deutschen Akademie der Wissenschaften Verantwortung.

Anhang 4: Brief von Leopold Klotz an Ernst Sommerlath vom 16. September 1947[331]

Durchschlag nach Leipzig[332]

Gotha, den 16. Sept(ember) 1947
Myconiusplatz 2 -./K.

Herrn
Professor D. Ernst Sommerlath

(10b) Markkleeberg b/Leipzig
Gustav-Freytag-Str. 8

Hoch geehrer Herr Professor!

Sie werden sich gewiss mit uns darüber freuen, dass es gelungen ist, für die Th.L.Z. die russische Genehmigung zu erhalten. Es hat den Verhältnissen entsprechend viele Anstrengungen und die Mitwirkung einer ganzen Reihe von Instanzen erfordert, bis es dann schliesslich gelungen ist.

---

331 Im Aktenordner Hinrichs Autoren – Mitarbeiter O–Z in der EVA Leipzig.

332 Offenbar wurde ein Durchschlag aus dem Verlagsbüro in Gotha an den Verlag in Leipzig gesendet; diese Überlieferung ist allerdings verloren. Am 30.8.1946 berichtete Klotz Sommerlath in einem Brief (Aktenordner Hinrichs Autoren – Mitarbeiter O–Z in der EVA Leipzig), er habe in der Zentralverwaltung für Volksbildung erfahren, dass bei der Hauptlizenzstelle im sowjetischen Hauptquartier in Berlin-Karlshorst »eine Liste der wichtigsten wissenschaftlichen Zeitschriften läge, die zur Genehmigung in erster Linie vorgesehen seien«. Darunter befände sich auch die ThLZ. Am 17.5.1946 berichtet Klotz in einem Brief an Sommerlath (ebd.), dass es Aland gelungen sei, den Dekan der Berliner Theologischen Fakultät, Eltester, zu zwei Eingaben an die Zentralverwaltung zu bewegen, »in denen aufs dringendste gebeten wird, den theologischen Verlegern die Lizenz zur Neuproduktion zu erteilen und das notwendige Mindestquantum (*sc. von Papier, C. M.*) zur Verfügung zu stellen. Am 15.9.1945 diskutieren Klotz und Som-

Die Erlangung der Lizenz für den Verlag Hinrichs wurde leider schmerzlich verzögert durch eine notwendig gewordene personelle Bereinigung der Inhaberverhältnisse. Auch dieses war ein langes nervenverbrauchendes Verfahren schliesslich mit dem Ergebnis, dass eine neue Zusammensetzung der Kommanditgesellschaft möglich wurde und ich nunmehr als alleiniger persönlich haftender Gesellschafter der einzige verantwortliche Träger der Firma bin.[333] Damit ist endlich die Bahn frei. Für die Lizenzerwerbung sind alle notwendigen Schritte im Gange und ich hoffe zuversichtlich, dass im Laufe des Winters die Lizenzerteilung erfolgt. Solange dies aber noch nicht geschehen ist, sind wir auf den Umweg angewiesen, die Th.L.Z. bei der Evangelischen Verlagsanstalt in Berlin erscheinen zu lassen, die als die Lizenzträgerin für

merlath, wie eine Notiz von Klotz festhält, in der Scherlstraße Schritte zur Wiederaufnahme der Verlagsproduktion; Klotz bittet den systematischen Theologen um Adressen seiner Kontakte und kündigt an, Adolf Keller (1872–1963) und Friedrich Siegmund-Schultze (1885–1969) in Genf besuchen zu wollen und um Unterstützung zu bitten.

333 Details: StA-L, 20124 Amtsgericht Leipzig, HRA 6780 (Handelsregisterakte J. C. Hinrichs Verlag, Leipzig). Kommanditistinnen waren Sophie van der Smissen (1902–1989), eine Pflegetochter und Alleinerbin von David Rost, der 1945 gestorben war, und Dora Rost (1891–1983), Witwe des Verlegers Gustav Rost (1893–1934). Frau von der Smissen hielt ein Sechstel, lebte seit 1946 in Hamburg und ihre Gewinnanteile wurden auf einem Sonderkonto gutgeschrieben (von solchen Sonderkonten durfte man anlässlich von Besuchen in der SBZ und DDR eine bestimmte Summe zum eigenen Verbrauch abheben). Frau Rost, die zwei Sechstel hielt, übersiedelte 1953 in den Westen; ihre Anteile wurden, weil sie als »Republikflüchtling« galt, zum Volkseigentum erklärt (Sächsisches Staatsarchiv. Staatsarchiv Leipzig. 22208 J. C. Hinrichs Verlag, Leipzig 1888–1975. Findbuch [wie Anm. 4], VIII). Klotz trat als Inhaber auf, war aber in Wahrheit nur Teilhaber und hielt die Hälfte der Anteile (so mit Details: Bulisch, Evangelische Presse in der DDR. »Die Zeichen der Zeit« [1947–1990] [wie Anm. 185], 158–160).

die in der russ. Zone befindlichen evangelischen Verlage auftritt. Auch für meinen persönlichen Verlag bin ich auf diesen Weg angewiesen. Das ist schmerzlich, vor allen Dingen mit hohen Kosten verbunden, weil die Verlage eine entsprechende Lizenzabgabe zu leisten haben, im übrigen bleibt aber das Rechtsverhältnis bei dem Originalverlag. Ich nehme an, dass Sie darüber durch Herrn Aland bereits einigermassen unterrichtet wurden. Diesem ist es inzwischen unter vielen Mühen gelungen, die ersten Hefte vorzubereiten und es lässt sich schon heute erkennen, dass deren innerer Wert erkannt und geschätzt wird. Wir dürfen auch Sie bitten, unter den neuen Verhältnissen dem Unternehmen Ihre Unterstützung zu erhalten und Herrn Aland in jeder Ihnen zweckmässig erscheinenden Weise durch Ihre Beziehungen zu unterstützen. Wir wissen im Augenblick noch nicht, wie sich das Unternehmen bei der neuen Gesamtlage technisch gestalten wird, doch möchte ich Sie trotzdem schon heute bitten, uns zu erlauben, Ihnen bis auf weiteres für Ihre Mitwirkung monatlich RM 75.- Vergütung anzubieten, und zwar rückwirkend von Juli ab.

b.w.

Es hat mich sehr gefreut, dass Herr Aland Ihnen im Harz hat begegnen dürfen[334] und dass dadurch willkommene Gelegenheit zur Aussprache über alle die Th.L.Z. betreffenden gemeinsamen Fragen gegeben war. Hoffentlich haben Sie sich gut erholt und können den bevorstehenden harten Wintermonaten mit einiger Beruhigung entgegensehen.

Mit verbindlichen Wünschen für Ihr Ergehen begrüsst Sie

Ihr sehr ergebener

334 Der Hintergrund dieser Begegnung ließ sich noch nicht aufklären.